"十二五"职业教育国家规划教材

经全国职业教育教材审定委员会审定

国家示范性高职高专院校重点建设专业酒店管理专业系列教材

酒店前厅 运行与管理

HOTEL FRONT OFFICE OPERATION MANAGEMENT PRACTICES

王培来 主编

中国旅游出版社

编　委　会

主　任：张国凤　杨卫武

副主任：杨荫稚　高　峻　朱承强　张建业　贾铁飞　郑旭华

委　员：郝影利　陈安萍　丁　梅　王培来　朱水根　陈永发
　　　　　李勇平　黄　崎　吴旭云　李伟清　王书翠　逢爱梅
　　　　　陈为新　贺学良　杨振根　李晓云　于立扬　陈　思
　　　　　王慎军　余　杨

前　言

　　改革开放 30 多年来，我国现代酒店业获得了巨大的发展，从 20 世纪五六十年代的传统政务型接待宾馆到八九十年代的旅游观光型饭店再到如今的现代商务酒店、度假酒店、精品酒店等，无论行业规模、设施设备，还是经营理念和管理水平，都取得了长足的进步。酒店前厅管理作为现代酒店经营管理中的主要组成部分，其管理思想、内容和方法也经历了巨大的变革，逐渐达到了国际酒店业的先进水平。

　　2006 年，国家大力发展职业教育的方针政策促使酒店管理专业高职教育迎来了新的发展机遇。项目课程、工作任务导向、工作过程系统化等现代高职教育教学理念与方法极大地促进了各高职院校的教学与课程改革，如何将酒店业的实际工作标准、工作流程、工作方法与酒店院校相关专业的教学内容有机结合起来成为酒店专业高职教育改革的热门话题。本书便是在上述背景下进行构思、组织素材、展开编写的。

　　本书以现代酒店管理理论为指导，吸取国内外酒店前厅运行管理的先进经验，以客人入住酒店整个过程中涉及的前厅相关工作岗位的主要工作任务和工作流程构建全书的框架结构，重点突出了酒店前厅部的运行流程和管理重点，既体现了理论性和科学性，又体现了系统性和实用性，书中对酒店信息系统功能的介绍与运用，客人循环图的构建，酒店收益管理指标分析及前厅运行中新职能、新服务的介绍在同类教材中并不多见，从而使本书具有了一定的先进性和超前性，希望本书对我国酒店管理专业高职教育专业课程建设能提供有益的启迪。

　　由于时间仓促，书中不足之处在所难免，望广大读者提出宝贵的建议和意见，共同为酒店管理专业教育和课程建设与改革做出应有的贡献。

王培来

2015 年 6 月

于上海旅游高等专科学校

目 录
CONTENTS

前厅部概述与前厅运行全过程

第一章

学习意义　前厅部作为酒店最重要的部门之一，始终处在酒店运行管理的第一线，其有效运行直接影响到整个酒店运行管理的成功。对酒店前厅运行全过程的了解有助于对全书框架和内容的掌握。

内容概述　前厅部的主要工作是围绕客房产品的销售及相关对客服务工作展开的。本章首先介绍前厅部的主要工作及开展这些工作的组织机构和各机构岗位的主要业务职能，岗位职责及前厅工作班次的介绍能使读者对前厅服务工作有初步的了解。客人类别的划分及特点分析能使读者对酒店客人构成有较详细的认识。以客人循环图为框架构建的前厅运行管理全过程及对这个过程的解析更是让读者对整个酒店前厅部的运行能有一个全景式的理解。

学习目标

知识目标

1. 了解酒店前厅部在酒店运行中的地位。
2. 掌握酒店前厅部的主要工作任务。
3. 了解前厅部的组织机构和各岗位的主要职能。
4. 了解酒店主要客人类别及特点。

能力目标

1. 能依据客人循环图的架构分析酒店前厅运行全过程。
2. 能根据新的前厅组织机构解释酒店经营理念的变化。

丽兹·卡尔顿酒店的忠诚客人

马尔科姆·博德里奇国家质量奖的获得者丽兹·卡尔顿酒店采用信息技术对其客人提供高度个性化的服务。酒店训练每一名员工记下客人的好恶，并将客人历史简介输入计算机。酒店目前已经存有30多万条客人偏好信息，能提供非常个性化的服务。其目标不仅仅是满足客人期望，还要为客人提供一次"值得回忆的旅行"。酒店使用客人的历史信息来超越客人期望。当一位老客人来电话预订房间时，服务人员会调出其已存档的个人偏好信息，并将该信息传递给客人预订的那家酒店。酒店以客人身份和偏好日报的形式将这些信息传达给各位员工，员工可以在老客人登记时亲切地问好致意，确保其偏好或需要得到满足。

这种方法的效果如何？根据一家独立的调查公司对丽兹·卡尔顿酒店的调查，92%～97%的客人满意而归。盖乐普调研公司的一项调查也表明，丽兹·卡尔顿酒店公司已成为近两年内客人的首选酒店，其满意率为95%，远远高出位于第二的竞争对手57%的满意率。另外，在权威的旅行者杂志对四星级、五星级酒店的评价中该酒店排名第一，绩效高出第二名10%。

根据上述案例，思考丽兹·卡尔顿酒店为什么可以获得如此众多忠诚客人的青睐？并讨论信息技术在酒店客人服务中的作用。

第一节　酒店前厅部概述

酒店是旅游者到达旅游目的地后寻求的主要服务设施。旅游者以酒店为基地进行各种活动以实现其旅游的目的。在旅游者对酒店的各类设施的需求中，对客房的需求是第一位的。旅游者将自己住宿的客房视作旅途中的"家"。对酒店而言，客房是其必不可少的基本设施，因为舍去了客房，酒店则不能称为"酒店"，而酒店中的其他设施则可以根据酒店规模、等级、市场变化等因素进行增减。所以，一家酒店的投资总额，相当一部分是用于客房的基建、装修和设备的购置上。另外，现代酒店中各种设施日趋丰富，酒店的功能日益完善，但是，满足客人住宿的需求仍是酒店最基本、最重要的功能。因此，客房产品是酒店经营的最主要的产品。

客房产品的生产是指为客人创造一个整洁、美观、舒适、安全的住宿环境，其内容包括在客房中配备能满足现代生活所需要的各种设备、设施、用品，对客房和整个酒店的公共区域进行清洁和保养，提供多样的服务项目方便住店客人。客房产品的销售是指根据市场需求，设计和配置各类客房，制定合理的价格，通过开展预订业务、前台开房和客账管理等，最大限度地销售客房产品，以取得最佳的经济效益。酒店前厅部运行管理实务主要就是围绕酒店客房产品的销售、客人住店期间的相关服务项目提供及酒店前厅部内部管理等方面展开的。

一、酒店前厅部的主要工作

前厅部在酒店运行中起着销售、沟通、协调等重要作用，是酒店的"神经中枢"，主要承担下列 9 项工作。

（一）销售客房

前厅部的首要工作是销售客房。客房是酒店最主要的收入来源。我国的许多酒店和世界上相当数量的酒店一样，客房的盈利占整个酒店盈利总和的 50% 以上。全球主要地区酒店收入构成见表 1-1。因此，能否有效地发挥客房销售功能，将影响到酒店的总体经济效益。

客房产品投资大，但耐用性强。一次销售后，经过服务人员的清洁整理和补充必备的供应品后，又可重复销售，获取收入，如此周而复始，不断循环。因此，客房运行中，其成本和费用较低，产品的利润率较高。单一客房产品的盈利能力在 80% 左右，也就是说，一间 100 元 / 晚的客房可以净赚 80 元左右。通常情况下，客房产品在经营中所发生的成本费用仅占整个酒店的营业收入的 16% 左右，而餐饮产品在经营中所发生的成本费用要占到整个酒店营业收入的 25% 左右。客房部门的盈利能力见表 1-2。

表1-1　全球主要地区酒店收入构成

单位：%

	客　房	餐　饮	通　信	其　他
全　球	56.1	35.8	22.3	5.8
非洲与中东	50.8	35.5	5.7	8.0
亚　洲	51.6	37.3	2.4	8.7
澳大利亚	60.1	34.0	2.7	3.2
欧　洲	49.5	43.4	1.6	5.5
北　美	65.3	27.3	2.5	4.9
南　美	59.1	28.3	4.2	8.4
中　国	48.0	36.0	1.0	15.0

资料来源：中国旅游饭店，2005。

表1-2　2004年中国酒店业客房部收支情况

单位：元

	北京五星	上海五星	所有五星	所有四星	国内管理五星	国内管理四星
部门收入	831	1198	746	395	680	384
部门支出	167	217	144	85	126	75
部门利润	664	981	602	310	554	309
百分比（%）	79.9	81.9	80.7	78.4	81.5	80.5

资料来源：中国旅游酒店业务统计，2004。

　　前厅客房销售的工作主要由客房推销、接待客人、办理入住登记、排房、确定房价五个方面组成。

　　客房销售是前厅部首要的功能。客房营业收入是考核前厅部管理及运转好坏的重要依据。同样，衡量一位总台服务人员的工作是否出色，往往也参考其客房推销的能力和业绩。可见，前厅部的全体员工应全力以赴地推销客房，积极发挥前厅的客房销售职能。

（二）提供信息

　　除了发挥销售客房的功能外，前厅还应成为信息提供中心。地处酒店显眼地段的前厅部的总台是服务人员与客人的主要接触点。前厅服务人员应随时准备向客人提供他感兴趣的资料，如餐饮活动（举行美食周、厨师长特选等）信息等。这样做，不但能方便客人，还能起到促进销售的作用。

前厅部服务人员还应向客人提供酒店所在地、所在国的有关信息和指南。例如，向客人介绍旅游景点的特色，购物中心的地点及营业时间，外贸公司及科研机构的地址、联系人、电话号码，本地区及其他城市主要酒店的情况，各类交通工具的抵离时间等。

前厅部的服务人员应始终做好准备，充分掌握并及时更新各种固定的和变动的信息，以亲切的态度、对答如流的技能，给客人提供正确无误的信息。

（三）协调对客服务

为了能使客人享受到区别于其他地方的高水准服务，前厅部服务人员应以优质服务来衔接酒店前、后台之间及管理部门与客人之间的沟通联络工作。例如，客人投诉房内暖气不足，前台服务人员应及时向工程部反映，并通过适当途径给客人以满意的答复。前厅部的职责是根据客人的需求，发挥其信息集散点和总经理室参谋部的作用。

（四）控制客房状况

控制客房状况是前厅部又一重要功能。这项功能主要由两个方面的工作组成：一是协调客房销售与客房管理；二是在任何时候都能正确地反映酒店客房的销售状态。

协调客房销售与客房管理，一方面是指前厅部必须正确地向销售部提供准确的客房信息，避免超额预订和使销售部工作陷入被动；另一方面是指前厅部必须向客房部提供准确的销售客情，以使其调整工作部署。例如，总台排房时应注意将团队、会议用房相对集中，以便客房的清洁和管理；在客情紧张的旺季应将客情随时通报客房部，以便其安排抢房和恢复待修房。这里必须强调，协调好客房销售与客房管理之间的合作关系是前厅部的重要职责。前厅部和客房部双方都必须抱着理解与合作的态度，努力为每一位客人提供准备好的房间，最大限度地将客房销售出去。

正确反映酒店的客房状况依赖于前厅部负责管理的两种客房状况显示系统：一种为预订状况显示系统，也可以称为客房长期状况显示系统；另一种为客房现状显示系统，也可以称为客房短期状况显示系统。目前大多数酒店使用计算机管理，其应用软件内含有这两种控制系统的子目录。客房状况控制系统要随时反映整个酒店每间客房——住客房、走客房、可售房、待修房、内部用房等的状况。准确掌握酒店客房状况能为客房销售提供可靠的依据，是前厅部的管理目标之一。要做好这一工作，除了控制系统计算机化和拥有必要的现代化通信联络设备外，还必须建立健全行之有效的管理制度，切实做好与客房、销售、收银等部门之间的信息沟通工作。

（五）提供各种对客服务

作为对客服务的集中场所，前厅部还是一个直接向住店客人提供各类相关服务的前台服务部门，如电话、商务、行李、接受投诉、邮件、票务代办、迎宾接站、物品转交、留言问讯等。这些工作内容构成了前厅部直接对客服务的功能，其中有一些服务还担负着为酒店创收的任务。前厅部最主要的任务就是通过日益完善的机制和管理，将各种服务工作做好，服务质量是其重要的考核内容。高质量的前厅服务能使客人对酒店的总体管理水平留下良好的、深刻的印象。基于此，目前世界上一些酒店奉行"大堂区域"管理理念，其核心思想是使客人在酒店客人集中处的一层大厅内形成对酒店气氛、服务与档次的良好感觉，以为其他各项服务工作提供一个良好的基础，从而促进客人对酒店总体产生良好、深刻的印象；而前厅的服务与管理显然是这"大堂区域"管理中最为关键和重要的一环。因此，前厅部的管理人员要在积极推销酒店产品的同时将自身所提供的各种服务的质量抓好，以圆满实现其服务功能。

（六）建立客账

目前大多数酒店为了方便客人、促进消费，都已经向客人提供了统一结账服务。客人经过必要的信用证明，查验证件后，可在酒店营业点（商场部除外）签单赊账。前台收款处不断累计客人的消费额，直至客人离店或其消费额达到酒店政策所规定的最高欠款额时，才要求客人付款。要做好这项工作，必须注意做好建立客人账户、对客人消费及时认真地登记和监督检查客人信用状况这三个环节的工作。

客人账单可以在客人预订客房时建立（记入订金、预付款和信用卡号码），或在其办理入住登记手续时建立。建立客账的目的是记录和控制客人与酒店之间的财务关系,以免酒店发生经济上的损失。前厅部的职责是区别每位客人的情况,建立正确的客账,提供客人以往消费和客人信用的资料,以保持酒店良好的信誉及保证酒店应有的经营效益。

(七)结账离店

客人离店前,应核查其账单。客人要办理离店手续时,应将账单交给客人,请客人检查。离店手续办理完毕,前台应按程序与有关部门进行及时的沟通。

做好客人离店工作是十分重要的。客人住店期间,全体员工千方百计地提供优质服务,如果在最后一刻,由于某一环节上的疏忽,而使客人对酒店的美好印象受到损害,那是十分令人遗憾的。让客人心满意足地离去是酒店的目标,满意的客人很可能成为酒店的回头客,酒店的良好声誉在很大程度上取决于常客的间接宣传。

(八)建立客史档案

由于前厅部为客人提供入住及离店服务,因而自然就成为酒店对客服务的调度中心及资料档案中心。大部分酒店为住店一次以上的零星散客建立客史档案。按客人姓名字母顺序排列的客史档案记录了酒店所需要的有关客人的主要资料。这些资料是酒店给客人提供周到、具有针对性服务的依据,同时是酒店寻找客源、研究市场的信息来源,所以必须坚持规范建档和保存制度化两项原则。目前绝大多数酒店计算机管理信息系统均能根据酒店经营需要生成住店客人的客史档案。

(九)辅助决策

前厅部处于酒店业务活动的中心地位,每天都能接触到大量的信息,如客源市场、产品销售、营业收入、客人意见等。因此,前厅部应当充分利用这些信息,将统计分析工作制度化和日常化,及时将有关信息整理后向酒店管理部门汇报,与酒店有关部门沟通,以便其采取对策,适应经营管理上的需要。为了起到决策参谋的作用,前厅部还应当将市场调研、客情预测、预订接待、客史等资料收存建档,以充分发挥这些原始资料的作用,真正使前厅部成为酒店收集、处理、传递和储存信息的中心。前厅部的管理人员还要亲自参与客房年度销售预测,进行月度、年度销售统计分析,向总经理提供有价值的参考意见,并亲自检查各类报表和数据,通过掌握大量的信息来不断改善本部门和酒店的服务工作,提高前厅部的管理水平。

从上面介绍的 9 项工作可以看出，前厅部是酒店的营业中心、协调中心和信息中心，它在酒店经营中起着销售、沟通、控制、协调服务和参与决策的作用。前厅部管理的好坏与上述 9 项职能是否正常发挥作用密切相关，特别是其首要职能——销售客房。因此，在日常的运转与管理中，前厅部必须重视以上 9 项工作职能的正常发挥。

二、酒店前厅部的组织机构

（一）酒店组织机构

酒店的组织机构是履行管理职能，开展经营活动，完成酒店下达的计划任务的一种组织形式。酒店的规模越大其组织机构的设置就越复杂，反之则越简单。目前的大型酒店通常包括房务、餐饮、市场营销、财务、工程、人力资源六大部门，分设总监职务，由总经理统辖。其中房务部主要包括前厅部、客房部、行政楼层（仅在四星级以上豪华酒店设置）和保安部四大部门。大型酒店的组织机构设置如图 1-1。

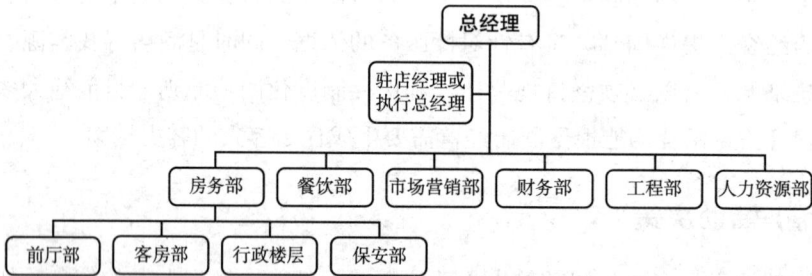

图1-1　大型酒店组织机构

（二）酒店房务部的设置

在我国大多数大型酒店（客房数 500 间以上）和外资品牌酒店中，为了更好地统筹客房产品的生产和销售服务工作，通常会设置房务部（Room Division）统领前厅客房的管理运行工作，房务部的最高管理者为房务总监（Director of Room Division）。而一些中小型酒店则在总经理领导下分别设置前厅部（Front Office）和客房部（Housekeeping）负责各自的业务管理工作。

房务部的业务职能可以通过表1-3加以了解，该表的内容来自上海某国际品牌五星级酒店。

表1-3　上海某国际品牌五星级酒店房务部组成部门

部门（Department）	部门（Department）
前台（Front Desk/FD）	健身中心（Health Club）
机场（Airport）	客房部（Housekeeping）
礼宾部（Concierge）	洗衣房／制服间（Laundry/Uniform）
客房关系部（Guest Relation Office/GRO）	运输部／车队（Transportation）
电话中心（Call Center/Operator/AYS）	花房（Florist）
商务中心（Business Center/BC）	礼品店（Gift Shop）
行政楼（Club Level/Executive Floor）	保安部（Security/Loss & Prevention/LP）

（三）前厅部组织机构

1. 传统的组织机构

传统的组织机构是指20世纪90年代中期外资酒店大举进军中国市场以前国内酒店前厅部的组织机构，如图1-2、图1-3。

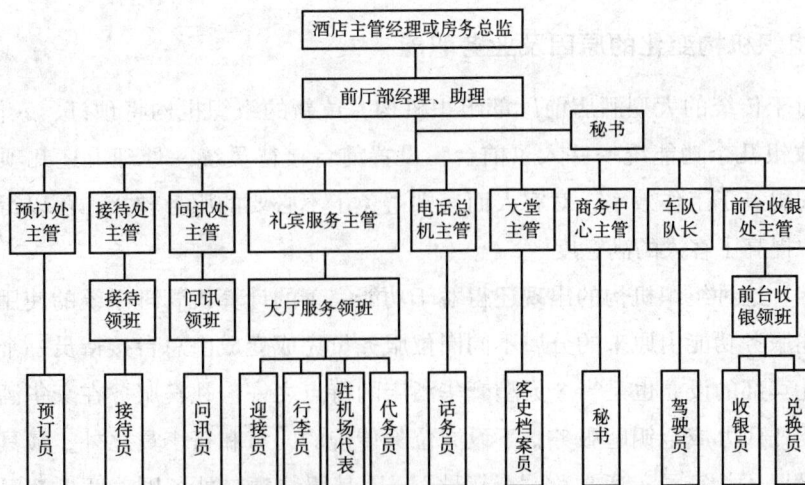

图1-2　传统的大型酒店前厅部组织机构图

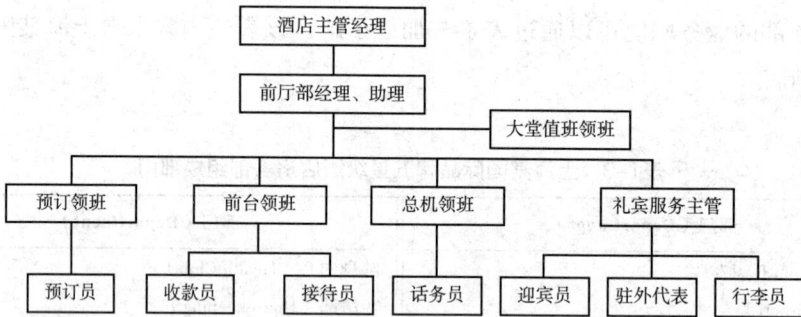

图1-3　传统的中型酒店前厅部组织机构图

2. 革新的组织机构

革新的组织机构是指外资酒店大量进驻中国后，酒店前厅部通常采用的组织机构。以某外资酒店为例，其前厅部组织机构如图1-4所示。

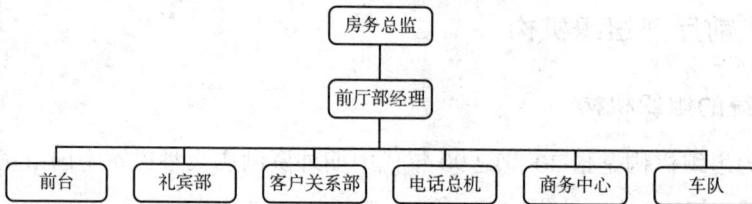

图1-4　前厅部组织机构图

3. 组织机构变化的原因及业务职能

相对于传统的大型酒店前厅部组织机构，革新的组织机构将预订、入住登记、问讯和收银几个功能统一并入了前台，设置前台接待员统一处理上述几项服务功能，大大提高了工作效率，对客人而言则避免了不必要的服务转接，可以得到一站式服务，提高了客人的满意度。

当然，这种组织机构的出现还得益于功能完善的计算机管理系统的使用，从而能使上述服务功能由原来的分属不同岗位服务员完成变成由总台接待员一个岗位来完成。礼宾部的设立也是当今大型豪华酒店的特点之一。礼宾服务在豪华酒店里又被称为委托代办或金钥匙服务，下设岗位除传统的门童和行李员之外，最具特色的莫过于设置了礼宾员（通常称"金钥匙"，因其服装领口处各别着两把交叉的金钥匙徽章而得名）为客人提供几乎是无所不能的委托代办服务。能否提供金钥匙服务更是成为世界豪华酒店的标志之一。

在上述组织机构图中，客户关系部的设立更是体现了当今豪华酒店集团重视维系酒店忠诚客人、不断提升酒店服务品质的先进管理思想。

结合上述组织机构的变化，下面对目前各大国际酒店集团前厅部工作岗位的业务职能进行简单的介绍：

（1）前台。当客人将预订电话打到前台（Front Desk）时，前台接待员通过酒店计算机管理系统[①]帮助客人完成预订、更改预订或取消预订的工作。当然，客人预订酒店不仅使用电话这一种方式，当今互联网的飞速发展为客人预订酒店提供了更多的选择，客人预订的渠道有很多，相关内容我们将在第二章进行详细的介绍。

客人抵达酒店后，前厅服务人员要帮助客人办理入住登记手续（Check-in），为已预订客人办理升格销售（Up-selling），帮助团队客人办理入住登记手续（Group Check-in），受理入住客人的预付担保手续（Pre-Authorization），提供外币兑换服务（Currency Exchange），监督客人的赊账限额（Budget Check）等。

客人离开酒店时，前台服务员要为客人办理结账手续（Check-out）。

（2）礼宾部。礼宾部（Concierge）的员工主要由机场代表、门童、行李员及金钥匙组成。他们的主要工作是负责在机场、车站迎送客人（Pick-up & Send-off），负责客人的行李运送和寄存（Bell Service），分送客人报纸、信件与留言，代客召唤出租车，协助管理和指挥门厅入口处的车辆停靠，确保入口处道路畅通和安全。如前所述，金钥匙还负责客人的各类委托代办事项。

相关链接　🔍详情

金钥匙服务与国际金钥匙组织

"金钥匙"既是一种专业化的酒店服务，又指一个国际化的民间专业服务组织，此外还是对具有国际金钥匙组织会员资格的酒店礼宾部（或称委托代办组）职员的特别称呼。

金钥匙是指酒店通过掌握丰富的信息并使用以共同的价值观和信息高速公路构成的服务网

---

① 如Opear系统，在本章前厅运转流程及第二章关于客房预订业务中将会对以该系统为代表的酒店计算机管理系统进行比较详细的介绍。

络，为客人提供专业的个性化服务的委托代办个人或协作群体的总称。金钥匙组织是国际酒店金钥匙成员的民间服务专业团体，他们所提供的服务称为金钥匙服务。

"首席礼宾司"是指全球每一个提供金钥匙服务的酒店中的"首席金钥匙"，通俗来讲就是酒店中"金钥匙"的"头儿"。

1929 年，法国酒店中一群拥有丰富服务经验的世袭委托代办礼宾司为客人提供着尽善尽美的专业化服务。这些服务包括从代办修鞋补裤到承办宴会酒会、充当导游等大大小小的细致服务，目的是为客人提供一般酒店没有的、有"一定难度"的所谓"额外"的服务。他们中的代表人物是费迪南德·吉列特先生。费迪南德·吉列特先生率先把委托代办服务上升为一种理念，并把一群志同道合的酒店委托代办成员组织起来，成立了一个城市中酒店业委托代办的组织，并给该组织起了一个很好的名字——"金钥匙"。两把金光闪闪的交叉金钥匙代表着酒店委托代办的两种主要的职能：一把金钥匙用于开启酒店综合服务的大门；另一把金钥匙用于开启城市综合服务的大门，也就是说，这些酒店金钥匙是酒店内外综合服务的总代理。

酒店服务的发展和旅游业的兴衰休戚相关。第二次世界大战以后，欧洲经济逐渐恢复，旅游业随之复兴，酒店金钥匙服务有了继续发展的土壤。在此基础上欧洲"金钥匙"组织于 1952 年成立，总部设在巴黎。从此每年都召开一次国际金钥匙组织年会。1972 年在西班牙举行的第二十届国际金钥匙年会上金钥匙组织发展成为一个国际性的酒店服务专业化组织，其服务理念开始在全球推广。

豪华酒店中的金钥匙所佩戴的徽章上有一个法语词"Les Clefs D'or"，发音为"Lay Clay Door"，意即金钥匙。当国际旅游者看到酒店接待人员胸前的金钥匙标志时，他便知道这是经过严格训练的专业人士。两把交叉的金钥匙意味着尽善尽美的服务，意味着能满足你在旅途中的各种需求。

（3）客户关系部。客户关系部（Guest Relation Officer，GRO）的职责包括协助处理前台相关事务，确保前台各个区域有足够的服务人员；处理基本的投诉，让客人感到满意；接机并带客人进房间办理入住登记手续（In-room Check-in）；为抵店的贵宾安排房间，并赠送欢迎礼品（Fruits & Flowers）；为当天过生日的客人表示祝贺并赠送生日礼物；在大堂范围内与客人沟通，解决问题并创造良好的人际关系来提高客人满意度；最大限度地协调各部门之间的关系及酒店与外部客人的关系。

（4）电话总机。酒店电话总机（Operator/Call Center）主要为店内外客人提供转接电话服务，为住店客人提供叫醒服务（Morning Call/Wake-up Call），帮助客人完成客房预订，为住店客人提供请勿打扰（DND）及客人信息保密（Confidential）服务，夜间为客人提供客房送餐点单服务（Room Service Order）及为客人提供其他资讯服务。近年来，许多国际酒店集团对电话总机服务的功能进行了延伸和拓展，使电话总机具备了服务信息集散的功能，客人只要在房间按一个电话键就可以提出所有的服务要求，而不必将电话打到不同的服务部门，提高了酒店服务效率，更极大地方便了客人，提高了客人的满意度。如万豪酒店集团的相关服务部门称为 AYS(At Your Service)，意即随时乐意为您效劳；而喜达屋酒店集团旗下酒店的相关服务部门称为 Command Center，意即控制、指挥中心，因为所有的服务电话都会打给该部门，然后由该部门将客人的服务要求传递给相关部门完成。

课 堂 思 考

电话总机服务功能的变化对该岗位员工的素质提出了怎样的要求？

（5）商务中心。商务中心（Business Center）主要为客人提供文字处理、文件整理、装订、复印、打印服务；长途电话、传真机服务；不同类型的会议场所及相应的服务；秘书、同声翻译服务；计算机或笔记本电脑的租用服务。不过，近年来随着互联网技术的发展及客房内网络综合布线技术的应用，很多酒店的商务中心功能出现了弱化的趋势。同时，由于商业机密的原因，很多商务客人不希望酒店员工看到某些重要文件或合同文本，更希望能在客房中处理相关事务，由此，很多国际品牌酒店都非常重视客房内办公条件的配置，如传真机、打印机等的配备，更有酒店专门设置 24 小时自助商务中心供客人自行处理一些商务办公需要。

（6）车队。一些大型酒店在其前厅部设立车队（Transportation Service），接受前厅部的调派，主要负责接送 VIP、预订客人或有特殊需求的客人，为客人提供出租车及包车服务，为旅行社提供订车服务等。更有一些顶级酒店在车队配备诸如劳斯莱斯等世界级名车来体现酒店的品质及客人的尊贵。

4. 大堂副理／值班经理岗位设置

在我国三星级以上的酒店一般都设有大堂副理或值班经理（Assistant Manager/Duty Manager）。大堂副理的管理模式通常有两种：一是大堂副理隶属前厅部，属主管级；二是大堂副理由总经理办公室直接管理，大堂副理向总经理办公室主任或直接向总经理汇报，属副经理级。

上述两种模式各有其合理性和不足。从其工作性质（属对客服务）和工作岗位的位置（位于前厅大堂）来看，应属前厅部管辖；从其职责范围来看，因涉及酒店各个部门，为便于协调管理和有效开展工作，则应由总经理办公室直接管理。还有的酒店将大堂副理划归酒店质检部管理，直接处理出现在各部门的服务质量问题和客人投诉问题，以增强其权威性。其具体设置，应视酒店自身的情况来确定。大堂副理的主要工作职责与工作内容包括：

（1）代表总经理做好日常的贵宾接待工作，完成总经理临时委托的各项任务。

（2）代表总经理受理客人对酒店内各部门的投诉，并且进行高效率处理。

（3）解答客人的一切询问，并提供一切必要的协助和服务。

（4）征求客人意见，沟通酒店与客人间的情感，维护酒店的声誉。

（5）负责检查大堂区域的清洁卫生及各项设施设备的完好情况。

（6）联络和协调酒店各有关部门的对客服务。

（7）巡视和检查酒店公共区域，以消除隐患，确保安全。

（8）出席酒店的各种例会，对加强管理、改进服务、增加收入等提出建议。

（9）定期检查酒店各部门的清洁及维修保养水准。

（10）检查员工着装、仪表仪容及守纪、履行岗位职责等状况。

（11）处理各类突发事件。

（12）协助保安部处理异常事件。

（13）协助前厅部员工处理好日常接待中出现的问题（如超额预订处理、客人丢失保险箱钥匙和签账超额而无法付款问题、逃账事件及其他账务等方面的问题）。

（14）详细记录值班时间内所发生和处理的事项，将一些特殊的、重要的及具有普遍性的内容整理成文，交前厅部经理审阅后呈交总经理批示，并整理存档。

（15）负责协调处理客人的疾病和死亡事故。

（16）确保酒店重大活动的正常接待。

相关链接 🔍详情

让大堂副理发挥真正的作用

20世纪90年代初,大堂副理开始在中国的酒店里出现。日本虽然没有对酒店实行星级管理制度,但在日本的酒店里同样有大堂副理一职。然而,中日两国大堂副理的地位却相差较大。中国的大堂副理通常是属于酒店前台部的一个重要职位,并不直接对酒店的总经理负责,而日本的大堂副理基本上都是酒店的总经理直接任命的高级管理人员。中日两国大堂副理的差异更多地体现在职责的履行上。根据笔者的观察,日本大堂副理职责履行得更为积极彻底,而中国在这方面还有待改进,或者,从另一个角度来说,中国有些酒店并没有完全执行大堂副理制度。

如大堂副理24小时值班制度,在日本,这是一条严格执行的制度。但在中国,对于有些酒店来说,似乎只是一条写在纸上的规定。2001年年底笔者曾在中国南方一家四星级酒店住过,酒店的服务指南上清楚地用中、英、日3种语言告诉所有的住店客人,他们的大堂副理一周7天、一天24小时随时向客人提供热情周到的服务。然而当笔者在早上6点多致电大堂副理让他们找个行李员帮忙搬一下行李时,却无论如何都找不到人。这家酒店的情形似乎并非偶然。事实上,这种找不到大堂副理的情形在笔者2002年的中国之行中多次遇到。先后不下七八家酒店。就笔者的个人经验而言,在中国入住酒店的时候,大多数的情况下,酒店大堂副理的大班台后面都是空空如也,不知道他们是否是处理别的客人的问题去了。需要说明的是,这些酒店基本都是三星级或三星级以上的星级酒店,而不是一般的酒店。

这种情形的普遍性反映了中国酒店管理上的缺漏。一方面,在大堂副理经常离岗的情况下,必定有为数不少的客人的需求没法得到满足和关照,因此,要客人对这样的酒店满意会是一件比较困难的事情。另一方面,根据笔者的观察,除了离岗之外,有些大堂副理的表现也有尚待改进之处。大堂副理作为与客人面对面接触的酒店高级管理人员,直接代表酒店的形象,虽然不必像一般的服务员那样谦卑和谨慎,但是,友善、热忱和自信还是应该的,特别重要的是,应该要有一种姿态,愿意随时为客人提供热情周到的服务。然而,有时候笔者会发现中国酒店里大堂副理的位置上坐着的人士正神秘地对着电话在小声地讲着什么,忽然大声地爆发出一阵笑声,后又恢复神秘状,整个过程旁若无人,让人莫名其妙。有些时候,这些人干脆就拿着大堂副理位置上的电话长谈,让客人半小时都没有办法接通电话。或者,就是一副很酷的表情,丝毫不流露一丁点儿善意的微笑,端坐在大班台后,让人望而却步。

5.高档酒店中的行政楼层

行政楼层(Executive Floor)从组织机构角度来讲隶属房务部,直接受房务总监的领导，但在具体工作中由于其与前厅部同属房务系统，因此，对行政楼层的基本情况也简单作如下介绍。

20 世纪 90 年代中期至今，进入我国的国际品牌酒店开始设立行政楼层，其面向的客源市场是一些大集团、大公司的高级商务客人。行政楼层的突出特点是以最优良的商务设施和最优质的服务为商务客人高效率地投入紧张工作提供一切方便。一般而言，入住行政楼层的客人希望所住客房内的设施、物品等除满足住宿需要外，更能适合办公与洽谈；希望拥有一个更加优雅舒适的环境。其提供的主要服务包括：

（1）为 VIP 客人提供入住登记及办理结账离店手续。

（2）提供礼宾司服务（Concierge Service）。

（3）为每天抵店的 VIP 客人提供房间内入住登记服务（In-room Check-in Service）。

（4）提供各类会议服务。

（5）准备每天的餐饮服务。

（6）提供管家服务（Butler Service）。

三、前厅部岗位职责与任职条件

前厅部的岗位设置没有行业的统一标准，前厅部的组织机构表明了部门中的上下级关系和工作间的联系。一个精心设计的前厅部组织机构加上明确的具体目标和策略，以及工作班次安排、岗位职责和任职资格的设计会使员工和客人获得高度的满意。

（一）工作班次与岗位职责

1. 工作班次

酒店是一个一年 365 天、一天 24 小时不间断运行的机构。因此，酒店里的许多一线对客服务部门需要设置不同的工作班次来保证这种全天候的运行要求。在大部分酒店，前厅部员工的周工作时间是 40 小时，这既是对国家劳动法规的遵循，也是在相关工作合同中应该明确规定的。作为一名前厅员工可能会被安排在不同班次工作，这要根据前厅工作的需要和员工人数而定。传统的前厅工作班次可能会有如下安排：

日班：7:00 ~ 15:00；中班：15:00 ~ 23:00；夜班：23:00 ~ 次日 7:00。

前厅部工作班次的安排与住店客人多少的变化有关。一个有弹性的工作时间安排可以使前厅管理者调整员工的上下班时间。一个班次中有些时段为繁忙时段，需要充足的人手。例如，一位总台接待员可以上 6 点到 14 点的班，这样就能更有效地处理清晨离店客人的需要。另外，安排一位总台接待员上 10 点至 18 点的班，则可以在中午员工用餐时有足够的人手为客人顺利办理抵店入住登记。

近年来，兼职员工正在成为酒店业的重要劳动力来源。这与国内劳动力人口资源的减少及酒店行业对劳动力资源需求的增加紧密相关，许多潜在的劳动力如学生、退休人员、待业人员等，他们无法胜任全天的工作。兼职员工使得前厅在处理客人需求的波动性方面有更大的灵活性，同时能节约劳动力成本。对于有志于从事酒店业的酒店管理专业学生而言，在不影响学校正常学习的情况下，利用业余时间到酒店兼职不但能得到少许劳动报酬以补贴学习费用，更重要的是可以利用兼职的机会接触社会、了解自己将来从事的职业，增强个人的社会适应能力与职业定位能力。

2. 岗位职责

一份完整的岗位职责不仅列明了某个岗位需要完成的所有工作任务，而且写明了上下级关系、责任范围、工作环境、所需使用的设备和资料以及其他与工作有关的重要信息。在撰写岗位职责时应根据酒店自身定制的程序来编写，岗位职责应以完成任务为导向，应描述某个岗位的工作，而不是某个人的工作。岗位职责会因工作内容的变动而变得陈旧、不切实际。所以至少每年应修订一次。员工应参与编写和修订工作，毕竟一线员工每天都在从事实际工作。

一份好的岗位职责可以用来：评估工作表现；对员工进行培训和再培训；防止不必要的职责冲突；帮助确认每项任务的完成；帮助确定合理的用工编制。

每个前厅员工都应有一份所在岗位的职责说明。对进入最后阶段的求职者在发给其录用函之前，应先把岗位职责发给他。这样可以使他在接受聘用前最后考虑一下自己是否适合这个岗位的任职要求。

（二）任职条件

任职条件的内容包括任职资格、技能以及为能出色完成岗位任务而必须具备的特长。一般说前厅的任职条件清楚地说明了前厅管理者对现有和未来员工的期望。任职条件通常在岗位职责制定后编写,因为一项特定的工作需要相应的技能和特长。任职条件应考虑的因素有:接受过正规教育的学历、工作经验、一般知识、曾经接受过的培训、身体条件、沟通能力以及使用设备的技能。任职条件通常用于招聘启事和甄别求职者,也可以用来确定员工的晋升机会。虽然酒店行业没有规定任职条件的统一标准,但许多酒店的任职条件中都写明了一些必须具备的特征和技能。由于处在对客服务第一线,前厅岗位通常要求有较好的人际交往能力。

前厅岗位需要具备的任职条件包括:专业化的举止;团队合作的意识;助人为乐的态度;语言表达能力强;头脑灵活;良好的个人形象塑造能力;重视细节。

只有通过教育和工作经验的积累,才能取得胜任前厅工作的技能。优秀的前厅员工不仅具备操作技能、文化学识,而且天资聪颖,拥有良好的计算技能(对应收款及会计事务)和计算机技能。另外,外向的性格、较好的文字和口头表达能力以及强烈的学习意识对前厅员工来说尤其重要。前厅员工必须愿意与人共事,为争取整个酒店的利益而努力。总之,从事前厅工作的员工应是"内外兼修"的人。

下面以前厅部经理和总台接待员两个岗位为例,介绍其岗位职责的编制,见表1-4、表1-5。

表1-4 前厅部经理岗位职责

岗位名称	职位等级	直属上级	直属下级
前厅管理	C4 级	房务总监	大堂副理 / 前厅主管 / 礼宾部主管

职责描述	主要工作任务	工作权重(%)
一、制订各项工作计划	1. 参与制订并组织实施前厅部各项经营计划、经营指标以及规章制度,确保各项工作计划的完成 2. 根据酒店内外部实际情况,协助房务总监确定合理的房价并做好相关预测 3. 参与编制部门预算和业务计划,报上级批准后执行、监督和控制	30
二、组织开展各项服务工作	1. 组织接待人员做好客人的接待和礼宾工作,亲自负责贵宾接待工作 2. 组织做好客人的话务服务及委托代办服务,满足客人提出的要求 3. 组织商务中心做好对客人的各类商务服务 4. 制定批阅大堂副理及前厅部各处提交的投诉处理记录,亲自处理 VIP 客人的投诉和疑难问题 5. 严格控制并监督部门内各项费用的使用,尽量降低工作成本	40

续表

岗位名称	职位等级	直属上级	直属下级	
前厅管理	C4 级	房务总监	大堂副理 / 前厅主管 / 礼宾部主管	
职责描述	主要工作任务			工作权重（%）
三、上传下达及协调工作	1. 定期审阅各类工作报表，及时掌握客房出租率、平均房价、房态控制等情况，提供给酒店领导和有关部门作为决策依据 2. 主持部门的工作例会，传达酒店例会精神，听取下属人员的日常工作汇报，掌握业务工作进度，借鉴运转中发现的新问题，确保业务目标的完成 3. 协调前厅部与其他部门的业务关系，保证前厅部各项工作的顺利进行 4. 维护与合作企业、旅行社等的良好业务关系			15
四、人员管理	1. 指导、监督、考核下属人员工作并按规定实施奖惩 2. 招聘、培训下属人员，提高服务质量，发掘培养有发展潜力的下属人员 3. 完成领导交办的其他工作			15
任职资格	1. 学历及专业知识 　大学本科及以上学历，具备酒店管理、旅游管理、公共关系等相关专业知识 2. 工作经验要求 　4 年以上相关工作经验 3. 个人能力要求 　掌握前厅各项业务的操作，熟练运用一门外语，具备良好的组织协调能力			
考核指标	年客房营业收入完成率、年客房平均出租率、前厅部工作制度与规范的执行率			
相关说明				
编制日期	2010.06	编号 MG/HR/GW02–2010	版次 / 修改	A/0

表1–5 总台接待员岗位职责

总台接待员职位描述 JOB DESCRIPTION

职位名称 JOB TITLE	前台接待 Guest Service Agent
部门 / 分部 DEPARTMENT/SECTION	前厅部 / 前台 Front Office/Front Desk
级别 GRADE：员工 SL　酒店级别 HOTEL LEVEL：Ⅳ	
报告给 REPORTS TO	前台主管 / 前台经理 Front Desk Supervisor/Front Desk Manager
部属 POSITIONS SUPERVISED	无 Nil
工作范围 JOB SCOPE	按酒店标准，为客人提供高效的前台各项优质服务

证明：我已经阅读岗位职责要求，并愿意履行本岗位职责。

TESTIMONIAL：I hereby confirm having read the duties and agree to perform these duties as set out in the Job Description to the required standards.

签名 Signature：

日期 Date：

主要职责 Key Responsibilities

1. 高效地办理客人入住和退房手续
2. 了解酒店相关的促销信息
3. 熟知并积极向客人推荐优悦会
4. 严格执行酒店有关挂账、现金处理的政策和程序
5. 主动对散客提供客房升级促销，最大限度提升客房收入
6. 协助客人做好预订工作
7. 积极向客人进行姊妹酒店的交叉销售
8. 管理好客房钥匙和保险箱钥匙
9. 严格执行酒店对住店客人的查询程序
10. 了解和爱护前台设施设备
11. 每天阅读和记录交班本以及布告板
12. 出席前台例会，并提出提升前台服务的建议
13. 保持前台区域的清洁和整齐
14. 了解有关安全和紧急事故处理程序，懂得预防事故的措施

卫生和安全职责
1. 熟知酒店政策和工作程序，并保证所有程序都安全有序进行
2. 遵守职业、卫生和安全等法律法规
3. 熟知急救、火灾和紧急情况处理等程序，并安全地使用相关设备
4. 按照酒店要求记录安全事故

主要能力 Key Competencies	主要任务 Key Tasks
承担责任（一般员工填写）Taking Responsibility	1. 不断提高自身能力，并为自己的行为承担责任 2. 遵守员工守则及其他政策和程序
了解工作（一般员工填写） Understanding Job	1. 了解自己的工作职责，不断提高技能，丰富知识 2. 知道如何配合前台主管和经理的工作，为酒店收入实现最大化做出贡献 3. 熟悉酒店设施、产品和服务 4. 执行部门规定的程序
关注客人 Customer Focus	1. 预见到客人的需要，回答客人的询问并解决问题 2. 在与酒店内部员工和外部客人接触时，树立一种积极的形象 3. 应客人要求，主动、积极地协助客人解决问题
团队合作 Teamwork	1. 与同事、主管和交叉部门合作并互相信任 2. 保持良好沟通，保证交接班有效 3. 积极主动参加会议
适应性 Adaptability	1. 接受不同意见，并按要求改进工作 2. 了解前台可能的班次变动
自我提升 Developing Self	1. 提高技能和知识，并在工作上有所反映 2. 争取更多自我提升的机会

续表

主要能力 Key Competencies	主要任务 Key Tasks
可靠性（一般员工填写）Reliability	1. 确定工作质量符合要求，及时准确完成任务并且只需要很少的指导和管理 2. 遵守各种规定
文化包容 Cultural Awareness	1. 能与来自不同地区、持有不同观点的同事有效合作 2. 为不同国家或不同文化的人提供优质服务
任职资格 Qualification	

1. 持有有效健康证
2. 持有外币兑换上岗证
3. 持有 PSB 登记传输上岗证
4. 良好的英语对话能力

相关链接　详情

前厅部经理的工作感悟

众所周知，在酒店的经营管理过程中，前厅部作为一个重要的职能部门，扮演着非常重要的角色。笔者从前厅基层开始自己的酒店工作，对前厅的管理工作有一些自己的愚见，借此机会，与大家共同探讨。

21世纪的今天，高星级酒店已经在很多城市如雨后春笋般出现，许多房地产、金融等企业都想拔得头筹、抢占先机。酒店业的发展最终很有可能会因为增长过快而超越客源的增长速度，造成酒店业的竞争加剧。因此，对每一名酒店从业者都提出了严峻的考验。这就要求我们在日常的酒店管理过程中全面提升服务质量。有过酒店前厅管理经验的朋友都知道，前厅的管理工作有着自己的特点和难度。前厅相对于其他部门而言，员工的素质和学历相对较高，员工的跳槽率较高，新老员工的想法较多、工作压力较大（特别是许多处于城市黄金地段、具有良好知名度的商务酒店）。如何稳定员工队伍并进行有效的管理？如何提升整个前厅的服务水平和服务技能？如何在保持水准的情况下进行创新管理？这些都将是摆在前厅经理面前的重要课题。那么，如何找到所有问题的突破口，如何找到员工自我发展与酒店经营管理的平衡点，将会直接决定酒店前厅管理和服务水平的高低。鉴于此，笔者认为应该从以下几个方面着手前厅管理工作。

（一）前厅经理工作要区分轻、重、缓、急，千万不能"一碗水端平"

笔者曾在杭州、江苏一些高星级酒店从事前厅工作。依照自己的实践，我认为，在前厅管理过程中必须要有所偏重，不能一把抓。首先，在前厅的组织架构中，总台、大堂副理（有些酒店不隶属于前厅部）、预订处（有些酒店不隶属于前厅部）、总机等几个分部门按照其重要程度可以做一个区分，一般总台作为重要的工作枢纽，它的重要性不容置疑，如果不注意，很容易让整个酒店的声誉受损，所以前厅经理要给予足够的重视，配置充足的人员。其次，在大堂副理这个岗位上，也要求要配置有很强工作经验和沟通能力的人员。因为大堂经理在许多重要的VIP接待和工作场合都直接代表酒店的立场和形象，所以，这个岗位也将成为第二侧重点。再次，预订部和总机需要给予一般重视。在控房、接受预订等一系列工作中，预订部发挥着非常重要的作用。作为前厅经理，一个好的预订员能够使他的工作变得更加容易。总机是客人接触酒店的第一声问候，所以对声音的要求、对语言的要求非常重要。

（二）前厅经理要有很强的目标管理理念，但过程可以相对放宽松些

前厅的绝大多数岗位是直接面对客人的，相对而言，工作压力大，尤其是总台（许多酒店趋向于节约人力成本，接待与收银合并，全由同一个人完成）要面对账务处理、登记工作、外币兑换，等等。在这种情况下，我们一些酒店的前厅管理人员经常板着脸，"严酷"地要求员工有微笑服务、个性化服务、主动服务等。试想一下，在这种环境下，前厅经理如果不转换管理思维，就会在管理过程中造成被动局面，从而引发员工的逆反心理，直至员工流失，给酒店造成损失。所以，在实际工作过程中，要让员工树立明确的目标感。比如，拿总台管理来说，我经常给主管和领班下指标，如本月的差错率要降几个百分点，本月总台班组要争取零投诉，等等。所有的指标要量化，一定要用数字说话，否则，我们的管理是不能说服人的。在这个过程中，只要员工的礼节礼貌到位、遵守酒店规则制度，经理则不应过多地干涉。许多有想法的员工有自己的新意，我们应该给予鼓励和激励，这样，才能将整个工作推向创新层面。没有特色的班组如何出类拔萃？充其量就是别的酒店的复制品！

（三）前厅经理要将东方的人文关怀与国际连锁酒店的规章制度相结合，并特别注意与酒店所在地区的实际相结合

现在大量的国外酒店管理集团大举"入侵"中国酒店业，我们在接受它们先进的管理模式的同时，也面临着重大的挑战。是不是若干年以后绝大多数的酒店都要由国外酒店管理集团来管理了？现在国内许多酒店的人力资源部对具有国外酒店工作经验的员工和管理者都会有所偏爱，这在一定程度上也会误导国内酒店的发展。——"非洋不强"，在笔者看来，这种观点是不全面的，也是不太正确的。在前厅管理过程中，我们必须承认国外管理集团的确有它的优势，如它的管理模式和管理制度比较系统化，管理的指标比较量化，可以简化管理过程中的难度。但是，本土的酒店管理有我们自己的优势，比如人性化管理，东方人特有的热情，等等。笔者曾多次参观凯悦、香格里拉、索菲特等国际品牌酒店，参观过后，每次总觉得他们的服务缺少点什么。后来，我才发现他们缺少一种对客人的人文关怀。当你觉得他们有一些地方不太合理时，他们会回答你，"这是我们酒店规定的。"他们的笑容有些时候的确也让人感觉不自然。这就是为什么泰国的曼谷东方饭店连

续十年成为世界最佳酒店第一名的重要原因。所以，在前厅的管理中，一定要利用他人的优势来弥补自己的短处，而不能一味照搬。浙江的酒店和上海的酒店可能存在着不同，江苏的酒店与北京的酒店或许有着差异，所以在实际的管理过程中，一定要因地制宜，实事求是。

（四）前厅经理要创造和谐、活泼而又民主的工作氛围

前厅的工作氛围一定要轻松，不要让员工有太大的压抑感。只有这样，在我们面对客人时，对客人的微笑才是真诚的，发自内心的。所以，作为管理者，一定要想方设法从多方面了解员工，在员工最需要帮助的时候提供帮助。笔者在一家高星级酒店管理前厅部时，曾有这样一个案例：有一年春节，总台所有员工都想回家，排班时比较棘手。考虑再三，笔者将路远的员工放假回家，本地员工上班，但在大年三十晚上，笔者自己上夜班。这样基本满足了他们的想法和要求，这样带来的一个好处就是，员工会有一种"负疚"感。刚过完大年三十，所有员工都主动要求上班。我们要了解员工需要什么，迫切感有多强，我们就给他最需要的东西，那么管理起来就相对比较轻松了。"活泼"对一线的员工非常重要，所以，在人员的招聘面试过程中，我一般不太会录用非常沉闷的员工。在笔者的办公室有一条规定，所有到办公室来喝水的员工都必须要聊 3 句以上的家常，以这样的方式来给他们"降压"，同时，又能从侧面了解员工的想法。民主，在前厅的管理中也非常重要，一般我主张基层的管理岗位要从员工中通过民主选拔出来，这样可以大大增加他们工作的积极性。

（五）前厅经理要特别注意表扬与批评的艺术

对员工的表扬和批评，要根据不同对象的心理特点，采取不同的方式，在日常的管理过程中，我们会发现，有些员工爱面子，口头表扬就可以了；有的员工讲究实惠，希望有点物质鼓励；有的员工脸皮薄，开会批评逆反心理就特别大；而有些员工，必须要开罚单才能解决问题……如此种种，作为前厅部的管理者，有时可能就是你的一个微笑，你的一句关心问候，你的一个手势都会影响一个员工的心情，所以，我们一定要学会并利用好心理因素，去鼓励员工，让员工有被认同感。在对员工进行批评时，一定要掌握场合，给足员工"面子"。这样员工就会抱着感恩的心来接受你的批评。其次，批评员工时，一定要态度诚恳，语气委婉。批评他，一定要让他知道为什么是错的，错在哪里，有什么危害等等。再次，批评一定要对事不对人。一些前厅管理者经常会对那些"不配合"他工作的员工实行加重处罚，这样，多多少少会让员工感觉有点"公报私仇"的味道。这是要坚决制止和纠正的。

（六）前厅经理需重视与员工沟通，重视团队中的非正式组织

在日常管理中，一定要重视与员工的沟通，通过沟通了解员工中的非正式组织。非正式组织在任何一个团队中都起着非常大的作用，引导得好，将对整个团队起着非常好的积极促进作用；否则，就会对团队产生极大的危害。那么，在日常管理中，我们要首先发现非正式组织的"领导"，掌握他们的一些想法，及时进行引导。大家在前厅管理中，经常会碰到这样的一些事例，当这个非正式团体中有一个主要成员要离职，经常会有两至三名成员跟着离职。所以，在我们的管理过程中，要使非正式组织的目标与班组团队的目标一致，至少不能让两者的目标产生冲突；同时还要密切关注非正式组织的发展和目标认同感。

以上赘述是笔者在自己的实践过程中的一些愚见。在实际的工作过程中，我们的管理要求灵活多样化，真正从内心来关心员工，关注下属；更为重要的是，创造一个创新性的前厅管理理念，让客人将满意带走，将表扬留下，实现酒店经营效益最大化，实现真正的品牌效应，在激烈的市场竞争中立于不败之地。

第二节　识别酒店客人与前厅运行全过程

酒店能够为客人提供服务以满足他们的需要，不管是提供客房满足客人住宿的需要，还是提供餐饮满足客人用餐的需要，抑或是提供各类会议设施满足客人举办活动的需要。了解酒店客人的特征是很重要的。任何一家酒店的客人都可能来自各行各业。通过了解这些客人是谁以及他们的特征是什么，酒店就能更好地为他们提供服务。

一、识别酒店客人

酒店销售给客人的房间通常分为两大类型：团体用房和散客用房。在酒店业通常有一个划分团体用房和散客用房的标准，即一次性用房 10 间（含 10 间）以上的为团体用房，低于 10 间的则为散客用房。相应地，酒店的客人也被分为团体客人和散客两大类型，而且团体客人和散客又有不同的细分。

（一）团体客人

团体客人预订数量大，能迅速提高酒店客房销售收入和客房出租率，此外，还能给餐饮、宴会、会议展览、娱乐、交通等部门带来业务和收入，所以团体客人是酒店客源重要的组成部分。团体客人还可以根据一定的标准细分，如根据消费者旅行的目的不同，可以划分为以出差为目的的商务团体和以休闲、度假、娱乐等为目的的休闲度假团体。

1. 商务团体

商务团体通常在工作日到酒店来入住和活动，它可以进一步细分为如下类型：

（1）公司商务团体。指以组团的形式到酒店来从事商务活动的团体。常见的有航空公司的职员（如飞行员和空乘人员等），以及到酒店来举办各种研讨会、预算和决算会议以及业务培训、产品展示和推广的团体。他们通常能带来较大的业务量，而且通常会在餐厅用餐，举行宴会或酒会，租用会议设施和设备，能给酒店带来除客房以外的营业收入。商务团体在选择酒店时会多方打探价格，甚至要求多家酒店竞价。

（2）政府团体。政府团体通常在工作日到酒店入住和消费。他们的预算一般比较紧，所以对酒店的价格比较敏感。在中国，政府团体通常有当地统一的规定价格（接待酒店享受政府补贴，通常称为政府采购），也有政府部门同酒店单独谈判而确定价格（属于协议价格）。虽然酒店获得的政府团体价格比较低，但是它可以成为酒店淡季的有力补充，所以酒店还是要适当接待一些政府团体客人。此外，高规格的政府团体客人还能有效提高酒店的知名度和美誉度，所以有些酒店宁可不赚钱，甚至倒贴钱，也要争取接待一些高档的政府代表团入住。

（3）科研教育团体。指到酒店租用客房或会议设施，并以教育科研活动为目的的团体。这类团体客人通常经费预算比较紧张，要求酒店提供较低价格。

2. 休闲度假团体

休闲度假团体包括旅行社组织的旅游度假团和所有以休闲、度假、娱乐、宗教、社交等为目的入住酒店的团体客人。这类客人通常在周末或节假日入住酒店，他们的消费能力通常比较低。这类客人又可以进一步分为以下类型：

（1）体育团体。是指参加体育比赛和训练的团体。这类团体通常在周末或节假日入住，因为比赛通常在此时段进行。这类团体价格一般较低，但是需要的客房数较多。

（2）文艺团体。包括所有以从事文艺表演为目的的团体。他们通常在周末或节假日入住酒店，通常要求酒店提供较大折扣。酒店是否要接待文艺团体主要从社会影响角度来考虑。

（3）军事团体。指来自军方的团体。军事团体的消费能力一般较高。

（4）宗教团体。指旅行目的是宗教活动的团体。他们通常在周末入住酒店，很可能需要租用酒店的会议设施进行礼拜、讲经和聚会。总的来说，这类客人消费能力较低，酒店多在淡季考虑接待。

（5）社会联谊团体。指以开展社交活动为目的的团体，包括各种校友聚会、老乡聚会、婚宴、寿宴、周年纪念等。这类客人通常在周末或节假日入住，消费能力比较低。

（二）散客

酒店的散客市场就像零售市场，酒店零星地出售客房，客人零星地预订客房。散客房价通常比团体客房价高，相应地，其为酒店带来的毛利率就高。散客越多，对酒店客房收入和毛利率越有好处。所以，绝大多数酒店都非常重视散客市场。

酒店的散客市场也可以进一步按照入住酒店的目的和入住时间划分为商务散客和休闲度假散客两大类。

1. 商务散客

商务散客因出差办事要入住酒店，一般在工作日入住，周末和节假日一般不入住。商务散客还可以进一步分为以下类型：

（1）上门散客。上门散客（Walk-in）和酒店之间没有签订任何协议，到酒店入住带有一定的随机性，选择酒店的原因是交通便利、对酒店早有耳闻或是受到朋友的影响等。这类客人能给酒店带来最高的利润，提高这部分客源的比例，对提高酒店的平均房价和客房毛利率至关重要。只是随着酒店的分销渠道越来越广，这类客人的比例正逐年下降。

（2）公司协议散客。这部分散客是公司的职员或公司接待的客户。酒店为了吸引这部分客源，同公司签订协议，设立公司账号，在门市价的基础上给予不同程度的折扣价。折扣的大小取决于公司每年给酒店带来的业务量，通常用租用的客房数来衡量。为了获得协议价，公司要保证每年至少租用酒店若干间客房。

由于公司协议散客的消费能力相对较强，而且消费量相对稳定，所以这类客人是酒店的重要客源。对商务型酒店来说，从公司协议散客市场获得客房收入通常占到客房总收入的 25% 以上。

公司协议散客还可以细分为本地公司协议散客、全国公司协议散客和国际公司协议散客，他们分别来源于酒店所在地公司、全国性公司和国际性公司。协议价的适用范围随公司的业务范围变化而变化。例如，如果同酒店签约的公司是国际性公司，那么这个公司在世界各地的职员和客户到这个酒店预订都可以享受相同的协议价。

（3）政府散客。指政府部门的职员及其接待的客人。政府部门对公务出差和接待的预算一般比公司要低，所以，政府散客价比商务散客价要低。但是，政府公务散客的业务量较大，而且比较稳定，所以是酒店市场的有益补充，在淡季尤其重要。

（4）公司公务长住客。指从事商务活动，在酒店停留两周以上的散客。这类客人很受酒店欢迎，因为他们能给酒店带来稳定的、长期的收入。

（5）会员卡持有者。酒店为了促销或者保持良好的客户关系，通常会发放会员卡。会员卡持有者通常可以得到特定的折扣和优惠，包括免费升级入住更高档的客房，提前入住或免费推迟退房，免费使用互联网，免费获得报纸和杂志，免费收发传真，免费享受早餐和迎宾鸡尾酒等。当然，有的会员卡并不给予折扣，甚至要收取年费，这种会员卡通常称为贵宾卡。贵宾卡持有者通常能得到优先预订的权利，也就是不论何时，只要他们要求预订，酒店都会保证他们能订到。贵宾卡客人还能享受别的消费者不能得到的贵宾级服务，如专车接送、免费洗衣、专人全天候服务、免费水疗、免费导游等。酒店可以根据市场、竞争以及促销的需要来决定提供多少种会员卡，以及每种规格会员卡持有者能享受什么样的优惠。

（6）赠券持有者。由于促销的需要，酒店通常会自行发行一些免费的赠券，持有者可免费到酒店入住。另外，酒店会与航空公司、信用卡公司等联合开展一些促销活动，例如客人乘航班飞行里程达到一定数量，可到酒店免费入住；使用信用卡消费达到一定金额，可以获得酒店免费赠券等。由于这类客人不直接给酒店带来客房收入，酒店应控制发行总量，并把赠券的适用日期定在淡季或者业务量较低的周末或节假日。

（7）网络营销市场散客。指从第三方网站预订的散客，如携程网。由于酒店通常要支付第三方网站营销商 10% ~ 20% 的佣金，所以酒店实际得到的部分只有酒店直接卖给散客公共价格的 80% ~ 90%。但是，由于网络营销商具有一些酒店不具有的优势，如广告、潜在客人的数据、强大的电子预订功能等，酒店必须适当地借助它们来获得客源。值得注意的是，通过网络营销商预订的客人比例近年来提高很快，通过网络营销商网站获得的客房收入通常占到酒店总收入的 5% ~ 10%，而且比例还在逐年提高。

2. 休闲度假散客

休闲度假散客包括除了商务散客之外的所有散客细分市场。由于绝大多数商务散客入住的时间是工作日，休闲度假客人入住的时间是周末或其他节假日，所以，如果客人是在工作日入住，通常被划归为商务散客。如果他们在周末或节假日入住，通常被视为休闲度假散客。

上述对不同类型客人的划分是为了使读者对酒店接待的客人类型有个大致的了解，这部分内容会对读者在本书最后一章客房经济效益分析中了解酒店的房价策略和收益管理的相关知识提供帮助。

二、客人循环图

不管到酒店来住宿的客人是什么类型的，根据其与酒店前厅客房部门各相关服务岗位接触的先后顺序我们可以画出一张客人循环图（图 1-5）。这张图将有助于我们对客人抵达酒店前、抵达酒店时、住店期间及离开酒店时均会接触前厅客房两部门哪些工作岗位及为客人提供哪些服务有一个清晰的认识。前厅部的员工需要了解客人入住期间所有阶段发生的对客服务和客人账目有关的活动，如果能清楚地了解这一业务流程，就能根据客人的需要提供高效的服务。客人循环图显示了在每一个阶段中哪些前厅员工构成提供服务的主要方面，客人循环图的全过程也是系统理解前厅运行全过程的很好的工具。

三、前厅运行全过程解析

对于许多客人而言，前厅就代表了酒店，前厅是客人与酒店员工接触的主要场所，几乎涉及酒店提供的每项对客服务内容，由图 1-5 可见一斑。接下来将集中讨论前厅在客人抵店前、抵店时、住店期间和离店等各阶段所发挥的作用。这

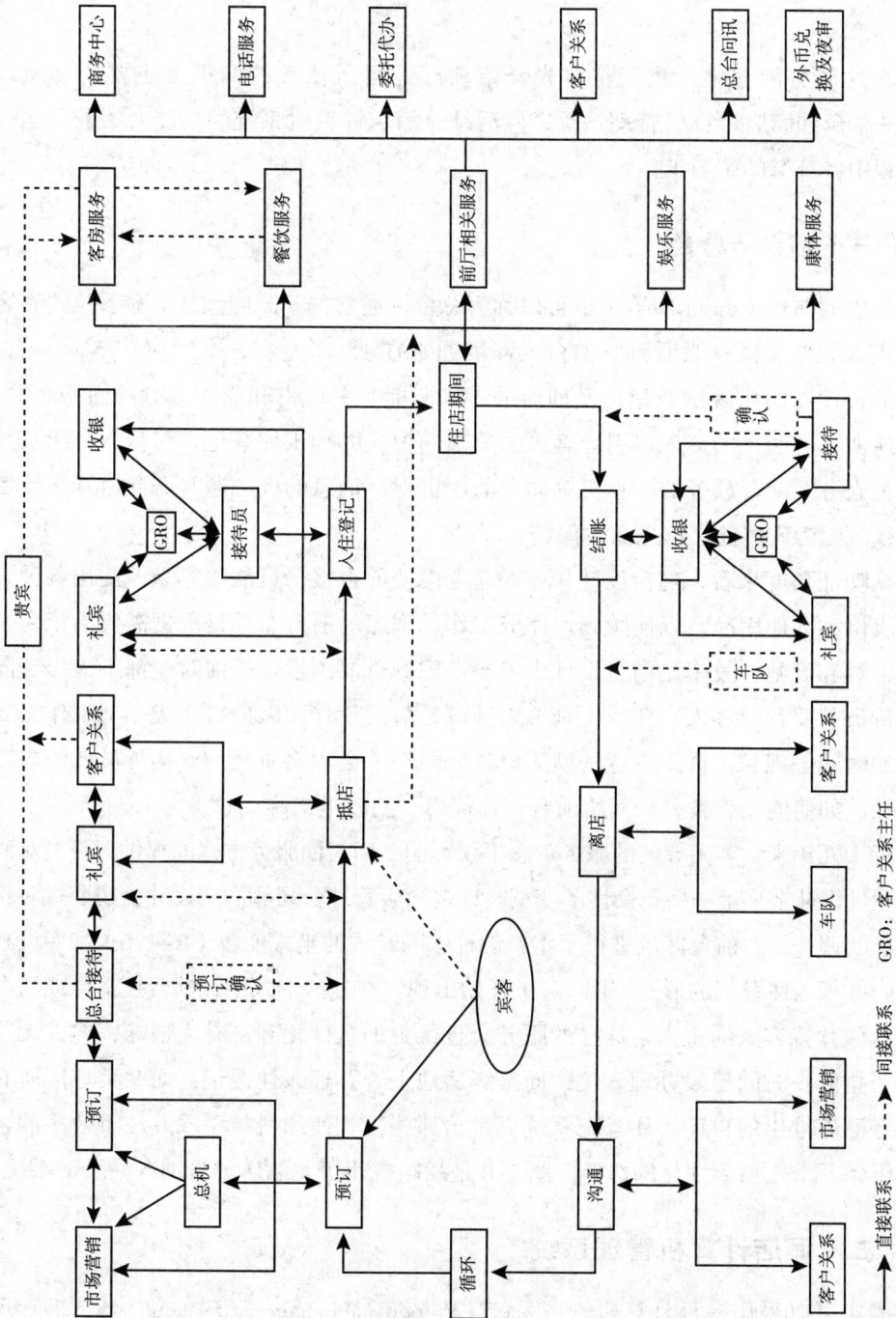

图1-5 客人循环图

GRO：客户关系主任

→ 直接联系　　　→ 间接联系　　　----→ 同接联系

一过程从客人的角度被称为对客服务全过程；从酒店运行的角度被称为前厅运行全过程。

在这部分内容中，我们将首先介绍前厅运行所依赖的两项最主要的物质设施——总台和酒店计算机管理系统，然后结合酒店计算机系统的功能介绍前厅运行全过程中各环节的主要工作。

（一）前台 / 总台

酒店的前台（Front Desk）也可以称为总台，通常位于酒店大堂的显著位置，客人一进入大堂就能一眼看到。前台的高度通常在 1.2 米左右，宽度在 0.75 米左右，前台的长度与酒店客房数量以及前台的工作职能有关，也和酒店大堂的面积有关。前台通常都有明显的标识以引导客人去适当的位置办理入住登记、付款、离店及其他相关服务。前台放置的计算机等储存前厅资料、信息的设备通常需要避开来访者的视线，因为许多前厅信息需要保密。

从功能角度来看，前台设计和布局应考虑使前台接待员能很容易地使用各种设备、表格和其他用品，以便顺利地完成工作。理想的前台布局是根据需要沿柜台来布置家具和设施。效率是前台设计中需要考虑的重要因素，任何时候都不应出现前台接待员需要背对客人、照看不到客人抑或是由于设计原因使得完成一项工作需要太长的时间等现象。许多专业的酒店设计公司经常会观察研究前台接待员如何与客人接触、如何使用设备，从而给前台设计提出一些改进措施。

近十几年来，客人导向的服务理念不仅影响了面对面服务方式的提供，更是对酒店的硬件设计带来了一些革命性的变革。许多酒店管理公司和酒店设计公司通过对行业需求的调查，对前台区域进行了重新设计。隔断式的坐式前台（图 1-6）和专设独立房间办理入住登记的形式（图 1-7）开始出现。在这些形式中，前台接待员或前台经理就像款待客人的主人，这样的服务会显得更加个性化和富有人情味，客人无须在前台排队长时间等候办理入住，而是舒适地坐着办理入住登记。而北美地区所有喜来登酒店推出的自助入住登记系统更是给那些喜欢使用科技手段并注重效率的客人提供了一个更加个性化的选择。图 1-8 是我国杭州黄龙酒店的自助入住登记系统。

（二）酒店计算机管理系统

酒店可以采用多种计算机管理系统（Property Management System/PMS）来管理

图1-6 隔断式的坐式总台

图1-7 专设独立房间办理入住登记

图1-8 杭州黄龙酒店自助入住登记系统

前厅部的运行。这些系统管理着客人的入住登记、结账退房、总台现金交易、餐饮营业点和其他营业点的交易、客房预订、客房管理、夜审计和其他工作。在客人抵店前、抵店接待过程中以及住宿期间，酒店计算机管理系统始终都影响着酒店房务系统的工作。

专为酒店业设计的计算机管理系统最初是在20世纪70年代初期出现的，但到20世纪70年代后期才被行业接受。这些最初出现的系统价格比较昂贵，只能引起那些大规模饭店的兴趣。到了20世纪80年代，计算机设备的价格不再昂贵，而且形式更加紧凑，操作更加容易。为使用者着想的软件系统包含了酒店的多种功能，而且无须经过复杂的技术培训。多种类型的个人计算机的发展又带动了适合小型酒店的计算机系统的产生。到了 20 世纪 80 年代后期，计算机管理系统的价格已能被各种规模的酒店所接受。我国酒店业计算机管理系统的应用始于 20 世纪 90 年代初期。目前，所有的星级酒店及经济型酒店均已配备了计算机管理系统。

相关链接 🔍详情

酒店计算机管理系统出现以前的情况

今天很少能见到不使用计算机管理系统的酒店。甚至特别小型的提供有限服务的经济型酒店也使用计算机管理系统。在计算机技术与酒店计算机管理系统结合之前，酒店是在人工环境下运营的。那时所有的工作——可销售房间状态的调节、客人入住登记和客人消费账目记录等都需要人工来操作。酒店将描述客房状态的文件放置在总台后面的客房状况显示架（Room Rack）上。人们一眼就可以从客房状况显示架上确认每间客房的类型和布局。经理们会在显示架上标明（通常用某种形式的彩色代号表示）每间客房的状态（已出租、空置、未清扫等）。客人留言、信件和客人的其他通信联系被保留在显示架上直到客人取走。

1. 酒店计算机管理系统的分级体系

酒店计算机管理系统中的每个菜单中都包含了特定的信息，房务系统下属的某一特定部门可以在这些菜单下编制所需的报告。这些菜单中有几项会将系统使用者引到更加专门化的菜单和编制报告的选项中去。这些菜单的组织和它们之间的相互关系称为酒店计算机管理系统的分级体系（PMS hierarchy）。

在大多数酒店计算机管理系统中，首要的菜单是前厅菜单，它一般是分级体系的起点。一般前厅菜单下所包含的菜单项用于引导员工完成每一次操作。然后前厅菜单可以引导用户进入其他菜单选项，包括：预订菜单、登记菜单、夜审计菜单、客房管理菜单、前厅服务菜单。

这些菜单中的每一个，根据它们在分级体系中的位置，用户被要求拥有一定的权限才能进入。进入不同菜单的权限与用户的工作岗位职责和职权水平相联系。总台员工可以进入登记菜单，但不能进入客房管理菜单，因为他们没有那种权限。房务总监可以进入任何一个菜单，因为他负责房务部下属的所有部门。酒店对用户使用菜单的权限进行限制可以减少因为用户不熟悉菜单而引起的错误。

酒店计算机管理系统分级体系从包含内容最为广泛的那个菜单（前厅菜单）开始，随着该菜单下的每一个子菜单涉及的内容变得更专门化，其范围也变得更窄。菜单越专门化，它所包含的选项的范围就越小。这又与员工具有的职权水平相联系，也与员工"需知道什么"相联系。这也就是说为了让员工完成某一特定工作，酒店仅需向他提供系统中应有的选项。图1-9显示的是一个酒店计算机管理系统分级体系的例子。

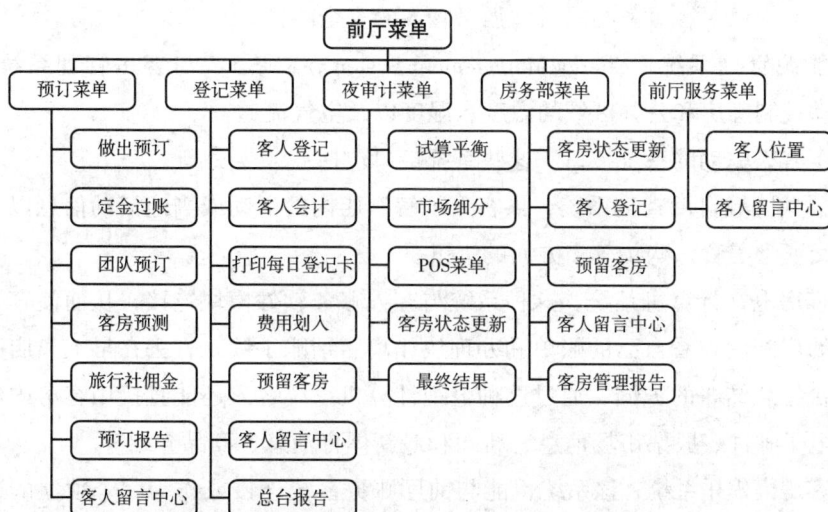

图1-9　酒店计算机管理系统分级体系

如图1-9所示，前厅部下属的每一个岗位的员工仅允许进入完成其工作所需要用到的菜单选项。例如，前厅服务的员工只需要知道怎样才能找到客人，以及在需要的时候给客人留言。总机接线员没有必要试图通过手工方式为客人预留客房，因为这不属于其职责范围。

2. 酒店计算机管理系统与其他系统之间的接口

一个复杂的酒店计算机管理系统必须能够与酒店中的其他系统进行信息交换以使酒店运行效率最大化并使对客服务水平上升到更高的层次。这种功能是通过各类系统接口来实现的。这些系统接口分为两类，一类是供酒店处理与客人交易使用的系统，我们称之为酒店驱动的系统接口；一类是完善客人住宿体验增加酒店收益的系统，我们称之为客人驱动的系统接口。

（1）酒店驱动的系统接口。这些系统接口包括：

①酒店各营业点收银系统，可以使客人的消费记录快速传输到酒店计算机管理系统，自动登录到相关客账。

②电话计费系统，可以跟踪客房电话使用，计算价格并传输相关信息，自动登录到客账。

③电子磁卡门锁系统，与客房管理系统连接，客人入住登记时用于制作房间的磁卡钥匙，提供对客服务的同时增强对客人的安全防护。

④能源管理系统（Energy Management System，EMS），与客房管理系统连接，可以自动控制客房和公共区域的温度、湿度以及空气流通。

（2）客人驱动的系统接口。这些系统接口包括：

①公共区域自助查询系统，供客人了解酒店内的活动或当地活动信息以及当地旅游、交通、美食、购物等多方面的资讯。

②客房电视计算机系统，这种系统与客人账务软件模块连接，从而使客人可以在自己的房间内查看自己的账单和办理快速离店结账手续，省去在早上离店高峰时段在总台排队结账的苦恼。通过这种电视计算机系统客人还能直接用客房内的电视机接收电子邮件、股票市场信息、新闻和最新体育消息、商品介绍等。

③客房内娱乐系统，该系统也能与前厅账务系统连接或作为一个独立的运作系统。客房内的娱乐系统使住客能够利用客房中的电视机选择多种娱乐形式。如果这些服务需要收费，如收费电影、录像节目或网络接入，那么系统会自动计算费用并记入客账。

④客房内自动售货系统，在没有采用相关自动化系统的酒店，客房内的小酒吧系统供应饮料和小吃，食品饮料分别放在冰箱内或其他干燥的地方。酒店员工对照小酒吧的原始记录，每天检查数量并做记录。相关的消费记录在获得客人签字认可后会登记在客人的账单上。由于小酒吧物品可以随时取用，所以会导致一定数量的漏账。自动小酒吧系统用光纤传导来记录放在固定位置的商品。一旦触发了传感器，自动小酒吧就会把相关信息传输到指定的计算机上，然后前厅账务处理软件就

开始自动登账。[①]

3. 典型的酒店计算机管理系统功能介绍——以 Opera 系统为例

目前我国酒店业使用的计算机管理系统很多，外资品牌酒店大多使用石基公司的 Opera 系统，国内品牌酒店大多使用西软、中软等管理系统。下面我们以石基公司的 Opera 系统为例介绍一下其主要功能。

图1-10 Opera系统logo

（1）Opera 前台管理系统概述。在 Opera 企业级软件解决方案中，Opera 前台管理系统是其核心部分，简称 Opera PMS。Opera PMS 系统在设计上迎合了不同规模的酒店以及酒店集团的需求，为酒店管理层和员工提供了全方位的系统工具，便其能够快捷高效地处理客户预订、入住客房、房间分配、房内设施管理、客户膳宿需求以及账户账单管理等日常工作。

Opera PMS 可以根据不同酒店之间运营需求的多样性来合理地设置系统以贴合酒店的实际运作，并且除单体酒店模式外，还提供多酒店模式。通过一个共享的数据库为多个酒店进行数据存取甚至相互访问。Opera PMS 和其他系统可以实现完美结合，共同构成 Opera 企业级软件解决方案。例如，Opera 销售宴会系统、Opera 物业业主管理系统、Opera 工程管理系统，以及 Opera 中央预订系统和 Opera 中央客户信息管理系统。

（2）Opera 前台管理系统的主要功能。

① 客房预订功能。Opera PMS 客房预订模块集客户档案管理、收银以及订金管理等多种功能于一体。此模块为建立、查询、更新客人预订、团队预订以及商务团体预订等操作提供了完善的功能，并提供了用房量控制、取消预订、确认预订、等候名单、房间分配、押金收取以及房间共享等功能，是对客个性化服务的好帮手。

② 房价管理功能。Opera PMS 中的房价管理模块，为房价设置、控制提供了便捷的工具，可以对房价以及不同类型房间的销售进行实时监控和策略调整，并在系统中提供收入的预测以及统计分析等功能，是行业内同类产品中最全面、最强大、最有效的房价管理系统。Opera PMS 系统可以和 Opera 收入管理系统实现无缝连接，

[①] 对上述知识感兴趣的读者可以参阅本系列教材中《酒店工程原理与实务》（中国旅游出版社，2012）一书中的相关内容。

并为其他主流收益管理应用软件提供接口。

③ 客户资料管理功能。Opera PMS 提供同样客户资料管理功能，全面记录统计包括客户、商务合作伙伴、联系人、集团、旅行社等资料。客户资料包括：地址、电话、会员信息、会员申请、住店历史信息及收入详情分析、客户喜好以及其他相关数据，使预订及其他操作的完成更快捷、更精确。

④ 前台服务功能。Opera PMS 中的前台服务功能用于为到达的和已入住的客户提供服务。此模块不仅可以处理个人客户、集团客户，以及未预约客户的入住服务，还设有房间分配、客户留言管理、叫醒服务、电话簿信息以及部门间内部沟通跟进服务等功能。

⑤ 收银功能。Opera PMS 的收银功能包括客人账单录入、账单金额调整、预付订押金管理、费用结算、退房以及账单打印。收银功能可以支持多种支付方式，包括现金、支票、信用卡以及挂账。在多酒店模式环境下，可以支持各营业场所跨酒店相互入账。

⑥ 客房管理功能。Opera PMS 中的房间管理功能，能够有效监督房态，包括可用房、正在清洁房、维修房以及房间设施的管理。可以在系统中对客房打扫人员的区域分配、用工统计以及客房用品进行管理，并且在客房排队的功能中，可有效协调前台和客房清洁工作，针对已分配给客人的特殊房间，通过系统管理，安排优先打扫次序。

⑦ 应收账功能。Opera PMS 集成了应收账功能，包括直接挂账、账单管理、账户账龄、支付账单、催款信及周期结算对账单，以及账户查询等功能，还可以在系统切换时根据账龄输入原有系统的余额。

⑧ 佣金管理功能。Opera PMS 支持佣金管理功能，用于计算、处理、追踪旅行社及其他形式的佣金数据，支持以支票打印或电子文本传递（EFT）的方式支付佣金。

⑨ 报表功能。Opera PMS 提供了超过 360 个标准报表，可以根据酒店的需求调整报表设置，并在系统中提供内置报表模块；并可以依据客户要求，创建全新格式的报表。

⑩ 设置功能。Opera PMS 可以根据酒店需求，对系统进行功能选择、参数设置、默认设置，甚至可以对系统中的用户组甚至用户的操作权限进行限制，还可以根据客户的要求更改系统屏幕布局。

⑪ 地域支持功能。Opera PMS 支持多货币及多语言功能以满足全球运营商的需

求。房价和收益可以由当地货币按照酒店需求换算成任何货币。可以根据客户的语言选择，打印相应语言的账单、登记卡等。同时，支持多国地址的输入，多种文字的输入、保存、打印，并提供多种语言的屏幕显示和信息提示。

⑫ 后台接口功能。Opera PMS 可以非常方便地按照相应的格式将收入、市场分析、每日分析、应收账等数据输出并传输至酒店后台财务系统。

⑬ 系统接口功能。Opera PMS 与上百个第三方系统设有接口，如收益管理、电话、房控、电视及音响娱乐、电子锁、酒店 POS、活动行程、迷你酒吧以及叫醒服务等系统。[①]

（三）酒店前厅运行全过程解析

我们可以根据一位客人在一家酒店居住期间所发生的服务交易活动将酒店前厅运行全过程分为对客服务的五个阶段，这五个阶段也决定了酒店经营活动流程。这五个阶段分别是：抵店前、抵店时、住店期间、离店时和离店后。前厅部的员工需要了解客人居住期间所有阶段发生的对客服务和客人账目相关活动，从而为客人提供高效优质的服务。对客服务的五个阶段也是系统管理酒店前厅运行的一个流程。

1. 抵店前

客人抵店前会通过酒店市场营销部的各种宣传及促销计划来进行酒店的选择，选择的结果受很多因素的影响。这些因素包括上次住店的感受，酒店的销售政策及广告宣传，旅游代理商、朋友和同事的推荐，酒店的地理位置和美誉度，酒店常客奖励计划的吸引力，以及对酒店本身或所属连锁品牌的期望等。办理预订手续是否方便、预订人员如何销售酒店的房间、酒店设施和对客服务、酒店的房价因素等也都会对客人选择酒店产生影响。

当客人选择了一家酒店并作出了预订要求时，预订员必须快速、准确地回答预订要求。正确处理预订信息对一家酒店至关重要。客人可以通过电话总机转接酒店市场营销部或预订部进行酒店客房的预订，也可以通过酒店所属集团中央预订系统或某些中介机构及预订网站预订酒店客房，采用何种渠道预订取决于客人的喜好及酒店的性价比，对于客房预订的手段和渠道本书第二章会有更加详尽的介绍。

---

① 关于 Opera 系统的详细知识及操作方法读者可以进一步阅读本系列教材中的《酒店管理信息系统》（中国旅游出版社，2012）一书。

如果客人的预订要求与预订系统显示的可销售房间信息相吻合，那么这个预订要求就能被接受，预订人员就会建立起一份电子预订记录。从这份预订记录开始，酒店的对客服务工作由此展开。酒店计算机管理系统的预订软件可以直接与中央预订系统或全球预订网络连接，因此可以做到事先确定好客房的价格报价和预留客房。预订软件还可以自动起草预订确认和要求支付订金的文件，近年来的趋势是用电子邮件来代替打印出来的文件，作为对客人预订的确认。使用电子邮件的优点是酒店既节省了成本又能给予客人即时的答复。使用信用卡、借记卡或智能卡消费的客人如果在预订时告知了卡号，系统还能确定客人的消费信用额度。从管理需要的角度来看，预订软件系统还能制作出一份预期抵店的客人名单、出租率和客房收入预测表以及各种相关的提供信息资料的报告。

2. 抵店时

如果客人在预订时提出要求酒店提供接机服务，当客人抵达酒店所在城市的机场或车站时就会有礼宾部的机场代表迎接客人并把客人送往酒店，当然提供此项服务的酒店一定是豪华酒店，人工服务提供得越多，越能体现酒店的品质，毕竟人对人的服务是最昂贵的。

当客人抵达酒店时会有礼宾部员工在酒店门口欢迎客人并将客人引领至酒店总台办理入住登记手续。预订过程中收集的住客信息由计算机预订系统的记录资料直接自动转送前厅管理系统中。对于没有预订直接上门住宿的散客，其入住资料由总台接待员输入前厅系统中。总台接待员会拿出一张由计算机打印的登记表交给客人检查，然后请客人签名，登记表上包括了客人的个人资料、居住天数和付款方式，登记表上还可能有关于向客人提供贵重物品寄存和付款责任方面的说明，当然登记表必须标明房价以供住客确认，以此避免在结账时出现房价方面的问题。上门散客的接待同时是前台接待员展示促销技巧的机会，当然，让客人得到满意的客房是最重要的，因为上门散客不仅能为酒店带来通常是最高的房价收入，更重要的是对其销售及服务工作的好坏将影响到其日后能否成为酒店的回头客。

课 堂 思 考

如果你是一位没有经过预订上门住宿的散客，对于酒店总台接待员的销售和服务会有哪些最主要的期望？

客人在店消费信用必须在入住登记时得到确认、查证和批准，信用卡在线甄别系统可以帮助总台接待人员及时取得信用卡获准使用的批准并能在办理入住时自动地要求批准信用额度，当这个额度被突破时，系统又会自动向信用卡公司申请批准增加额度。

技术的发展和应用使得自助入住登记系统（终端）在入住登记阶段的使用成为可能。在使用这些终端时，客人被要求插入信用卡或借记卡或智能卡。计算机要阅读这些卡的编码资料与酒店管理系统进行沟通。管理系统中记录的客人预订信息传回终端，终端要求客人提供姓名、离店日期、房价和客房类型。如果输入的信息是准确的，自助入住登记系统就会安排一间客房给客人，先进的系统更可以在客人办理入住时自动生成电子钥匙交给客人使用。

课堂思考

上述自助入住登记系统是否适用于所有类型的酒店？如果不是，请说说你的理由。

总之，当一位客人办理了入住登记并出示了一种证明（如一张有效的信用卡或支付了现金预付房费），就表示酒店—客人交易关系正式确立，这种关系的确立无论对酒店还是对客人都是有利的。酒店得到了客人保证支付客房和服务等费用的承诺，客人得到了酒店在客人住店期间提供应有服务及保证客人个人安全方面的承诺。当登记工作完成并为客人制作了房间钥匙后，客人就可以自行或由礼宾部员工带领进房。客人进入客房后，住店阶段就开始了。

3. 住店期间

作为酒店内部活动的中心，前厅在客人住店期间担负着协调对客服务的重要责任，总台负责提供信息和满足客人需求，礼宾部同样准备为客人提供各类委托代办服务。住店期间对客服务的主要目标是鼓励客人再度光临酒店，建立良好的客人关系是达成这一目标的最基本因素。客人关系的建立有赖于前厅与酒店其他部门以及和客人之间进行有效的沟通。酒店必须了解客人的需求，小心地处理客人投诉，客户关系部在这方面具有不可替代的作用。

在客人住店期间，前厅另一个需要十分关注的问题是安全问题。当然，安全问题是在整个酒店运行过程中都很重要的问题。与前厅员工有关的安全问题可能包括客人信息的保密及现金和贵重物品的保管等。

一旦客人办理了入住登记手续，酒店计算机管理系统就会生成一份电子账单，用来记录住店客人的消费额和赊账情况。电子账单简化了账单登入和账单处理工作。计算机收到了有关信息，系统就会给予一个账单号或一个预订号。一份电子账单是自动生成以即时记录消费发生情况的。电子账单储存在系统内可以随时打印或调用。在住店期间，客人与酒店之间会发生多种多样的财务账单。这些财务记录大部分通过酒店计算机管理系统的记录和审计功能自动登入酒店的营收中心。房费是客人账单上最大的一笔费用。如果客人在总台办理入住时就出示了有关信用保证的证明（如有效的信用卡），那么其他费用也可以记录在客账中。记录进客账的费用可能包括餐厅消费、酒吧消费、客房送餐、电话或交通以及礼品店或其他营业点的消费。许多酒店给客人确定了在店消费的挂账额度（如房费的1.5倍），因此无须客人每在一个营业点消费一次就要结账，只要是在上述挂账额度内客人就可以凭有效证明（如房间钥匙卡）签单即可。这个挂账额度通常被称为酒店挂账上限，由酒店计算机管理系统自动实施监控。对客人账单必须持续地实施监控才能保证做到不突破上限。

在客人住店期间，总台必须对账务记录资料定期检查以确保其准确性和完整性。这就需要审计部门的审计。审计系统在任何时候都能自动履行审计职能，审计工作通常是在深夜进行的，因为深夜至清晨这段时间酒店经营活动数量大大减少。审计部门通常的工作还有：检查客人消费登账情况、检查客人信用额度是否得到监控、客房状态显示是否正确以及制作当日酒店营业日报表。

有关客人账目及审计相关知识与操作方法将在后续章节中详细介绍。

4. 离店时

客人离店时，酒店的对客服务工作及客账管理工作即将完成。从对客服务的角度而言，这一阶段的工作是为客人办理离店手续及为客人留下最终的良好印象；从客人账务管理角度而言，这一阶段的工作是为客人结清所有账目，为客人提供一份准确的账单。此后，客人交还房间钥匙，离开酒店。客人一旦办理了离店手续，酒店计算机管理系统会在客房部将房间清扫完毕后自动将房间状态更换为可供出租。

在办理离店手续的过程中，前厅员工要询问客人在店期间是否满意，并询问客人下次光临的可能性。使客人带着对酒店的正面印象离开是十分重要的——这会极大地影响到酒店的口碑，而且会促使他们决定是否成为酒店的回头客。

结账是为了在客人离店前收回资金。根据客人在入住登记时所确认的信用等级为客人做好以现金、信用卡结账或转账的安排。在客人离店前，客人账单上的数字必须得到确认，错误必须得到纠正。因各种各样的原因造成有些费用未能及时记入客人账单的费用叫作漏账，即使这些漏账最后收回了，但酒店为此增加了成本支出，而且这类事情会让客人十分不满。对于商务客人而言，他向他的老板报销的是一份不完整的账单，这肯定会对他的信用及前途产生消极影响。如果客人是以转账方式结账，通常总台会把账单转到后台系统由财务部处理，但是此项工作的成效将取决于前台是否为财务部提供了准确、完整的账单信息。

正如客人抵店时受到的欢迎那样，礼宾部及客户关系部在客人离开酒店时的表现同样会对客人产生重要影响，客人委托代办的事情是否已经办妥？承诺客人的事项是否都已确保客人知晓？一个亲切的微笑、一句亲切的道别形成了客人对酒店的最后记忆。

5. 离店后

从对客服务的角度来看，客人离店后基本已经没有太多服务的工作要做，但是从一个完整的前厅运行全过程而言，对于前厅部的整个有效运作起到重要作用的就是客人离店后的相关工作。

客人离店后，酒店计算机管理系统会利用入住登记的记录自动生成一份客史档案。客史档案是客人住店资料的汇总，它提供的资料使得酒店能更深入地理解酒店的客源市场，是酒店制定市场营销策略的重要依据。酒店还能通过问卷调查的方式来获得对客人特性的了解，对住店客人特性和习惯的广泛深入的了解能更好地理解他们的希望和需求，进而不断改进酒店的服务品质。

客人结账离店后，前厅部要对客人住店期间的资料进行分析。系统生成的各种报表可以用来回顾经营状况，找出问题所在，从而确定采取哪些改进措施，以及业务的发展趋势。这些经营分析能够帮助经理们在评估前厅运行的有效性基础上制定改进部门运作标准和规范的措施。

上述工作的成效也是决定客人循环图中客人是否能进行"循环"的行为选择的重要依据之一。

（四）前厅部与酒店其他部门的有效沟通

对客服务的成功有赖于运行中前厅部与酒店其他部门的有效沟通，这些沟通主要表现在以下几个方面：

（1）前厅部与市场营销部之间的沟通。酒店前厅部与市场营销部之间的沟通内容主要围绕着客房销售工作展开，营销部负责的主要是长期的、整体的销售，尤其是团队、会议的客房销售；而前厅部负责的主要是零星散客，尤其是当天的客房销售。两者沟通的主要内容包括：预测下一年客房销售情况、研究客源市场比例；前厅部向销售部通报有关客情信息，例如一周客情预测表，次日抵店客人表，贵宾、团队及会议用房分配表；营销部将旅游团、会议团的日程安排通报给前厅部，以便解答客人的问询需要。

（2）前厅部与客房部之间的沟通。酒店前厅部与客房部在大型酒店通常统一归属酒店房务部，两者之间可以说是酒店中联系最紧密的部门。如果说客房是酒店提供给客人的最重要的产品，我们则可以将客房部的主要工作定位为酒店客房产品的生产和提供相关客房服务，将前厅部的主要工作定位为酒店客房产品的销售和提供相关前厅服务。

两者沟通的主要内容包括：前厅部以书面的形式向客房部通报一周客情预测表，贵宾接待通知单，在店贵宾、团队表，次日预计抵店客人名单，预期离店客人名单；及时向客房部通报客人入住、离店退房情况；发送"特殊要求通知单"给客房部，满足客人的个性化需求；发送"换房及房价变更通知单"给客房部，使其了解用房变动情况；大堂经理等前厅部人员应根据酒店的授权，参与客房卫生及维修保养状况的检查；客房部应及时将住客遗留物品情况通知总台。

（3）前厅部与餐饮部之间的沟通。食与宿是住店客人最基本的需求，也是酒店的两大主要收入来源。两者沟通协调的主要内容包括：通知餐饮部预订客人的用餐特别需求及房内布置要求（通常指鲜花或水果的布置要求）；随时掌握餐饮部各个营业点的服务内容、服务时间、服务特色及最新服务收费标准等，以便准确地回答客人问讯；协助餐饮部向客人发放餐饮推销活动的各类宣传材料；从宴会预订部获取"宴会、会议活动安排表"，以帮助促销。

（4）前厅部与财务部之间的沟通。为确保客房营业额的及时回收，前厅部应加强与财务部之间的信息沟通：前厅部递交已抵店散客的账单、入住登记表及信用卡签购单；递送"客房租金变更单"、通报"住店客人名单""预期离店客人名单"；每日就客房营业情况的夜审进行仔细核对，确保准确；前厅部与财务部应就信用卡限额、预付款、超时房费收取、结账后再次发生费用以及本地公司转账等情况进行有效的沟通。

（5）前厅部与总经理办公室之间的沟通。前厅部与总经理办公室之间沟通的主要内容包括：定期呈报"客情预测表"；递交"贵宾接待通知单"；每日以书面形式通报有关客情信息；酒店的免费、折扣、订金、客房信用政策、客房营销政策的呈报与批准；转交有关邮件、留言等；了解当班次值班经理的安排，以便有事及时通知。

（6）前厅部与其他部门之间的沟通。前厅部与工程部沟通的主要内容是前厅公共区域需维修项目的"维修通知单"；工程部对客房进行大修时需要从前厅部获得有关客房空置的信息；如果出现客房门锁系统故障，前厅部还需要与工程部及保安部进行协调处理；涉及前厅部员工招聘及培训事宜，前厅部还需要和酒店人力资源部进行充分的协调配合。

本章小结

本章主要围绕酒店客房产品的销售、客人住店期间的相关服务项目提供及酒店前厅部内部管理等方面展开。

前厅部在酒店运行中起着销售、沟通、协调等重要作用，是酒店的"神经中枢"，主要承担下列9项工作：销售客房、提供信息、协调对客服务、控制客房状况、提供各种对客服务、建立客账、结账离店、建立客史档案和辅助决策。

目前大型酒店通常包括房务、餐饮、市场营销、财务、工程、人力资源六大部门，分设总监职务，由总经理统辖。其中房务部主要包括前厅部、客房部、行政楼层（仅在四星级以上豪华酒店设置）和保安部四大部门。

对应传统的大型酒店前厅部组织机构来看，这种新的组织机构将预订、入住登记、问讯和收银几个功能统一并入了前台，设置前台接待员统一处理上述几项服务功能，大大提高了工作效率，对客人而言则避免了不必要的服务转接，可以得到一站式服务，提高了客人的满意度。

　　一个精心设计的前厅部组织机构加上明确的具体目标和策略,以及工作班次安排、岗位职责和任职资格的设计会使员工和客人获得高度的满意。

　　一份完整的岗位职责不仅列明了某个岗位需要完成的所有工作任务,而且写明了上下级关系、责任范围、工作环境、所需使用的设备和资料以及其他与工作有关的重要信息。任职条件的内容包括某人的资格、技能以及为能出色完成岗位任务而必须具备的特长。

　　不管是提供客房以满足人们对夜晚住宿的需要,还是提供餐饮满足人们对用餐的需要,抑或是提供各类会议设施满足人们对举办活动的需要。了解酒店客人的特征是很重要的。通过了解这些客人是谁以及他们的特征是什么,酒店就能更好地为他们提供服务。

　　酒店销售给客人的房间通常分为两大类型:团体用房和散客用房,在酒店业通常有一个划分团体用房和散客用房的标准,即一次性用房 10 间(含 10 间)以上的为团体用房,低于 10 间的则为散客用房。相应地,酒店的客人也被分为团体客人和散客两大类型,而且团体客人和散客又有不同的细分。

　　客人循环图有助于我们对客人抵达酒店前、抵达酒店时、住店期间及离开酒店时均会接触前厅、客房两部门哪些工作岗位及为客人提供哪些服务项目有一个清晰的认识。客人循环图显示了在每一个阶段中哪些前厅员工构成提供服务的主要方面,客人循环图的全过程也是系统理解前厅运行全过程的很好的工具。

　　对于很多客人而言,前厅就代表了酒店,前厅是客人与酒店员工接触的主要场所,几乎涉及酒店提供的每项对客服务内容,这在客人循环图中可见一斑。客人在抵店前、抵店时、住店期间和离店等各阶段前厅所发挥作用的过程,从客人的角度被称为对客服务全过程,从酒店运行角度被称为前厅运行全过程。

　　近十几年来,客人导向的服务理念不仅影响了面对面服务方式的提供,更对酒店的硬件设计带来了一些革命性的变革。许多酒店管理公司和酒店设计公司通过对行业需求的调查,对总台区域进行了重新设计。隔断式的坐式总台和专设独立房间办理入住登记的形式开始出现。

　　酒店可以采用多种计算机管理系统来管理前厅部的运行。这些系统管理着酒店各种各样的任务。酒店计算机管理系统管理着客人的入住登记、结账退房、总台现金交易、餐饮营业点和其他营业点的交易、客房预订、客房管理、夜审计和其他工作。

从客人循环图中我们可以根据一位客人在一家酒店居住期间所发生的服务交易活动将酒店前厅运行全过程分为对客服务的五个阶段,这五个阶段也决定了酒店经营活动流程。这五个阶段分别是:抵店前、抵店时、住店期间、离店时和离店后。前厅部的员工需要了解客人居住期间所有阶段发生的对客服务和客人账目有关的活动,从而为客人提供高效优质的服务。对客服务的五个阶段也是系统管理酒店前厅运行的一个流程。

? 复习与思考

一、问答题

1. 酒店前厅部的主要工作有哪些?其首要工作是什么?为什么?

2. 相对于传统的组织机构而言,新的前厅组织机构体现了哪些优质服务理念?

3. 怎样理解从事前厅工作的员工应是"内外兼修"的人?

4. 酒店是怎样区分团队客人与散客的?上门散客与公司协议散客有怎样的需求特征?

5. 用语言描述出客人循环图的含义及图中反映的前厅运作流程。

6. 客人导向的服务理念是怎样影响酒店硬件设计的?除了教材中提到的,你还能举出一些其他的应用情况吗?

7. 酒店 Opera 前台管理系统有哪些功能?这些功能是怎样发挥作用的?

8. 前厅运行全过程可以分为哪些阶段?论述这些阶段的主要工作。

9. 前厅运行时是如何与酒店相关部门进行沟通的?

二、案例讨论题

米切尔服装店拥抱客户的服务理念

——真正了解客户,即使宠物的名字也要知道

要像对待朋友一样拥抱每一位客户,就必须真正了解客户。不光要了解大致情况,还要了解细节。你不能在客人来你这儿购物五六次后还记不住他的名字。可以

想象一下：如果你走进一家商店，上次为你提供服务的销售员微笑着走过来说："您好，罗布，很高兴再次见到您。"你会是什么感觉。如果他接着问你："里基好吗？小马克和杰尼弗怎么样？"你会是什么感觉。如果他继续说："您穿着去年3月在这里买的藏青色羊绒西服感觉怎么样？我们前几天刚进了一种漂亮的西服，一种灰线条西服，有一套44码的，正适合您穿。"你会有什么感觉。

这才叫了解客户。有多少商家每天都能做到？

我们能做到。因为我们保存有115000多位客户详细资料的数据库。我们知道客户多年前购买的每一件商品及购置时间。我们知道他们的尺码，他们喜欢什么品牌、什么款式、什么颜色。我们通常知道他们的昵称、姓氏、生日、纪念日、爱好、工作单位、配偶工作单位、有什么不痛快的事等任何他们愿意告诉我们的有利于保持我们关系的信息。如果一位客户来到店里并说她急着要去兽医诊所领回她的狗时，我们会说："哦，很遗憾，露西亚没事儿吧？"因为我们也知道那条狗的名字。

我们搜集所有这些资料不靠正式的调查或委托调查公司办理，而是通过在销售过程中的倾听和学习，通过开发与他们的私人和职业关系。我们的原则是"探查而不深究"。客户了解我们，知道我们不会把任何私人信息泄露出去。

当一位客户打电话说她正往商店赶但没有多少时间后，她就不用着急了。她的"销售员助理"会查看她的资料，根据她过去的喜好找出适合她的服装。她到商店后需要做的就是，看看这些服装，决定要还是不要。

任何产品都可以这样做。难道你不愿意进一家了解你的口味的饭馆吗？假定你是一个戒酒者，你不用张嘴解释你不喝白酒，不必担心服务员会问你喝什么酒。服务员会悄悄地端上百事可乐、雪碧或者冰茶。也许他们还知道你喜欢洋葱圈。我就酷爱洋葱圈，一天三顿都不烦。如果我走进一家曾去过一两次的餐馆，招待员说："您是否想像上次一样要一些洋葱圈？"我会非常满意，甚至会有受宠若惊的感觉。如果招待员说："我知道上次您和琳达坐的是7号桌，但我认为您肯定愿意坐靠窗的3号桌。"这时我的感觉会更加不错。

了解你的客户，客户就会经常惠顾。

案例讨论及思考：本案例虽然是关于一家服装店开展客户服务的经验介绍，但是同属于服务行业，其对酒店服务一样有重要的启示作用，请根据案例提供的内容讨论下列问题：

1. 这种"拥抱客户"的服务理念对酒店业有哪些启发？

2. 案例中提到的米切尔服装店保存有115000多位客人的资料，做到这一点需要具备怎样的技术手段，讨论这些技术手段对客户服务的作用。

3. 案例中反映了怎样的客户沟通理念？

三、实训题

1. 利用互联网分别搜索一家商务酒店和一家度假酒店，对照客人循环图比较这两类酒店在客人住店期间分别提供了哪些服务项目，这些服务项目有区别吗？如果有，都是哪些区别？为什么会有这些区别呢？

2. 通过电话或互联网调查10家酒店，并列表陈述下列问题：

（1）酒店名称；

（2）酒店档次（星级）；

（3）酒店类别；

（4）酒店规模（客房数）；

（5）使用的酒店计算机管理系统；

（6）其他的信息技术应用情况；

（7）网站浏览的便利性；

（8）网站信息的内容。

第二章 从一个预订开始

学习意义 按照客人循环图的循环顺序，客人抵达酒店前做的第一件事情即为预订。因此，预订在整个前厅运行管理中有着举足轻重的作用，尽管现在很多酒店的预订职能部分地转移到了市场营销部，但是由于预订工作直接关系到后续前厅入住登记工作的顺利开展，因此，作为客房销售的重要一环，对整个预订工作的掌握是从事前厅运行管理的关键环节之一。

内容概述 本章在分析客人预订原因的基础上，重点对客人预订酒店的渠道、酒店处理客人预订的程序与方法、预订工作的控制等方面进行介绍。

学习目标

知识目标

1 了解客人预订酒店客房的原因。
2 掌握预订工作中的各种术语。
3 掌握客人预订酒店客房的渠道及方法。
4 掌握酒店处理客人预订的程序与方法。

能力目标

1 能分析客人不同预订渠道的特点。
2 会处理客房预订业务中的各种问题。
3 会分析影响预订准确性的各种因素。

萨拉的重大发现——参观预订中心的体会

萨拉正在参观集团位于爱达荷州的预订中心。她在想为什么总经理要她和其他预订经理一起花上一天时间参观这里的设施呢？布鲁明顿还有大量工作等着她。她不明白到这里来看满屋子的预订员接听预订电话有什么意义。"老实说，我也不知道这样的安排会有什么意义，"她的总经理说，"我只是觉得我们还能利用中央预订系统把工作做得更好。我们现在从这里获得30%的客源，也许我们还有增长的潜力。我希望你们查证我的想法是否正确，并带回一些建议。"

"目前我的想法是乘早班飞机回去"，萨拉想。此时参观的负责人正在将参观团队重新划分成几个小组。加布是熟人，她是布鲁明顿另一家姐妹酒店的预订部经理，萨拉加入了她所在的组。"至少我还有一位熟人"，萨拉小声地说，她和加布以及格温三人组成一组。

实地考察开始了，萨拉、加布以及格温看到大约有200位预订员在接听源源不断的预订电话。"这里可以说是运转的神经中枢。"导游告诉他们。为了不影响正在进行的通话，她尽量压低声音："所有潜在客人都通过免费电话与房内的预订员通话。这些预订员利用显示器上呈现的你们提供的信息，回答有关酒店房价、可租房、设施设备、当地名胜等问题。这就是他们从事的工作。他们只能尽他们的最大努力，如此而已。""你这话是什么意思？"萨拉问。"我们只有你们这些经理提供的信息，如果系统中的信息不全，我们就无能为力了。"加布对萨拉说："那是确定无疑的，你想都想不到我们把新建成的儿童博物馆消息告诉这里后所产生的影响。"她笑着说："我指的是家庭旅游业务随之大量增加，你们那里也一样，对不对？""你在说什么？"萨拉正要问，但是领队走过来了。领队在一位预订员身后停下来，预订员正在给来电者介绍集团在芝加哥市中心的一家酒店的情况。"这是米歇尔，"领队说，"她是我们这里最热心的销售代表之一。我希望你们听听她是如何通过电话来展现工作魅力的。"

"对的，戴维斯先生，"米歇尔对着来电说，"现在我已经为您订了两间大床房，另有一张加床，一共是5个晚上。您告诉我您和您妻子带着三个小孩旅行，所以我建议您考虑改订套房，没错，房价要高一些，但是这会使您家人在不短的居住期间有较大的空间。再说订套间，我可以给您一个家庭特惠包价，包括可以免费参观当地自然历史博物馆以及科学工业博物馆和水族馆。这样一来，您在开会期间，您家人的生活安排会很丰富多彩。"米歇尔停了一下，看着她面前的显示屏："是的，酒店有班车去这些景点。好，我为您预留了一间套房，您放心，我按家庭特惠价收费，您可以在酒店大堂的值班台领取您的博物馆和水族馆的门票。哦，您可以告诉您妻子，酒店离最著名的商业区只有一个街区的距离。谢谢您的来电，戴维斯先生，我希望您和您的家人会有一个愉快的假期。"

真好，萨拉受到很大的震动。米歇尔就像我们自己的销售代表，事实上她比他们干得更好。当米歇尔开始接听另一个电话时，参观小组准备离开。突然萨拉听到米歇尔说出自己酒店的店名。"等一下，"她对领队说，"我想听听这个电话的预订。"米歇尔查看她的显示器，"对不起，我不知道在布鲁明顿有一家新落成的儿童博物馆，我这里没有任何有关的信息。其他景点？有一个一年一度的边境节。根据资料，我们只知道有这么一个旅游项目。""什么？"萨拉脱口而出。边境节早在两年前就停办了。为什么米歇尔这位优秀的销售代表不告诉来电者，那里有世界著名的水上乐园，离酒店不到 1 英里，去年刚刚建成，他们那里还有新建的购物中心和电影院。为什么她对儿童博物馆竟然一无所知？"离机场只有 5 分钟车程。对，有班车。请等一下，我再核对一下。对不起，我不知道是否要收费，也不清楚是酒店班车还是机场班车，因为我无法查到资料。也许要收费吧。"这项服务是免费的，萨拉心里一沉，这是我们自己的班车，你为什么对此一无所知？"那个房间目前显示的价格是 105 美元，你要我为你预留房间吗，麦克奎因先生？"这时，米歇尔停顿了一下，萨拉似乎感到情况发生了变化。"我能理解，好吧，非常感谢您打来的电话，我们希望下一次能有机会为您提供服务。"真倒霉，萨拉转向她的朋友加布，"她刚刚丢失了一笔原本应该属于我们的生意。"加布盯着米歇尔的显示屏看了一会儿，"事实上，萨拉，我想是你们自己弄丢了酒店的生意"，她在参观活动的休息时段向萨拉解释了她的想法。"同我说说你们是如何配合预订中心工作的？""我不大肯定你想知道什么。我告诉他们有多少房间可以销售，一般说他们也销售了。很简单，人家打电话进来，销售代理就接订单。"

"这并不简单，至少不像你想的那样简单。你刚才听到米歇尔同芝加哥那位男士的对话了。她绝对不是简单地接订单。她是在销售。她之所以能这样做是因为芝加哥那家酒店向她提供了销售过程所需的各种信息。我也想在我们酒店这样尝试。我平常告诉酒店内销售人员的每件事，都要同样通知预订中心。如果游泳池修理停用，如果换了菜单，如果我增加了设施或者附近增加了景点，如果我们提供公司特别折扣，我们都要将这些加入这里的数据库。这样客人打电话进来时，所有这些信息都会在屏幕上显示。"萨拉茅塞顿开。"你是说因为我没有将信息告诉这里，所以米歇尔就不知道儿童博物馆、边境节、机场班车、新的价格结构等信息？"加布点点头。"同时我也注意到，一年半前你们重新装修的信息这里一点都没有。""加布，你再说说，"萨拉说着笑了起来，"我承认我没有想到信息会这样影响销售人员。"

？ 案 例 思 考

1. 要和预订中心的工作配合好，萨拉需要提供自己酒店各个部门的哪些种类的信息？

2. 作为预订经理，萨拉可以通过做哪些工作来提高自己酒店和预订中心的有效合作？

第一节　为什么要预订

一、为什么要预订

人们外出需要住宿时，为什么要预订酒店呢？一种客人是为了方便。在抵达酒店前，提前做好预订，当他们到达目的地时，就不需要再到处找酒店。另外一种客人是为了放心。许多旅行者都有一种心态，担心到达目的地后酒店没有了房间，此时，如果提前做好预订，那么就意味着在外出前，已经有一间安排好了的房间在等候他们的到来，这样旅游者会感到非常安心。还有一种客人是为了确保可以入住自己喜欢的酒店里的某一种或某一间特定的房间。这种客人一般是往返于某一特定城市的商务旅行者，他们通常有着固定的喜好，喜欢入住指定酒店的特定类型的房间。由于酒店淡旺季的影响，假设没有提前预订，也许当他下次入住的时候，自己喜欢的那种房间已经全部售出了，为了确保这种情况不会发生，预订是最佳选择。无论是哪一种客人，他们往往都还有一个共同的原因，那就是价格。人们往往存在着一种普遍的心理，他们认为如果提前做好预订，那么房间价格一定比直接到酒店前台办理入住实惠得多，出于省钱的目的，提前做好预订也是明智的选择。

如果提前预订酒店真的有那么多的好处，为什么还是有人不做预订呢？也许他们没打算在目的地过夜，也许不喜欢提前预订指定的酒店，很多人的想法是到达目的地之后，根据当地的具体情况来寻找更适合自己的酒店。还有一种客人喜欢在很晚时入住酒店，这样一来他们就可以跟酒店讨价还价了。

无论客人是否提前预订，作为酒店工作人员，我们都必须掌握接收和处理预订的知识和技能。即使客人在没有预订的情况下抵达酒店，我们还是要快捷地为客人服务，即核查可供出租房间的情况、记录客人入住的详细信息以及告知客人其他的信息。

综上所述，客人在抵店前进行预订可以有效地帮助酒店了解客房出租率，从而使各部门有计划地安排员工工作班次和各班次人员配备，提高各部门预算编制的准确性，有效地控制现金流转，从而使各一线部门良好地运转。因此，一个高效的预订团队以及良好的预订系统不仅能提高各部门运转的效率，更是酒店通往成功道路的关键因素。从而，我们不难看出预订在整个前厅部运转当中扮演着至关重要的角色：客人与酒店的第一次亲密接触往往就发生在预订这个环节，优质的预订工作可以给客人留下良好的第一印象；在预订环节根据自己的经验适时、适当地进行销售是使客房收益最大化的最佳时机。预订在整个服务流程当中处于"抵店前"环节。

二、预订部所扮演的角色

预订部（RSVN/Reservation）的组织机构是由其部门运作方式及其肩负的职责决定的。在一些小型酒店里，预订部仅由一名员工组成，这名员工不仅要手工处理所有的预订，有时还要肩负起前台的某些岗位职能。中型的酒店里，预订部是由一名专业的预订部经理以及若干名专职的预订员组成。大型酒店的预订部，也是由一名专业的预订经理以及若干的专职预订员组成。这里的专职预订员肩负着不同的专业职能，根据目标客源市场的种类或者来源的不同，一般可以细分为团队预订，如旅游团、大型赛事团体、国际会议团体等；公司预订，如签过协议价的公司里的某个职员以及政府官员、军队人员等预订；商贸协议预订，如旅行社、航空公司、包价旅游承包商等；个人或独立的外出旅行者预订；在线预订者；直接预订者，等等。每一个细分市场都有专职的预订员负责，他们各司其责。

特许经营酒店一般依托于酒店集团的中央预订系统，由酒店集团的中央预订系统集中处理预订业务，然后转发给相应的酒店。这类预订业务一般提供24小时不间断预订服务。

酒店预订员的工作时间一般是早上7点至晚上7点，周一至周五工作，有的酒店周末也会安排一些员工值班。在一些小型的酒店里，预订员的工作时间稍晚一些，一般为早上8点至下午5点，周一至周五，周末休息。在预订员休息的时间里，预订工作一般由前台接待员予以受理。随着网络的发展普及，现在的酒店一般都有自己的预订网站，可以提供在线预订业务而不受时间的限制，有的酒店甚至结合当下年轻人的潮流，专门研发了适用于iPhone手机的酒店预订应用，只要在有网络的地方就可以通过网络随时随地了解任何一家酒店的信息，包括酒店的位置、交通、服务项目、设施设备、房型、房价等，所有的信息都图文并茂地展现在预订者的面前。

（一）预订的管理与维护

预订的管理与维护工作主要是指从接收预订（Receiving）、创建预订（Creating）、更新预订（Updating）到与相关的部门沟通分享预订信息（Communicating Details）的过程。

（二）协助客房收益管理

客房收益管理是通过销售客房的过程使收益最大化的过程。对于大多数酒店来说，通过销售客房带来的收益在整个酒店收益中所占比例最大，因此最大限度地销售客房，提高酒店客房出租率就显得非常重要。如何才能提高酒店的客房收益？说白了就是想方设法提高酒店的客房出租率，使每天的客房出租率（Occupancy）都为"满房"（Full House）状态，即客房出租率为100%。如何才能做到这一点呢？我们的客房只有这么多，如何才能在既卖出所有客房的前提下又能达到收益最大化呢？这需要我们将同一类型的房间，以不同的价格区间通过不同的销售渠道卖给相适应的目标客源市场（Price Discrimination），从而达到收益最大化的目标。

通过收益管理的技巧使客房收益最大化，最关键的一点是销售客房的人员（包括预订员）一定要非常熟悉酒店所提供的客房产品以及不同产品的价格区别及相同产品的价格区别。作为酒店工作人员，我们同样需要发现客人的购买行为，了解客人的核心需求是什么，他们在何时、出于何种需求、通过哪种途径来购买产品，这其中包括促使客人产生购买行为的驱动力是什么，影响客人最终决定购买产品的因素是什么，客人最终的购买行为是什么等。例如，有家酒店某天的客房出租率为50%（这意味着另外50%的房间空闲），过去的经验告诉我们剩下的50%未售出的房间里有约一半的客房可以以原价出售给散客（Walk-ins），剩下的另外一半空房（Vacant Room），如果不打折的话将很难出售出去。酒店既可以将剩余的房间以一定的折扣出售给散客，如在规定的时间如晚上10点之后办理入住的，可以享受折扣，同时，可以拿出一小部分数量的房间进行促销，如房价八折或两份成人早餐，但促销仅限此晚，享受此促销的前提是必须提前预订此类促销客房并且提前预付所有房费，如果条件满足，酒店将 24 小时为客人保留此房。这种方式的折扣促销对于提供在线预订的酒店来说特别实用。

因此，收益管理的目的是通过销售最大数量的客房来获取最大的客房收益。潜在的一个问题是作为酒店的预订人员，我们是接受 1 个高价格预订的房间呢，还是接受 3 个低价格预订的房间。酒店预订员必须有能力分辨出哪一种预订对酒店客房收益贡献最大。

课·堂·思·考

为了使客房收益最大化，我们该怎么做？

收益管理并非是一个专门用于酒店客房管理的工具；很多其他服务性行业同样在运用着收益管理。例如，航空公司为了最大限度地提高其上座率，提供"提前预订票价"或者"同一目的地往返票价"，一旦一定比例的座位数被售出，剩余的机票则会以高于一般机票的价格出售。一些电影院在每周的某一天提供所有电影票半价的折扣，如每周二，因为根据以往的经验，这天的上座率最低，为了使影院不至于那么冷清，当然更是为了使电影院收益最大化。再比如理发店，专门在每周三为老客人提供折扣，因为对于理发店来说，周三来理发的人最少。

酒店客房和航空座位等，都被认为是不能保存的产品，如果在当天晚上没有售出，那么它们在那一晚的价值就不复存在。因此，对于一间客房来说，任何价格的收益均要好于零价格的收益。我们拿一瓶在酒店餐厅出售的红酒来做对比，如果这瓶红酒在某一晚没有被售出，那么并不意味着这瓶红酒的价值不复存在，因为我们可以在下一个晚上，下一周甚至下一年度再出售这瓶红酒。对于酒店客房来说，我们受到时间的限制，出售客房的最后时机就是当天晚上，到了第二天，如果还没有售出，那么对于这晚来说它的价值就永不存在，这晚不会再给酒店带来任何的收益。

这就是酒店日销售情况追踪之所以重要的原因。酒店一般通过销售预测表的形式来估算出某一指定日期的客房出租率，再通过市场营销部门的目标客源市场分析来实现一定的客房收益。例如，酒店可以将房间与其他服务捆绑销售，即包价销售；在网站上推出折扣房价；为散客提供折扣房价；等等。

（三）准备客房销售预测表

1. 准备基础数据

销售预测是指估算出在指定的时间里预订部期望售出的客房种类以及客房数量。销售预测要求我们做出一些假设，首先是我们希望售出的不同类型的客房数量，其次是我们期望达到的各房型的销售价格。在此，我们需要运用一些数据来帮助我们预测客房销售情况。

（1）历史资料（historical performance）。某种房型在过去一段时间内的客房出租率水平以及平均房价对于未来的销售情况有一定的指导性。

（2）季节性影响（seasonal influences）。每年不同的季节会导致不同的销售业绩。

（3）特别事件（Special events）。重大节日、大型国际赛事、友好交流庆典、运动项目总决赛等特别事件对销售情况会产生意想不到的影响。

（4）预估"预订未到"数量（No-show estimates）。此数据是指已做预订，但未抵店入住也未取消预订的客人数量。

（5）预估"取消预订"数量（Cancellation estimates）。此数据是指已取消预订的客人数。

（6）预估"续房"数量（Overstay estimates）。此数据指延长原预订离店日期的客人数量。

（7）经济形势（Economic climate）。某一国家或者某一地区大环境下的经济环境因素往往影响着人们的可支配收入、价格敏感度、通货膨胀顾虑、总体预算等。

预测是为了得到数据的支持。数据可以帮助酒店制订相应的销售计划、促销活动、研发包价产品，进行预算，重新定价，制定酒店人员编制，为预订部设定销售战略目标。一份销售预测表可以为某一特定日期服务，如 2 月 14 日情人节；也有可能预测某一时间段的销售情况，如 5 月份。

2. 制订销售预测表

销售预测表将反映出以下几个数据：客房销售总数、每种房型的销售数量、每间房的收益、客房销售总收益。

销售预测表反映了上述几个数据的组合。预测表是如何制订的、数据是如何更新的、各部门多久更新一次预测信息，这些都取决于酒店的需求。有的酒店根据自己的需要一年只进行一次预测，比如说在每年的1月份进行，而且只需要客房销售总数和客房销售总收益；有的酒店喜欢不断地审核、更新预测信息，比如每季度进行一次；也有的酒店每年只进行一次预测，但是他们每周都会进行信息的更新与审核，因为他们想知道哪一种房型可以带来最大的营业收入。

3. 销售预测和销售目标

预测是为了树立切实可行的销售目标，也许预测的内容就是我们的销售目标。销售预测往往是酒店所期望实现的目标，而销售目标反映的是酒店真正想要实现的最终目的，后者的实现与否主要取决于酒店自身总体的财务目标。无论是哪一项，只要将实际的预订量和实际收益与销售预测和销售目标相比较，比较的结果就能衡量出市场营销的结果，销售业绩与客人满意度。

假如酒店能够进行常态化的预测，上述结果同样能够帮助我们发现自身的缺点和不足，从而及时地调整酒店的销售目标与销售战略。同样，假如预订部能够定期地将销售预测与销售目标进行对比审核，则能够更好地帮助酒店提高运行的效率，从而达到酒店的预期战略目标。

表2-1为一个将酒店销售目标与实际销售结果相比较的例子。

表2-1　某酒店1月份客房销售预测

房　型	可供出租房数	平均房价	预测出租率（%）	预测销售业绩（每天）	实际出售客房数（每天）	预测销售客房数（平均每天）	预测销售收益（全月）
总统套房（Suites）	4	￥600	75	￥1800	1	3	￥54000
豪华间（Deluxe）	10	￥490	75	￥3675	3	17.5	￥110250
大床房（King）	120	￥350	85	￥35700	14	102	￥1071000
双人间（Twin）	180	￥280	92	￥46368	68	165.6	￥1391040
总计（Total）	314	￥430	82	￥87543	86	278.1	￥3053430

运用表2-1中的数据，回答下列问题：

（1）假设每种房型的实际客房出租率均提高 10%，请计算出 1 月份的预测销售收益。

（2）对于 1 月份的任何一晚来说，下面哪种方案可以产生更多的收益：

  a. 售出 4 间豪华间和 2 间大床房，或者售出 9 间双人间？

  b. 在 a 中，从财务的角度来分析，两种情况有什么不同？

  c. 假设豪华间的平均房价上涨 13%，那么 a 中的两种情况会有所改变吗？

（3）如果 1 月份双人间的实际客房出租率为 32%，那么酒店实际还要卖出多少间双人间才能达到预期的销售目标？

（四）佣金的管理与控制

酒店的很多预订都来自旅行社，旅行社代表它们的客人直接向酒店预订，这些客人当中既有散客也有团体客人。假如，通过旅行社预订的客人其房价不包含在团费当中，或者是客人通过旅行社平台来预订酒店，酒店将向旅行社支付一定比例的佣金作为报酬。这里酒店支付的佣金并非立即支付，而是酒店为旅行社建立一个佣金账户，每当有这类客人通过旅行社预订酒店客房时，酒店会将一定数额的佣金打入这个账户，这个数额一般来说是房价的 10%，旅行社会定期到酒店来结算这笔佣金。

旅行社的旅游产品往往是由包价旅游经销商提供的，当旅游经销商提供的旅游产品中包含住宿的时候，那么即使旅行社将此旅游经销商的产品出售给客人，他们也无法拿到酒店给出的佣金。在这种情况下，包价旅游经销商、旅游批发商或者航空公司在酒店里都有一定份额，这里的份额指的是酒店的客房数。这就意味着酒店将会为包价旅游经销商、旅游批发商和航空公司预留好一定份额的客房数。虽然最后的环节是旅行社带领客人来到酒店，但是这笔佣金旅行社无法拿到，而是被旅游经销商、批发商和航空公司拿走了。

客人通过旅行社预订客房，不需要向旅行社支付任何的额外费用。从客人的角度来看，酒店的房价还是原来的房价，没有变化，为何旅行社白干活不要钱呢？其实，一方面是旅行社可以从酒店方拿到佣金；另一方面是酒店在让利卖房。这又如何理解？酒店为何让利？旅行社从酒店拿到的佣金是酒店从客房的原价上扣除下来给旅行社的，换句话说是酒店在支付这笔佣金。酒店这样做的原因是和旅行社签订了一定的协议，旅行社从酒店预订，对于旅行社来说可以拿到佣金，而且客人的客房有保障。对于酒店来说，短时间内有大量房间可以出售，从整体的客房收益来讲酒店还是赚钱的。如果酒店在特定的一天没有卖出房间，那么那一晚的价值就没有了。酒店通过旅行社出售客房也规避了一些风险。

1. 佣金的运作方法

如果客人提前将所有的费用支付给旅行社，包括房费，那么旅行社在扣除佣金后要将剩余的资金转到酒店账下。此时，旅行社会给客人一份酒店的入住凭证，类似飞机的电子客票，证明此客人已付清所有费用。当然，凭证上不会显示出旅行社得到的佣金数额。客人在前往酒店办理入住登记业务时向酒店出示入住凭证，证明其预订的有效性以及已支付账款。

例如，Alice Gao 女士通过上海实华旅行社预订了上海华尔道夫酒店商务大床房 2 晚，房价为每晚 495 美元，Gao 女士向旅行社支付了 990 美元，实华旅行社给了 Gao 女士一份行程单、飞机的电子客票以及酒店的入住凭证，之后，旅行社将 900 美元直接转账给华尔道夫酒店，留下 10% 的佣金 90 美元。

另一种情况，假如客人通过旅行社预订酒店，但是直接将住宿费用支付给酒店，此时，酒店有责任和义务将旅行社赢得的佣金支付给旅行社。比如，客人支付了商定好的房价，两晚 990 美元，那么酒店将会支付给旅行社 90 美元作为佣金。

这里需要强调的是，酒店和旅行社二者之间的财务关系仅仅局限在旅行社代表客人在酒店预订；通过旅行社入住酒店的客人在入住酒店期间的所有其他消费，酒店均不会向旅行社支付佣金。

无论使用哪种方法来支付佣金，酒店和旅行社通常会选择一个固定的周期来进行账目结算，可能是一周、一个月或者一个季度。这是两者保持长期有效合作的重要保障。如果双方有一方违约，那么旅行社将不会再推荐客人进入酒店，酒店同样不会接受旅行社的预订。因此，良好的佣金管理和控制可以保障双方利益的共赢。

2. 服务费和佣金

在酒店提供的产品和服务中，凡是涉及价格的时候都会有一个名词跳入大家的眼帘，那就是服务费（Service Charge/GST）。在中国，酒店服务费的比例一般为 15%。例如，上海波特曼丽嘉酒店的行政大床房的价格为 RMB 3300+15% 每晚，这个价格的意思是房价为 3300 元，另加 15% 服务费，即 495 元服务费，所以总的房价为 RMB 3795。对于这个价格酒店有两种表述方法：一是 RMB 3300++；二是 RMB 3795 NET。这里的"++"指的是"另加 15% 服务费"的意思，读作"plus plus"；另一个"NET"指的是"净价"，即不加服务费的意思。综上所述，在价格表述上，RMB 3300+15%=RMB 3300++=RMB 3795 NET。

在酒店报给旅行社的房价中，一般是包含服务费的，但旅行社拿到手的佣金是不包含服务费的，因此酒店在计算支付给旅行社的佣金时需要将服务费扣除。例如，酒店报给旅行社的房价为 RMB 3795，假设酒店按 10% 的比例支付佣金给旅行社，那么旅行社拿到的佣金是否为 RMB 379.5 呢？不是的，因为 379.5 元当中包含 15% 的服务费。在酒店支付旅行社佣金前，需要将 15% 的服务费扣除，即扣除 495 元，那么旅行社应得的佣金为 RMB3300 乘以 10%，为人民币 330 元。另一种算法为 3795 除以 1.15，同样得到 330 元。

第二节　客人是如何预订酒店的

在第一章第二节我们学习了如何识别团体客人和散客，同样，在预订这个环节也存在着团队预订和散客预订的区别。被预订出去的房间分为团队预订房和散客预订房两类，它们组合起来共同构成了酒店预期的出租客房。

一、团队预订和散客预订的区别

团队预订的实施通常由旅行代理商、其他的中介机构或客人本人完成，团队用房一般与特定的活动相关，这些活动可以是会议、集会或在酒店内以及附近地区举行的其他活动。

由于团队客人可以提前一段时间进行预订，所以酒店可以有足够的时间来寻找这些团队客源。团队预订销售人员通常会为某个团队客户降低房价，以此作为交换赢得这笔能为酒店总体客房销售带来丰厚收益的业务。

散客预订多是来自客人个人的预订。商务客人和休闲度假客人入住酒店并不是因为要参加在酒店举行的活动。散客用房和团队用房是不同的，因为酒店没法预计客人何时到达。个人预订由客人随意决定，所以要预测某晚的散客用房水平是相当困难的，通常要靠分析历史数据来做出判断。个人预订周期反映了以往散客预订的需求水平。个人预订周期（Individual Booking Cycle）是指从个人做出预订到按计划应该抵店这两个时间点之间的时间长度。团队可以提前很长时间进行客房预订，相比之下个人预订周期则较短。门市客预订（Walk-in Reservation）是指事先未作预订而临时抵店寻求住宿客房的客人实施的预订。因为酒店很难对门市客的到来做出预计，所以对这种预订不能进行预订周期的测算。

二、酒店客房的销售渠道

从酒店的角度来看，客房的销售渠道是酒店产品和服务到达消费者的途径，从消费者的角度来看是消费者预订和获得酒店产品和服务的途径。酒店的销售渠道可以分为直接销售渠道和间接销售渠道两大类。直接销售渠道是指通过酒店直接拥有和控制的，不通过中间环节的销售渠道，如酒店公司拥有和管理的预订中心、中央预订系统和网站，酒店的预订部、前厅部和销售部等。客人通常以电话、电子邮件、传真或者面对面的方式与酒店有关人员接洽，进行预订。间接销售渠道是指通过第三方提供的设施和服务来销售酒店的产品和服务。间接销售渠道包括旅行社、全球分销系统以及专门的网络经销商、搜索引擎和门户网站等。客房销售渠道见图2-1。

三、客人预订客房的直接方式

客人预订客房的直接方式有以下四种。

（1）上门预订。上门预订（Walk-in）是指客人或客户与酒店的客房预订员面对面地洽谈预订事宜。大多数情况下，上门预订的人不一定是住店的客人，通常是客人帮朋友或本单位的接待对象预订房。借此酒店能有机会更详细地了解客人的需求，并能当面回答客人提出的问题，必要时还可以带预订人参观酒店的房间，供客人参观的房间在酒店中通常被称为Show Room。需要注意的是，前台服务人员在与客人面谈预订事宜时，如客人无特殊要求，应避免向客人做确认房号的承诺，以免

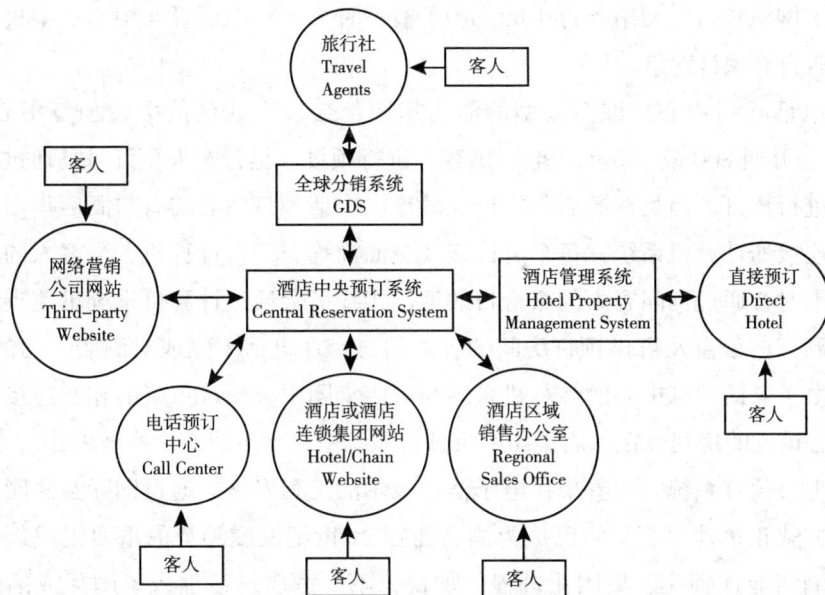

图2-1 酒店客房销售渠道

失信于客人。

（2）电话预订。客人或其委托人使用电话预订（Telephone）不但迅速、简便，而且预订员与客人之间能进行直接沟通，具体了解客人对客房的种类、数量、房价、付款方式、抵离店时间、特殊服务等要求，有利于适时进行促销。在处理电话预订时，应注意绝对不能让对方久等；如不能立即答复，应请对方留下电话号码，确定再次通话的时间，并注意在通话时语言表达的规范、精练和礼貌。预订员必须及时做好完整的记录。通话结束前，应重复客人的预订要求，当即核对，避免发生差错。

（3）传真预订。传真（Fax）是一种现代通信技术，目前正广泛地得到使用。其特点是：操作方便，传递迅速，即发即收，内容详尽，并可以传递发送者的真迹，加签名、印鉴等，还可以传递图表，所以传真仍是当今客人与酒店进行预订联系的常用通信工具。对于酒店而言，给客人回复的传真内容还可以作为客人预订的书面凭证，从而避免一些不必要的预订纠纷，只是在处理客人的传真预订时应注意做到尽快回复，许多高档酒店规定收到客人预订传真应在12小时内尽快回复，以给客人留下良好的印象，回复传真的及时性在酒店经营旺季时显得尤为重要，因为客人可能不止给一家酒店发预订传真，收到酒店的回复会有助于客人做出选择该酒店的决策。

（4）网络预订。网络预订（Internet）有三种方式：电话呼叫中心、中央预订系统、酒店自有预订网络。

①电话呼叫中心。许多大型的酒店集团都会设有地区的电话预订中心（Call Center），开通 800 或 400 免费电话供客人进行预订。尽管客人预订时是通过拨打免费电话进行预订，但是在酒店集团设立的地区电话预订中心均有与酒店集团中央预订系统连接的计算机系统，每个电话接线员面前均有一台计算机，当客人的预订电话打进来时，通过询问客人的旅行目的地，接线员会通过计算机系统迅速查到客人目的地酒店的信息及可供预订房间的各类信息，在电话中完成对酒店客房的销售。同时，由于电话预订中心的计算机系统与酒店集团中央预订系统的相互连接，电话预订中心销售的房间会在酒店集团中央预订系统中自动生成一个有效的预订。

②中央预订系统。随着现代电子信息技术的迅猛发展，通过国际互联网向酒店预订的方式正迅速兴起，它已成为酒店业在 21 世纪发展趋势的重要组成部分。随着我国酒店业连锁化、集团化进程的加快，不少酒店纷纷加入了国际或国内酒店集团的连锁经营。大型的酒店连锁集团公司都拥有中央预订系统，即 CRS（Central Reservation System）。中央预订系统的网络界面可见图 2-2 和图 2-3。

③酒店自有预订网络。指通过酒店自设的网站直接向酒店预订。一些大型酒店已自设网站，实行全方位的在线预订。虽然自设网站较传统的做法经济、迅速，但对大多数单体的中、小型酒店来说网站的建设和维护费用一时还难以承受，因此，尚未得到广泛的普及和应用。

四、客人预订客房的间接方式

对酒店来说，总是希望将自己的产品和服务直接销售给消费者。但是，由于人力、资金、时间等资源的限制，往往无法进行规模化的、有效的销售活动。因而，可以利用中间商与客源市场的联系及其影响力，利用其专业特长、经营规模等方面的优势，通过间接销售渠道，将酒店的产品和服务更广泛、更顺畅、更快速地销售给客人。通过间接方式预订大致有下列几类：

（1）通过旅行社预订。旅行社作为客人与各类旅游产品之间的桥梁，具有专业性强、市场接触面广等优势，是酒店开展预订业务的主要间接渠道。通过旅行社来酒店预订的既有散客，又有团体客人和会议客人。旅行社预订的特点是房价低、预

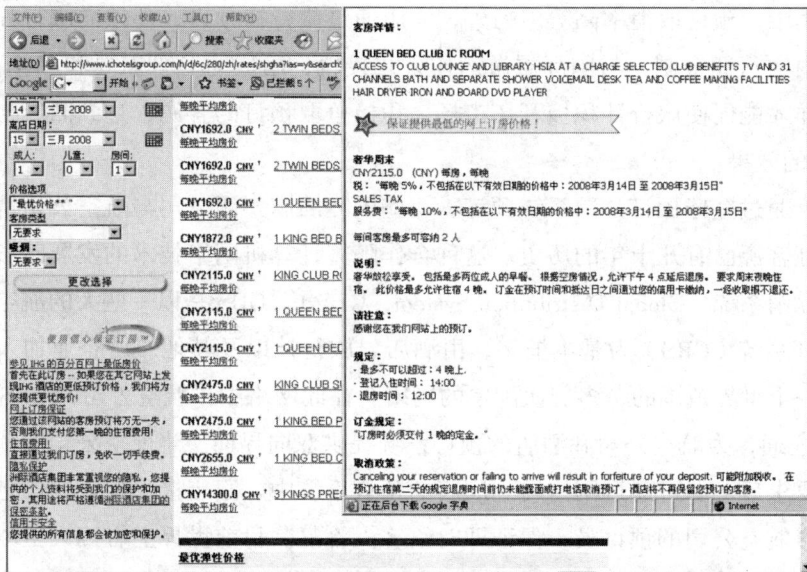

图2-2 中央预订系统网络界面（1）（来源于洲际酒店集团网站）

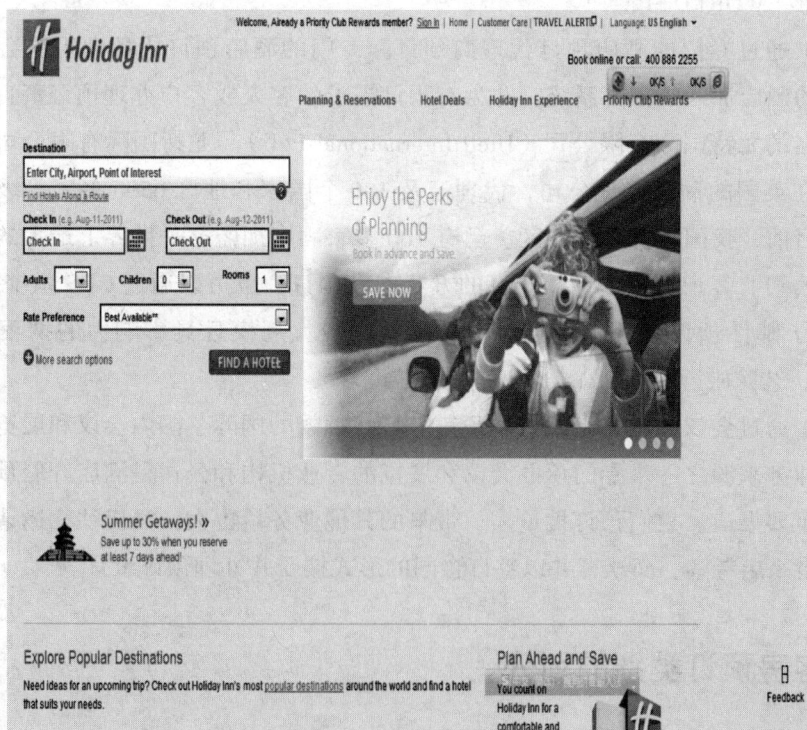

图2-3 中央预订系统网络界面（2）（来源于假日酒店官方网站）

订时间集中、预订取消率高等。另外，酒店通过旅行社预订，还须向旅行社支付佣金。国内实行佣金制，与国际旅游运作方式接轨，已成为一种需要和趋势。因为，只有这样才能促使旅行社积极开拓市场，积极争取预订的客源，达到酒店与旅行社"双赢"的效果。

（2）通过全球预订分销系统预订。一些国际酒店集团公司与航空公司携手合作开拓预订客源已有几十年的历史。这种合作随着计算机网络技术的发展已形成了全球预订分销系统（Global Distribution System，GDS）。GDS 是以一些大的航空公司的中央预订系统（CRS）为基本框架，由酒店、旅行社以及其他旅游企业加入其中而形成的一个世界范围的、多层次配票的网络。在此网络中，航空公司的 CRS 与酒店的 CRS 连通，为航空公司和酒店的预订系统提供双向界面。当航空公司的预订员接到预订要求后，即可通过网络转到酒店的预订系统中。酒店接受预订的信息又可以立即转给航空公司的预订员，保证即时给客人答复。目前世界上有四大全球分销系统，它们是阿马德斯（AMADEUS）、伽利略（GALILEO）、萨布里（SABRE）以及沃德斯班（WORLD SPAN）。

（3）通过专门的酒店预订代理商预订。专门的酒店预订代理商组织会招揽世界各地的酒店加入其预订系统，并为有预订需求的客人或客户办理预订事宜。国际上有著名的尤特国际有限公司（Utell International Ltd.）。尤特国际有限公司是一家总部设在英国的预订代理公司，代理遍及 180 个国家和地区 6500 多家等级各异的酒店。目前，我国（含香港特区）已有 100 多家酒店加盟这一世界上最大的酒店预订代理公司。客户可以电话、传真的方式向其预订，也可以通过 GDS 系统或 Hotel Book 电子邮件预订系统向其预订。目前我国较大规模且具影响力的携程旅行网（Ctrip）、艺龙旅行网（eLong）代理商亦属此类。

（4）通过会议和展览组织机构预订。日益频繁的国际、国内会议和展览是酒店重要的业务来源之一。专门承办会议和展览的专业机构和公司是酒店开展预订业务的一个重要渠道。它们预订批量大，带来的其他业务量也大。酒店往往邀请承办商或组织者来店考察、面谈，并以签订合同的形式接受并办理预订事宜。

五、客房预订类别的划分

酒店在接受和处理客人预订时，根据不同情况，一般将预订分为两大类型。

（一）非保证类预订

非保证类预订（Non-Guaranteed Reservation）通常有以下 3 种具体方式：

（1）临时类预订。临时类预订（Advanced Reservation）指客人的预订日期或时间与抵达的日期或时间很接近，酒店一般没有足够的时间给客人以书面确认或无法给予客人确认。当天的临时类预订通常由总台处理。临时类预订的客人如在当天的"取消预订时限"（通常为 18:00）还未到达酒店，则该预订即被取消。

（2）确认类预订。确认类预订（Confirmed Reservation）指客人的预订要求已被酒店接受，而且酒店以口头或书面形式予以确认。一般不要求客人预付预订金，但规定客人必须在预订入住日的时限内到达酒店，否则作为自动放弃预订。

确认预订的方式有两种：一种为口头确认，另一种为书面确认。通常使用书面确认，如邮寄、传真回复确认书等。口头确认一般只用于客人预订时间与抵店时间很接近时。书面确认与口头确认相比有如下优点：①能复述客人的预订要求，使客人了解酒店是否已正确理解并接受了预订要求，使客人放心。②能申明酒店对客人承担的义务及有关预订变更、取消预订以及其他有关方面的规定，以书面形式确立了酒店和客人的关系。③能验证客人所提供的个人信息，如姓名、地址等。所以持预订确认书的客人比未经预订、直接抵店的客人在信用上更可靠，大多数酒店允许其在住店期间享受短期或一定数额的赊账服务待遇。无论是口头确认还是书面确认都必须向客人明确声明酒店规定的抵店时限，酒店规定的预订抵店时限通常是预订入住当日下午 6 点。

（3）等候类预订。酒店在客房订满的情况下，因考虑到有一定的"水分"，如取消、变更等，有时仍按一定数量提供预订（On-Wait Reservation）。对这类预订的客人，酒店不发给确认书，只是通知客人，在其他客人取消预订或提前离店等情况下才可予以优先安排。

（二）保证类预订

保证类预订是指（Guaranteed Reservation）客人通过预付定金来保证自己的预订要求。比如在旅游旺季，酒店为了避免因预订客人擅自不来或临时取消预订而造成损失，要求客人预付定金（Deposit）加以保证。保证类预订以客人预付定金的形式来保护酒店和客人双方的利益，约束双方的行为，因而对双方都是有利的。

定金是酒店为避免损失而要求客人预付的房费（一般为一天的房费，特殊情况例外）。对如期到达的客人，在其离店结账时予以扣除；对失约客人则不予退还，酒店为其保留住房直到第二天中午 12 时止。对保证类预订的客人，在规定期限内抵达而酒店无法提供房间时，则酒店负全部责任。

预订编码就是当客人要进行保证预订时，酒店提供给客人的一系列按字母数字组合成的号码形式的参考信息。这个编码指明，客人支付了至少一个晚上的客房费用后，酒店保证在特定的日期内给客人提供住宿服务。编码同时包括一些对客人没有任何重要实际意义的字母和数字，这些字母和数字主要用来表明酒店属于哪个连锁集团、预订的经办人、客人的到达时间、离店时间、信用卡的种类、信用卡的号码、客房规格、客房价格以及预订序列号等。设计这些预订编码的组织使预订编码包含了很多的信息，这样就大大方便了对某一预订系统的有效管理。下面是一个保证预订的编码：122–JB–0309–0311–MC–75–K–98765R，其中，122 为连锁集团中该酒店的确认代码，JB 为预订员姓氏的词首字母，0309 为客人抵达日期（3 月 9 日），0311 为客人离店时间（3 月 11 日），MC 为信用卡的种类（万事达卡），75 为客房每晚房价（75 美元），K 为预订中设有特大床位，98765R 为预订的顺序号码。

在建立一个预订编码系统的时候，必须把几个主要因素考虑进去。由于计算机里用来储存编码信息的容量是有限的，所以信息越简短越精练越好。在设计预订编码时必须保证编码包含了酒店所需要的足够信息，以确保酒店能为预订客人提供食宿。编码的目的就是将担保预订的客人的预订要求传达给酒店，使酒店了解客人预订的细节要求。客人的资料应输入计算机控制中心，这样查询起来要快得多。但有时储存的信息也可能会丢失或错存，当这种情况发生时，预订编码就能给酒店提供正确的客人住宿资料。

当担保预订确定后，客人支付担保费用的方式也就确立了，信用卡或是事先商量好的直接划账等支付方式是最常见的。有的客人会送来银行支票或是用现金来进行支付。银行支票是可以受理的，只要支票是在有效期内使用。如果是提前支付现金或银行支票，就必须留意客人是否和信用卡公司或酒店建立了信息关系。决定客人最后采取哪种支付方式结账是非常重要的，酒店必须对用现金作担保的客人的账单进行严密监管，防止逃账。

有时客人可能因临时改变行程而要取消预订，计算机中心系统能轻松地处理这种情况。客人只需要打电话给计算机中心或是直接与预订的酒店联系即可。有些酒店规定了取消预订的时间限制，即客人必须提前 24 小时、48 小时、72 小时通知酒店，这样客人可以免交第一晚的客房费用。根据以往预订取消频率的历史记录（以及由此给酒店造成的经济损失）和酒店的公关策略（有失去回头客的可能），每个预订系统都对取消预订制定了相应的规定。

预订取消编码由一系列的数字和字母组成，它提供了与客人取消保证预订有关的一些信息。预订取消编码证实客人取消预订时已与酒店取得联系，并确定客人对取消的预订不负任何责任。假设总台员工出现失误，向已经取消担保预订的客人收取费用的话，客人就可以出示预订取消编码并拒绝用信用卡付账。

预订取消编码和预订编码一样，包含一些数字和字母。这些数字和字母分别表示酒店的名称、接受取消预订的经办人、客人到达日期、离店日期以及取消预订的顺序号码。这些信息以及其他信息都是为了对取消预订进行有效管理。如果客人已用现金预付了保证金，那么酒店就必须对这位客人账单上的贷方余额进行相应的处理。取消预订编码的基本形式如下所示：122–RB–0309–1001，其中，122 为客房在连锁集团中的确认号码，RB 为办理取消预订的预订员的姓氏首字母，0309 为客人抵达日期（3 月 9 日），1001 为取消预订的顺序号码。

保证类预订便于酒店与未来的住客之间建立更牢靠的关系。客人可以通过下列方法进行预订保证：

（1）使用信用卡。客人在预订时向酒店声明，将使用信用卡为所预订的房间付款，并把信用卡的种类、号码、失效期及持卡人的姓名告诉酒店。如客人在预订日期未抵达酒店，酒店可以通过信用卡公司获得房费收入的补偿。

（2）预付定金。对于酒店来说，最理想的保证类预订方法是要求客人预付定金，如现金、支票、汇款等酒店认可的形式。预付定金可以由预订处收取后交财务部，也可以由财务部收取后通知预订处。

（3）订立商业合同。订立商业合同是指酒店与有关客户单位签订的预订合同。合同内容主要包括签约单位的地址、账号以及同意为失约而未使用的预订承担付款责任的说明，合同还应规定通知取消预订的最后期限，如签约单位未能在规定的期限通知取消，酒店可以向对方收取房费等。

由于各地区、各酒店的实际情况不同，担保的方法也不尽相同。有些酒店将其认可的个人名誉担保视为预订担保；有些酒店目前尚无法接受以信用卡作为预订担保的方式，故采取何种有效的预订担保，应视情况而定。

第三节 酒店是如何处理客人预订的

为了确保预订工作的正常运行，必须建立完整详尽的工作程序。客房预订的程序大致是：受理预订请求；处理无法满足的需求；提供有关房间及酒店的信息；记录并确认客人预订；客情信息预报。

一、受理客人预订请求

客人以面谈、信函、电传、传真、电报、计算机网络等方式向酒店提出预订要求时，预订部工作人员首先要核查酒店可出租客房信息。

到目前为止，大多数预订还是通过电话渠道完成的。特别是那些对于网络不了解的个人，尤其是老年人，电话预订是他们的最佳选择。但是，随着现代科技的不断发展，特别是电子商务在人们生活中的应用与普及，在线预订已成大势所趋。因此，网络渠道将成为酒店最重要的预订来源，同时将是发布酒店产品与服务的最好平台。

在本章第二节中，我们详细阐述了 CRS 与 GDS。酒店拥有了 CRS 系统，在接受客人预订确认可供出租房信息时，将不再需要通过公司网页来查询，因为网站上所有的信息已经与 CRS 系统相连，两边的信息能够很好地进行共享。假如在客人要求的日期内没有符合的房型，那么预订系统将拒收新的预订。当客人通过电话、信函、传真或者邮件的形式预订时，此时，预订员要核查酒店可供出租房信息。

在核查可供出租房信息时需要收集以下几点信息：入住日期和间夜数，入住成员数（大人或儿童），房型信息，房间数。

酒店预订员通常会运用下面的对话来收集以上四种信息。

Hotel：Good afternoon，reservations，this is Jason. How may I assist you ?

GST：I'd like to make a reservation.

Hotel：Certainly，what date would you like？

GST：I want a room for 14th of May.

Hotel：Is that for one night，sir？ ［Required dates/length of stay］

GST：Yes.

Hotel：Is the room just for you，sir？ ［Number of people to be accommodated］

GST：No，there are two of us.

Hotel：And what type of the room would you like？ ［Required room types］

GST：I'd like a twin bed room，please.

Hotel：Is that just one room，sir？ ［Number of required rooms］

GST：Yes，that's right.

有时，以上的问题并非完全必要，比如客人告诉你入住的人数是 1 人，那么很明显他只需要 1 间房就够了，询问房间数的问题就可以省略。再比如在对话的过程中客人提到她预订房间是自己跟丈夫一起入住，显然入住人数是两人，询问入住人数的问题也就可以省略。

如今的酒店，无论小型还是大型，已经很少有酒店需要通过查询人工预订记录来确定可售房情况，取而代之的是计算机系统，我们以目前国际五星级酒店应用最多的 Opera 酒店管理系统为例，了解可售房信息是如何通过计算机系统展现出来的，如图 2-4。在此之前我们先了解一下房态（room status）专业术语。

（1）Clean。已打扫房，一般指退房后的客房状态，客房服务员已按照相关标准打扫过的客房。

（2）Dirty。未打扫房，可能是已退客房，也可能是住客房，客人已经退房但未打扫或客人入住过程中未打扫，此时房间状态均为 Dirty。

（3）Inspective。可出租房，指在 Clean 房的基础上，由客房主管或经理按照 SOP（Standard Operation Procedure）检查合格后的客房状态。

（4）OOO（out of order）。无法出租房，一般指由于设施设备损坏等原因造成的无法正常出租的客房状态。例如，客房卫生间排水管堵塞，门禁系统无法正常工作等。

（5）OOS（out of service）。无法出租房，此状态房与 OOO 的最大区别在于房间状态为可出租房，但由于某种原因暂时无法出租的客房状态。例如，用以供潜在客人参观的客房、临时用作内部活动的客房、被提前锁定专门为 VIP 事先准备的客房，当然也包括由于暂时的故障不能出租但当日可修好的房间等。

图2-4　上海旅游高等专科学校Opera系统截图

二、为客人提供其他选择

（一）如何处理

当由于日期或房型等因素无法满足客人预订要求时，酒店应该：

（1）建议客人更改日期。某些客人的入住时间具有可变性，如外出自助游的客人。

（2）如果可以的话，尝试升格销售。当客人由于房型原因而无法完成预订时，尽可能地说服客人选择更高层次的房型。销售技巧决定酒店收益。

（3）建议客人加入"等候类预订"。

（4）为客人提供本区域内的其他同品牌酒店预订服务。

（二）等候预订

等候预订提供的是一个预订名单列表，预订列表上是一些由于房型或日期因素未能完成预订的客人信息，这些客人预订信息按照客人事先预订的早晚来排列，最早预订的排在最前面并以此类推。那些已经确认预订信息的客人在预订日到来之前，由于某些原因临时取消了之前的预订，此时，空出来的客房将提供给等候名单中的第一位客人，如果此房型日期不满足第一位客人的要求，则提供给第二位客人，以此类推，直至客房与等候名单上客人的需求一致为止。等候名单的使用可以有效地帮助酒店避免未到店（No-show）客人带来的经济损失。

等候预订对于很多客人来说并不陌生。只是大多数人并不接受这种做法，他们认为浪费未知的时间在一件不确定的事情上毫无意义。但是有些人在选择加入等候名单的同时，也会去其他酒店寻求预订，当其他酒店的预订得到确认时，他们会取消预订名单，但是大多数人在这种情况下不会取消。

（三）导致预订不成功的其他因素

即使酒店做出很多努力来尽量保证所有的预订得以成功，但总还是有事与愿违的时候。下面是几种导致预订不成功的例子：

（1）房价太高。

（2）没有可供出租房。

（3）酒店在指定日期已超额预订。

（4）已无特定房间，如景观房、包价折扣房。

（5）第三方预订过多，如航空公司包价房等全部预订。

（6）短期大型团队预订导致中长期散客流失，例如，2月13～15日酒店有一300间房的大型团队，虽然房间数很多，但是他们仅仅入住两天，导致希望2月14日情人节这天大量的散客或者中长期客人流失。

相关链接 详情

客房预订中的销售技巧

预订员最核心的工作是销售，销售酒店客房等酒店提供的任何产品和服务。预订员也经常为当地的其他旅游产品进行宣传，以提升地区的品牌形象，从而增加酒店的客房出租率。由于客房收益在整个酒店收益中占据了非常大的比重，因此，提升员工的销售技能变得非常关键。销售技巧不仅能帮助酒店实现客房收益最大化，同样可以促进酒店其他产品和服务的销售，因为随着客人需求的不断变化，越来越多的客人需要更多的额外服务，如餐饮服务、洗衣服务、停车服务、商务中心、游泳池以及健身房等。从客人的角度来讲，他们只是知道酒店可能提供这些服务，但是作为酒店员工，预订员要不断发现和挖掘客人的潜在需求和愿望，利用酒店现有的服务满足他们，从而提高酒店各部门的整体收益。

以下几项销售技巧可以帮助酒店从整体上提升客房销售的能力。表格的左侧是酒店预订员最常用的几种销售技巧。这些销售技巧不仅可以用于预订部的客房销售，在前台办理入住登记时也可用于那些没有预订而直接入住的散客。

表2-2 客房预订中的销售技巧

销售技巧	如何执行	何时执行
启发性销售（Suggestive selling）	启发性销售是指在销售中通过给客人一些选择性建议让客人对某一种产品或服务产生浓厚的兴趣或渴望。为了创造这种渴望的感觉，预订员需要做的是： 1. 向客人提供和描述二选一的产品或服务。 2. 突出产品或服务的特别之处带来的实在好处以及价值	这是一种最常见的销售技巧，预订员的职责是准确地为客人提供符合他们需求的产品和服务，并通过描述有过特别好住宿经历的客人入住体验来打破此客人对于购买这项产品或服务的最后心理防线，从而为酒店带来收益
升格销售（Upselling）	此销售技巧是指从最低价产品开始销售过程，紧接着上一个层次再上一个层次直到客人做出选择为止，当然在这个过程当中预订员要事先发现客人的潜在需求，找到符合客人需求的产品加以销售	此销售技巧用于当一名潜在客人选择了一个不太适合他的产品但是他又不知道自己该如何选择时，预订员要发现他的核心需求，安排最适合他的产品，即"Put the Right guest in the Right room"
降格销售（Downselling）	降格销售操作上与升格销售相反。预订员从价格最高的产品开始，然后是价格稍低的一个层次，以此类推，直到客人选择出适合他们的产品或服务	此销售技巧同样适用于当潜在客人不太清楚自己想要什么的情况，但是从客人的表述中我们发现了一条重要线索，他们很在意产品或服务的物有所值（钱和质量），例如他们会说"除了这种，你们还有什么"，此种反应告诉我们两种可能，他想要一个更高价位的产品或者更便宜的产品
交叉销售（Cross-selling）	此销售方法也被称为"附加产品销售策略"，是指鼓励客人购买某一项产品或服务的附加产品，从而为此品带来吸引力。附加产品仅仅是购买主产品或服务的一个附加品，不另外收费	当客人做预订时，预订员常常会说"还有其他需要为您效劳的吗"，或者预订员将客人可能感兴趣的某些信息告诉他们。例如，预订员可能会问客人他们是否需要一个包含早餐和停车费的包价产品，或者预订员可以帮助他们在餐厅预订座位等

三、提供有关客房及酒店的信息

大多数潜在目标客人对于酒店的房价、产品等信息并不熟悉。酒店预订员在向客人描述这些信息时要努力体现酒店的吸引力，从而销售酒店客房。这就要求酒店预订人员对酒店所有的产品和服务以及它们的价格等信息都要了如指掌。

（一）产品信息

产品信息对于预订人员来说非常重要。作为销售酒店产品的第一线，预订员必须熟练掌握酒店客房种类、房间布局、房间特点以及包价产品的卖点等信息。与此同时，对酒店提供的其他服务与设施也要非常熟悉，例如酒店各餐饮营业场所的营业时间及特色菜品，商务中心的位置，酒店各部门的促销信息等。除此之外，以下信息也至关重要：

（1）不同房型所在楼层。

（2）酒店所有营业场所的位置及营业时间。

（3）各餐厅营业时间及特色产品。

（4）吸烟楼层和无烟楼层，吸烟房间总数及无烟房间总数。

（5）残疾人用房及其设施设备。

（6）不同房型的最大入住人数。

（7）不同房型内床上用品的材质，如床垫的软硬程度、被子的填充物、枕头的种类等。

（8）各种会议、宴会活动的设施设备。

（二）房价信息

不同细分市场的客人，其购买行为具有明显的特征。同一家酒店的同一类客房，不同的客人拿到的房价也不尽相同。酒店预订员在销售工作中应该把握影响房价差异的各种因素，并向客人详细说明这些因素，从而促进客房产品的销售。这些因素包括：

1. 星级

星级对大多数客人来说意味着很多，符合客人内心需求的星级标准能为客人带来心理上的满足。在我国，根据《旅游饭店星级的划分与评定》（GB/T 14308）标准，可将饭店按照星级高低进行分类，分别为五星级、四星级、三星级、二星级、一星级。此外还增加了对白金五星级饭店（Platinum 5-star Hotel）的评定，根据2007 年 4 月 15 日国家旅游局在其官方网站公示，北京中国大酒店、上海波特曼丽嘉酒店、广州花园酒店、山东大厦基本达到白金五星级饭店标准要求，拟批准为白金五星级饭店。2007 年 8 月 16 日，国家旅游局局长、全国旅游星级饭店评定委员会主任邵琪伟为获得白金五星级饭店的北京中国大酒店、上海波特曼丽嘉酒店、广州花园酒店、山东大厦 4 家饭店颁发证书和标牌。国家旅游局表示，白金五星级饭店将采取有限制条件的申评制，全国星级饭店评定委员会每年根据申报情况进行一次评定验收，对于已经评上白金五星级的饭店也将实行年审制。

不同星级标准的酒店所提供的服务及设施设备的配备不同，其服务质量与设施设备的档次也不同，而这些都是由星级决定的。高星级酒店在酒店建设前期的规划设计以及投入成本要远远高于低星级酒店。因此，高星级酒店的房价远远高于低星级酒店的房价。

2. 位置

位置在房价的制定中扮演着重要的角色。对于差不多的两家酒店，城市郊区酒店的房价肯定低于城市 CBD 酒店的房价。一个拥有海景客房并且可以直通海滩的酒店，其客房价格肯定比没有这些特色的酒店要高。从另一个角度来说，假设一个目的地其可供选择的酒店非常少，或者只有一家，那么其房价将不由星级决定，其房价可能要远远高于竞争激烈地区的酒店房价。

另外，位置因素同样指同一家酒店不同位置的客房。高楼层的客房价格通常要高于低楼层的客房价格，因为高楼层可以获得更好的城市景观与安静环境，或者在同一家酒店的客房划分上，高楼层的客房均为豪华间（Deluxe）。对于度假酒店来说，一楼临近游泳池或者与游泳池相连的客房，其价格要高于二楼的客房。

3. 房型

除非是全套房型酒店，一般来说，酒店拥有多样的客房种类。每一种房型的价格是由此类房型的位置、设施设备、功能布局等因素决定的。

有些酒店，对于单人房与标准房来说，无论标准房入住的是一位客人还是两位客人，两种房型的价格相同。但是对于其他种类的客房来说，客人因入住人数增加而需要提供加床服务时，房价要相应地提高，这里提高的部分为加床费用。套房的价格要高于豪华大床房的价格。

4. 细分市场

不同的细分市场对酒店客房功能的需求不同，预算也不同。酒店根据细分市场的不同，对同一房型制定不同的价格。如政府公务员或事业单位工作人员，其差旅经费非常有限，因此，对于此类客人，酒店提供给他们的房价要低于散客入住此类客房的价格。酒店这样做的目的是由于此类客人的回头率非常高，他们将成为主要的回头客，虽然暂时给予了低房价，但长期来说获得了更高的酒店出租率及客房收益。

对于一些跟酒店签有公司协议价的客人来说，他们拿到的价格往往要高于政府公务员拿到的价格，但是要低于通过直接预订入住酒店的客人。酒店提供的价格优惠同样是因为公司商务客人是酒店的回头客。不同的公司其拿到的公司协议价也不同，这是由于其在酒店的定额不同，定额越大拿到的房价越低。例如，X 公司每年入住酒店 1000 晚，Y 公司每年入住酒店 500 晚。那么，X 公司拿到的协议价要低于 Y 公司拿到的协议价。

假设酒店当晚的客房出租率比较低，直接上门的散客也有可能拿到较低的房价，酒店客房产品的一大特点是价值的不可储存性，低价卖出总比没有收入要好。团队客人同样能够拿到比较优惠的价格，因为他们预订量非常大，特别是旅行团，除了客房需求外，通常，他们的餐饮等其他需求也是在酒店完成的。

5. 可供出租房与季节性

客房的需求量越大，客房的实际售价越接近门市价，酒店客房收益就越大。无论可供出租房数量多少，季节性因素对房价起到了决定性的作用。这里的季节性指的是每年的时间。如，一家海滩度假型酒店，其夏季的房价要高于其他季节的房价，这主要是由于夏季客房需求量大决定的，此时，可供出租房数量较少。相反，对于这类酒店来说，到了冬季，为了吸引商务客人外出度假，酒店大打促销策略，此时客房需求量较低，可供出租房数量较多。因此，一个简单的公式是，可供出租房少 = 高房价；可供出租房多 = 低房价。

季节性因素导致了酒店的淡旺季之分，此类情况在度假型酒店比较明显。在旺季，可供出租房数较少，酒店客房出租率较高，酒店收益较高；在淡季，可供出租房较多，酒店客房出租率较低，酒店收益较低。淡季的客房价格要远远低于旺季的客房价格，有时酒店甚至保本经营，为的是在淡季时通过多销售客房来获得酒店收益。

课·堂·思·考

在淡季时，酒店是以较低的房价出售客房好呢，还是维持原来的房价水平？

6. 包价产品

为了在淡季提高客房出租率，在同行业竞争中找到突破口，包价产品很受酒店的青睐。包价产品是一些能够引起消费者足够兴趣的产品组合体，如低价客房、早餐、抵店香槟酒、演出票等。在销售的时候，所有的这些单个产品和服务没有一个单独的价格，而是以总价的形式报给消费者。

最普通的包价产品是含早餐的客房。除此之外，还有下列一些产品和服务可以纳入包价中进行组合销售：

（1）客房。

（2）餐饮（如早餐、正餐、下午茶、香槟酒等）。

（3）打包早餐服务。

（4）免费停车位或豪华车接送服务。

（5）欢迎鲜花、欢迎水果、欢迎甜品等。

（6）各类演出门票。

（7）延迟退房（late check-out）或提前入住（early check-in）。

（8）免费客房升级（complimentary room upgrade）。

（9）免费使用健身中心，包括游泳池。

（10）水疗 SPA、按摩及美容产品。

7. 客人居住夜数

对于商务型酒店来说，客人入住酒店的夜数一般比较多，可能是几天、几周，甚至数月乃至长达数年。这类客人主要是一些外企的外籍高管人员，他们从国外的总公司被调到本地工作，此时，在公司为他们安排公寓之前需要入住在酒店内，甚至很多此类客人就选择酒店作为他的长期寓所，这种情况在高星级酒店里经常遇到。由于客人入住的周期比较长，酒店会为他们提供很有吸引力的房价，而且会附加很多其他产品或者服务的折扣，如全年洗衣费用八折等。这类客人往往入住在他们指定的一间客房内长达数月甚至一年而不更换房间，这种房间一般是同类型房间中最好的。需要强调的是，此类客人由于入住时间很长，他们的账户由专人负责管理与维护。

对于许多度假型酒店而言，客人入住夜数也比较多，这是度假型酒店的特点之一。度假型酒店往往提供连续入住四到五晚免费一晚的包价产品。此种包价产品保证了短期内的客房出租率，但拉低了酒店的平均房价。

8. 预订客房数量

大多数酒店对于一次预订大量客房的客人给予很优惠的折扣。例如，婚礼客人为其客人预订了 30 间客房，酒店提供给他们的房价就远远低于普通预订客人预订此类房型的价格。团队和公司客以协议价的形式拿到优惠房价，就是因为其预订客房数量较多。

9. 餐饮计划

餐饮计划指的是那些餐饮费用包含在房间内的预订。最常见的是含早餐的客房，其次是入住客房一晚送两次餐饮（Half Board，早餐和一顿主餐）或三次餐饮（Full Board）。商务客人通常选择含早餐的客房产品，对于旅游团队、大型会议团队等的客人来说，含两次餐饮或三次餐饮的产品比较有吸引力。

含早餐的客房产品是指房价中包含早餐服务的客房产品。通常也称为"BB"，指"Bed and Breakfast"。酒店设计此种产品的目的是更好地增加客房收益。也许有人会质疑，很多客人是喜欢单独购买早餐服务的，在这种情况下，单独购买早餐给酒店带来的收益远高于包价产品带来的收益。此种说法并非毫无道理，但酒店设计含早餐客房产品从另一个角度来看是确保了酒店早餐带来的收益，无论客人是否去吃早餐，这笔费用酒店都能得到。酒店一般在餐厅提供早餐服务，也可以提供客房送餐服务，早餐通常为欧陆式早餐（Continental Breakfast），也称为简单早餐，包括面包、果酱、奶酪、咖啡或茶、果汁。还有的酒店根据星级档次不同提供美式早餐（American Breakfast），除了欧陆式早餐的食品外，还有香肠、麦片、鸡蛋、肉类等。

Half Board 指含两次餐饮的客房产品，一般包含一顿早餐和一顿晚餐，有时也会是午餐。同样，此种做法有助于提高酒店收益。与其让客人去酒店外的地方就餐，还不如通过包价的形式使客人留在酒店内用餐。此种餐饮服务通常是以套餐的形式提供给客人，客人在就餐过程中可能会选择额外的消费，从而为餐饮部带来更多的收益，额外消费通常为饮品。

Full Board 指含三次餐饮的客房产品，即包含早、中、晚三餐。此种包价产品通常出现在度假型酒店，酒店为了使客人尽可能地留在酒店内而不外出消费而创造的包价产品，留住客人意味着为酒店其他服务带来了消费的可能，从而有利于提高酒店的整体收益。

10. 航空公司或旅行社的协议价

航空公司、旅游经销商或旅行社与指定的酒店协商出优惠的房价，出售给它们的客人或员工。能拿到这样的价格是因为它们手里有一定量的商务客人。休闲旅行者通过旅行社拿到的客房往往是旅游产品的一部分，这部分客房是从旅行社提前与指定的酒店协商好的一定的份额中拿到的，价格一般低于门市价。

当航空公司、旅游经销商或旅行社与已签订定额协议的酒店预订时，他们所预订的房间直接从份额中提取。例如，某客人购买了旅行社的包价旅游产品，此旅游产品中的客房是旅行社通过旅游经销商订得的，旅游经销商与酒店签订份额合同，酒店直接从旅游经销商的份额中安排客房。

份额有可能是每晚 20 间房或周五、周六每晚 50 间、其他时间每晚 10 间等，份额的多少是由与酒店签订协议的旅游经销商决定的，前提是他们能够卖得出去。份额可能是全年的客房数，也可能是旺季时的客房数，还可能是旺季时客房数较多、淡季时客房数较少，任何组合形式都有可能。一周当中不同的时间，一年当中不同的季节，同一房型拿到的价格也可能不同。

但是，份额所占有的客房数不可能永远都卖得掉。通常来说，如果在指定的日期即将到来时，客房还没有被卖掉，此份额中的客房将被退还给酒店，供酒店继续销售。相反，如果在指定的日期内份额所占有的客房数不够卖，此时可以与酒店商议尽可能地增加客房数。在签订的份额协议里，通常包含退换份额客房的最后期限以及增加份额的相关细节。

四、记录并确认预订

在未使用计算机管理系统之前，记录客人的预订要求是一件比较烦琐的事情，那时酒店通常会使用一张纸质的预订单逐一记录客人的预订信息，并据此向客人发出一份书面的预订确认信。计算机管理系统的使用使得这项工作变得轻松了许多，员工只需在系统中根据预订界面的要求填写客人的相关信息即可，这些信息通常包括抵店、离店日期，客人姓名（包括中英文姓名），性别，国籍，联系方式，客人

×× 酒店客房预订单

预订日期＿＿＿＿＿＿＿＿

预订员＿＿＿＿＿＿＿＿

抵店日期　　　离店日期　　　住店天数　　　客人人数　　　房价

　　　　　　　　　　　　　　　　　　　　成人

＿＿＿上午　＿＿＿上午　＿＿＿儿童

＿＿＿下午　＿＿＿下午

客房数　　客房类型　　大号双人床　　2张双人床　　套间

　　　　　　　　　　（1张床）　　（2张床）　　（2个卧室）

其他要求　婴儿床加床　连通房　相邻房　带阳台的客房　游泳池边的客房　其他指定的要求＿＿＿＿

客人姓名　　　　　　　　　　　　电话号码

姓＿＿＿＿＿　名＿＿＿＿＿　　头衔＿＿＿＿＿

街道　　城市　　州（省）　　邮政编码

代理人　　　　电话

街道　　城市　　州（省）　　邮政编码

是否确认此预订　　　是＿＿＿　否＿＿＿

通过何种方法来确认预订

信用卡　　号码　　失效期　　定金　　其他方法

预订人（如不是上述已注明的人士）

备注＿＿＿＿＿＿＿＿＿＿＿＿＿＿＿＿＿＿＿＿＿＿＿＿＿＿＿＿＿＿

┈┈┈┈┈┈┈┈┈┈┈┈┈预订的变更内容┈┈┈┈┈┈┈┈┈┈┈┈┈

原始预订记录的号码＿＿＿＿＿＿＿　原始预订记录的抵店日期＿＿＿＿＿

原始预订的房价＿＿＿＿＿＿＿＿＿＿＿＿＿＿＿＿＿＿＿＿＿＿＿＿＿

（备注）＿＿＿＿＿＿＿＿＿＿＿＿＿＿＿＿＿＿＿＿＿＿＿＿＿＿＿＿

图2-5　酒店客房预订单

选定的房型及房价，客人的类别（属于哪个细分市场），客源地，预订渠道，付款方式，特殊要求等。

确认了客人的预订要求后，酒店应及时发出预订确认书。确认书中应复述客人的预订要求、房价及付款方式，申明酒店对客人预订变更、取消预订的规定。对非保证类预订的客人要申明抵店时限，对保证类预订的客人要申明酒店收取预订金。最后，还应向客人选择本酒店表示谢意。使用计算机管理系统的酒店在预订信息录入系统后会自动生成一个预订确认号，将此号码告知客人并请客人到酒店办理入住登记手续时可以报此号码，当然也可以直接报客人姓名。

通过酒店所属集团网站或自有网站进行预订的客人通常被要求在预订时留下自己的电子邮箱地址，这样，系统就会自动生成一份电子确认预订书发到客人邮箱，大大提高了酒店的工作效率和客人满意度。电子确认信样本见相关链接。

相关链接 🔍 详情

计算机系统自动生成的电子预订确认信

Your InterContinental（R）Reservation Confirmation

-Hong Kong，China：67583345

Thank you for choosing InterContinental（R）for your travel needs.

This email is to confirm your reservation.

Below you will find your reservation summary.

Please keep this information for your records.

YOUR RESERVATION SUMMARY

Confirmation Number：67583345

Guest Name：*********

Additional Guests：

No additional guests.

Hotel：

Hong kong

InterContinental

18 Salisbuny Rd. Tsimshatsui Kowloon

Hong Kong，00000

China

Telephone Number：852-27211211

Driving Directions：

Located on the Kowloon Wuterfront uith magnificant views of victoria Harbor and Hong kong Jsland.In the centre of Hong kong's main Shopping，dining and entertainment district. In the centre of Tsim sha Tsui district.

Arrival Date：

Wed 11 Nov 2009

Number of Nights：1

Number of Rooms：1

Number of Persons：1-Adult（s），0-Child（ren）

Pet Policy：Guided pets only.

Room Type：

2 Sgl Bed Contemporary Sup Plaza View-Person（S）Max Per Room：3

New Contemporary Design 37 Inch LCD TV With Bose DVD CD Wireless

Broadband Internet Work Desk Butler Service Marble Bathroom Separate Shower

Bathtub Club Intercontinental Available At Charge 1 Rollaway Bed Allowed at

Extra Charge

Smoking Preference：No Preference

Rate Type：Employee Discount

Rate Description：

You must be eligible to participate in the Employee Room Benefit Program and present proper documentation and identification upon check-in at the hotel. See www.ichotelsgroup. com/employees for more information.

Rates & Charges：

Wed 11 Nov 2009~Wed 11 Nov 2009： HK$457.00 HKD per night（1room（s））

Total Hotel Service Charges †： HK$ 45.70 HKD

Estimated Total Price †： HK$502.70 HKD

Daily Valet Parking Fee： Complimentary Parking

Rate Rules：ID Required

Must Book No More Than 90 Days In Advance.

Must Stay No More Than： 7 Nights

Check-in Time： 02:00 PM

Check-out Time： 12:00 PM

Modify or Cancel By：

Canceling your reservation before 6:00 PM（local hotel time）on Tuesday，10 November，2009 will result in no charge. Canceling your reservation after 6:00 PM（local hotel time）on 10 November，2009，or failing to show，will result in a charge equal to the first night's stay per room to your credit card. Taxes may apply. Failing to call or show before check-out time after the first night of a reservation will result in cancellation of the remainder of your reservation.

Comments：

MAKING CHANGES：

To change or cancel this reservation（if your rate allows），click on the link below or copy and paste it into your browser：

http：//links.email.ihg.com/ctt?m=1783000&r=LTM2Nzc0NDkxOQS2&b=0&j=MTM5 ODg4OTkxS0&mt=1&kt=12&kx=1&k=secure_ichotelsgroup_com_h_d_6&kd=https%3 A%2F%2Fsecure.ichotelsgroup.com%2Fh%2Fd%2F6c%2F1%2Fen%2Frl%3Fsecure% 3Dtrue.

CUSTOMER SERVICE：

Should you have any questions regarding your reservation，please contact the

hotel directly or your nearest reservation office listed at

http：//links.email.ihg.com/ctt?m=1783000&r=LTM2Nzc0NDkxOQS2&b

=0&j=MTM5ODg4OTkxS0&mt=1&kt=12&kx=1&k=secure_ichotelsgroup_com
_h_d_6（1）&kd=https%3A%2F%2Fsecure.ichotelsgroup.com%2Fh%2Fd%
2F6c%2F1%2Fen%2Fc%2F2%2Fdec%2Fcn%2F0%2Fen%2Fcs%2Fresoffice.
html%3Fsecure%3Dtrue

SPECIAL OFFERS：

Intercontinental Concierge－For insider information about your destination，
visit our new concierge website at the link provided below.

http：//links.email.ihg.com/ctt?m=1783000&r=LTM2Nzc0NDkxOQS2&b=0
&j=MTM5ODg4OTkxS0&mt=1&kt=12&kx=1&k=www_concierge_intercontinent
al&kd=http%3A%2F%2Fwww.concierge.intercontinental.com%2Fguide%2Findex.php%3F
confirmationNumber%253D67583345%2526lastName%253DWANG

Not a Priority Club Rewards member？ You are missing an opportunity to earn points
or miles on this stay and at any of our more than 3600 hotels worldwide.

Points can be used for free nights，miles and more. It's Free！ JOIN NOW by
visiting http：//links.email.ihg.com/ctt?m=1783000&r=LTM2Nzc0NDkxOQ
S2&b=0&j=MTM5ODg4OTkxS0&mt=1&kt=12&kx=1&k=secure_ichotelsgr
oup_com_h_d_p&kd=https%3A%2F%2Fsecure.ichotelsgroup.com%2Fh%2
Fd%2Fpc%2F1%2Fen%2Freg%3Fsecure%3Dtrue%26offerId%3DWBEWR
If you are interested in receiving periodic emails with promotional offers from Inter Continental
Hotels Group hotel brands，please visit

http：//links.email.ihg.com/ctt ？ m=1783000&r=LTM2Nzc0NDkxOQS2&b=0&
j=MTM5ODg4OTkxS0&mt=1&kt=12&kx=1&k=prefctr_na_epidm_net_ihg_wws_p&k
d=http%3A%2F%2Fprefctr.na.epidm.net%2Fihg%2Fwws_prefctr.asp

Members and Non－Members resident in the USA，Canada，South and Central America
and the Carribbean can register at

http：//links.email.ihg.com/ctt?m=1783000&r=LTM2Nzc0NDkxOQS2&b=0&j=
MTM5ODg4OTkxS0&mt=1&kt=12&kx=1&k=secure_ichotelsgroup_com_h_d_p（1）
&kd=https%3A%2F%2Fsecure.ichotelsgroup.com%2Fh%2Fd%2Fpc%2F1%2Fen%2Fc%2
F2%2Fdec%2Fpc%2F0%2Fen%2F25000.html%3Fsecure%3Dtrue%26_IATAno%3D9950
3563

Members and Non-Members resident in Europe, Middle East, Africa and Asia Pacific can register at

http：//links.email.ihg.com/ctt?m=1783000&r=LTM2Nzc0NDkxOQS2&b=0&j=MTM5ODg4OTkxS0&mt=1&kt=12&kx=1&k=secure_ichotelsgroup_com_h_d_p（2）&kd=https%3A%2F%2Fsecure.ichotelsgroup.com%2Fh%2Fd%2Fpc%2F0%2Fen%2Fc%2F2%2Fdec%2Fpc%2F0%2Fen%2F25000emeapac.html%3Fsecure%3Dtrue%26_IATAno%3D99503563

Have a safe and pleasant trip！

Please Note：

Only the reservation as entered into and confirmed by our system will be honored. Any written or printed confirmation that has been altered may be rejected by the hotel.

As exchange rates may fluctuate from the time a reservation is made until the actual stay, the confirmed rate is guaranteed in the hotel's base currency.

† As taxes and service charges may fluctuate from the time a reservation is made until the actual stay and during the actual stay, the Total Price is an estimate. Other hotel-specific service charges may also apply. Check with hotel for details. Additional taxes may apply for hotels booked in Tokyo, Japan.

Important, please note：Starting June 1, 2009, the Western Hemisphere Travel Initiative（WHTI）goes into effect, establishing new document requirements for travel into the U.S. from Canada, Mexico, Bermuda and the Caribbean, by land and sea. All U.S., Canadian and Bermudian citizens are subject to these new requirements, effective June 1, 2009. For more information about the WHTI and the required travel documents, go to www.GetYouHome.gov or Canadian citizens can go to www.KnowYourBorder.gov.

课 堂 思 考

从上面的相关链接中你能归纳出哪些关于客人预订的重要信息？这封预订确认信还提供了哪些信息？这些信息对增加客人满意度有哪些作用？

五、制订并发布所有跟预订有关的报表

客人抵店前的准备工作包括发出客情预报表、次日抵店客人名单、贵宾接待通知单、团体接待通知单等。在使用计算机管理系统的酒店中，上述报表均可以由系统自动生成。

相关链接 🔍 详情

计算机化客房预订的功能与过程

现在的旅游酒店绝大多数都运用了计算机技术，极大地提高了预订工作的效率与精确度，且操作极为方便。

（一）计算机化客房预订的功能

1. 先进的可用房控制

（1）实时可用房呈现，来自层次清晰的、可动态操作的可用房表单（Availability Chart）。

（2）不限日期的未来房情预测（大容量数据库＋独特的数据技术）。

（3）任一日期的可用房统计，任一日期的预计占用房详情。

（4）直接点击，就可以进行团队预订及散客预订等操作。

2. 智能的散客预订

（1）查看房情与预订操作合二为一。

（2）支持一人多房的预订功能。

（3）创建预订记录时自动识别历史客人，并调用历史资料进行智能预分房。

（4）预订与客史相呼应——客史辅助预订，预订时即创建客史或补充客史。

3. 散客预订控制

（1）同住的房费分付处理。

（2）同批客人的智能关联处理：可以为同住房客人每人建立单独的个人消费账户，设立消费路径，分别承担的费用自动转记到客人子账页上。对集中付费的群体散客设立主付账人，相关费用自动集结到主付账上。

（3）各种包价计划的先进控制，预订中的特殊要求处理，并详细记录操作痕迹。

（4）同名预订或合约预订时具有提醒功能，避免重复预订。

4. 智能预订查找

模糊查找：输入字母／单字／拼音、姓／名／预订人／另名或别称等信息进行模糊查询。

（1）输入协议公司/旅行社/客人登记的单位等信息进行查询。

（2）输入何来何往/航班号/特殊要求等信息进行查询。

（3）完备的预订操作。

（4）预订操作，确认操作。

（5）预订取消，取消预订恢复。

（6）房间、餐饮、娱乐、会议等预订一次性完成。

5.高级预订管理功能

（1）预订类型控制：不受限制的预订类型设置（如临时预订、担保预订、候补预订），可按预订类型进行查找，自动区别不同级别预订，并确立优先处理顺序。

（2）超额预订控制：可同时分批、分类、按日期对指定房类进行超额数量设定。只需按实际情况做设定，其他就交给系统来处理。如果超预订，会出现红色警告。

（二）计算机化客房预订的过程

以下是有关通过计算机（Property manegement System，PMS）完成预订操作的介绍，不同的计算机管理系统的预订模块会有一定的差别，但基本运作原理是一致的，读者可以根据自己酒店或学校中使用的计算机管理系统参考下面的过程进行学习。

客房预订可以通过总部中央预订系统进行，用独立的PMS也能够进行预订。在"预订"模块中总台员工和预订员可以选择各个应用选项。如果预订员选择了选项1——"客人数据"，在计算机的显示屏上就会出现表2-3所示的信息，总台员工将按PMS提出的要求输入数据。这些数据将从预订数据库中调出以用来确认客人的预订要求是否能够满足。

需要时可以进入预订模块中的其他选项。比如，如果选择选项2——"客房盘存"，计算机就会列举预订状态（说明某晚酒店的某间客房是否可供租用）。客房的预订状态分待租、已确认（在下午4点或5点以前将保留该客房）、已担保（在客人抵店以前将一直保留该客房）和正在维修四种情况（表2-4）。如果预订员想查看客人是否预交了保证金，就可以选择选项3——"保证金"（表2-5）。这个选项提供的信息是从"客人数据"选项中汇编出来的，预订员在"客人数据"选项里注明了客人是用哪种方式进行担保的（是用信用卡还是现金或银行支票）。选项4——"特殊要求"帮助预订员或总台员工确定客房是否能满足客人的特殊要求（表2-6）。在这个选项里列出了残障客人的便利设施、吸烟区与非吸烟区、周围特殊景观以及附近酒店的设施等信息。这个选项能帮助预订员为客人提供周到的服务。

表2-3　PMS终端计算机屏幕上显示的客人数据

预订——输入客人数据

RESERVATIONS-ENTER GUEST DATA

姓名：

公司：

地址：

电话：

抵店日期：	抵店时间：	离店日期：
航空公司：	航班：	到达时间：
序号：	客人人数：	房价：

备注：

确认编码：

信用卡：	数量：	
旅行社：	代理人：	身份证号码：

地址：

邮编：

表2-4　PMS终端计算机屏幕上显示的客房盘存信息

客房盘存 11 月 6 日

ROOM INVENTORY 11 06

客房 ROOM	类型 TYPE	房价 RATE	状态 STATUS	客人姓名 NAME
	超大床	65	待租	SMITH.V.
	超大床	65	确认预订	GREY.R.
	超大床	65		LITTLE.N.
	带卫生间的双人房	55	担保预订	THOMAS.P.
	带卫生间的双人房	55	担保预订	
	超大床	75	待租	
	超大床	75	待租	
	超大床、套房	95	担保预订	DENTON.K.
	带卫生间的双人房	55	待租	
	带卫生间的双人房	55	担保预订	SLAYTON.J.
	超大床	75	待租	
	超大床	75	待租	
	超大床、套房	95	待租	
	套房	150	担保预订	
CO.CONV.	套房	95	担保预订	STONE
CO.CONV.	套房	95	担保预订	STONE
CO.CONV.	套房	70	担保预订	STONE
CO.CONV.	套房	70	担保预订	STONE
CO.CONV.	套房	70	担保预订	STONE

表2-5　PMS终端计算机屏幕上显示的客人保证金信息

保证金——读取数据

DEPOSITS-RETRIEVE DATA

姓名 NAME：GROSSMAN, S.

MANDRADE 保险公司

地址 ADDRESS：447 LANKIN DRIVE PHILADELPHIA PA 00000

抵店日期 ARRIVE：9 月 17 日　　现金 CASH：55.00　　　账单 FOLIO：55598R

姓名 NAME：LINCOLN, D.

KLINE 鞋业销售公司

地址 ADDRESS：7989VICTORY PLAZA NY，NY 00000

抵店日期 ARRIVE：0917　　现金 CASH：100.00　　　账单 FOLIO：56789R

表2-6　PMS终端计算机上显示的客人的特殊要求

特殊要求——可租房　6 月 5 日

SPECIAL REQUESTS—ROOM AVAILABILITY 06 05

房号 ROOM	类型 TYPE	房价 RATE	状态 STATUS
101	带卫生间的双人房，靠近楼梯	55	待租
108	超大床，豪华浴室，靠近楼梯	75	待租
109	超大床，豪华淋浴室，靠近楼梯	75	待修
115	超大床，视听设备，高级淋浴室	75	待租
130	超大床，可看海景	85	待租
133	超大床，可看海景	85	待租
116	超大床，视听设备，高级淋浴室	75	待租
201	超大床，高级浴盆	75	待租
208	超大床，高级浴盆	75	待租
209	超大床，豪华淋浴室	55	待租
211	超大床，靠近游泳池	75	待租
301	超大床，高级喷头	75	待租
333	超大床，可看海景	85	待租
428	带卫生间的双人房，带会议室	95	待租
435	带卫生间的双人房，带会议室	95	待修

选项 5——"客房分配"，提供关于某天哪间房应分配给即将到来的客人之类的信息（表 2-7）。这个选项将会把客人分配到特定的客房。选项 6——"抵店客人"，列出了某天将抵店的单个客人或是团体客人（表 2-8）。选项 7——"离店客人"列出了某天将结账离店的客人。有了这个选项，前厅经理或总台工作人员就能确定是否能满足一些客人要求延期离店的要求，同时能确定这些客房是否能出售给将来的客人（表 2-9）。

表2-7 PMS终端计算机屏幕上显示的客房分配表

客房分配报表——2月
BLOCKING REPORT 02 MONTA

客房 ROOM	状态 STATUS	备注 COMMENTS
101	担保预订	PENN CONFR
102	担保预订	PENN CONFR
103	担保预订	PENN CONFR
104	担保预订	PENN CONFR
105	担保预订	PENN CONFR
106	待 租	
107	待 租	
108	待 租	
109	担保预订	0205114501
110	待 租	
201	担保预订	PENN CONFR
202	担保预订	PENN CONFR
203	担保预订	PENN CONFR
204	担保预订	PENN CONFR
205	担保预订	PENN CONFR
206	担保预订	PENN CONFR
207	待 租	
208	待 租	
209	担保预订	0219BR4567
210	担保预订	0418BR4512
301	待 租	
302	担保预订	PENN CONFR
303	担保预订	PENN CONFR

表2-8 PMS终端计算机屏幕上显示的抵店客人报表

即将抵店的预订客人 2月15日
RESERVATION INCOMING 02 15

姓名 NAME	客房 ROOM	房价 RATE	离店日期 DATE
ABERNATHY,R.	400	75	2月16日
BROWNING,J.	201	75	2月17日
CANTER,D.	104	55	2月16日
COSMOE,G.	105	55	2月19日
DEXTER,A.	125	70	2月17日

续表

DRAINING,L.	405	95	2月16日
GENTRY,A.	202	70	2月16日
KENT,R.	409	70	2月18日
MURRY,C.	338	80	2月18日
PLENTER,S.	339	80	2月17日
SMITH,F.	301	75	2月18日
SMETH,S.	103	65	2月16日
WHITE,G.	115	75	2月16日

表2-9　PMS计算机终端屏幕上显示的某天的客人姓名和团队名称

离店客人3月9日
DEPARTURES 03 09

客房 ROOM	姓名 NAME	备注 COMMENTS
207	SMITH,Y.	格瑞特公司
208	ANAHOE,L.	格瑞特公司
209		度假
211	LISTER,B.	仁爱医院
215		度假
233	CRAMER,N.	克拉特保险公司
235		度假
301	SAMSON,N.	度假
304		仁爱医院
319	DONTON,M.	约翰逊旅游团
321		约翰逊旅游团
322	ZIGLER,R.	约翰逊旅游团
323		约翰逊旅游团
324	ASTON,M.	约翰逊旅游团
325	BAKER,K.	约翰逊旅游团
326	BAKER,P.	约翰逊旅游团

　　选项8——"贵宾"给总台工作人员提供了有关重要客人的一些信息（表2-10）。虽然对酒店来说所有客人都很重要，但经常光顾酒店的一些重要客人希望受到特别款待。这些客人或是名人或是政界要员，他们都希望用最快的速度办理入住登记手续。如果在接受预订时就能获得这些信息，将会给预订员的工作带来很大的帮助。

表2-10　PMS计算机终端上显示的贵宾表列出了客人的特殊要求

巴克利·弗兰克 M/M

格兰尼开发公司

地址：2234 WEST RIVER DRIVE

GRANITE,TN 00000

000-000-0000

偏好129、130号套房或145、146号套房。131或147号房需提供个人保安服务。当客人抵达饭店时通知保安部。

格兰尼开发公司的首席执行官需要一位保姆（有两个小孩，一个5岁，一个7岁）。

通知厨房送奶酪、巧克力饼、葡萄酒和牛奶；通知礼品店给巴克利夫人送黄玫瑰。

向格兰尼公司直接划账（时代饭店，账号420G）。

公司地址：301 THOMPSON DRIVE,GRANITE,TN 00000

选项9——"客房出租率预测"给酒店的各部门提供了将来某天将要入住的客人数量（表2-11）。选项10——"旅行社代理"可以使预订员了解有关旅行代理人的或是代理预订的旅行社的信息（表2-12）。有些旅行社为酒店代理预订，所以酒店向这些旅行社支付一定的费用，该选项可以简化酒店向旅行社支付费用的手续。而且这一选项和PMS的"应付账款"模块相连。选项11——"客人留言"能使总台员工在办理入住登记手续时将一些重要信息传达给客人（表2-13）。这是酒店向客人表示无微不至的关心的另一途径。

表2-11　PMS计算机终端上显示的客房出租率预测信息

客房出租率预测12月18日
PROJECTED OCCUPANCY　12　18

确认预订 CONE RES	42 间	50 位客人
担保预订 [1] GUAR RES	89 间	93 位客人
延期离店房 [2] STAYOVERS	50 间	85 客人
散客房 [3] WALK-INS	35 间	50 位客人
总计 TOTALS	216 间	278 位客人
客房出租率 OCCUPANCY	86%	客房收入 ROOM INCOME　　15120 美元

1. 约翰逊宇航协会将在晚上10点以后抵达。

2. 斯密尔公司将用早餐，并举行晚宴。

3. 枪骑邮票展将在圣托马斯饭店举行。

表2-12 PMS计算机终端上显示的旅行社信息

	旅行社信息 TRAVEL AGENT INFO			
日期 DATE	旅行社 AGTIVITY	代理人 AGENCY	业务 AGENT	付款日期 PAY DATE
9月23日	MENTING #4591 32 KAVE SIMINTON,NJ 00000 000-000-0000	BLANT,E. #4512 B	5位担保预订客人 平均房价为70美元	9月30日
9月30日	MENTING	CROSS,L.	10位担保预订客人	10月5日
2月1日	MENTING #4591	CROSS,L. #4501 B	20位担保预订客人 平均房价为65美元	2月10日
2月5日	MENTING #4591	BROWN,A. #4522 B	10位担保预订客人 平均房价为70美元	2月15日

　　这些例子只是简单地说明了PMS预订模块大致的一些功能。如果对PMS有了很多的操作经验，它就会变成你真正的管理工具。能对预订数据进行有效管理的前厅经理把成千上万的细节归纳组合成有用的信息。这些信息不但能帮助酒店更好地为客人服务，同时为酒店带来可观的经济效益。

表2-13 PMS计算机终端上显示的客人留言信息

留言——客人 MESSAGE-GUESTS
布林克 · W.L.　　　　1月2日　　　　中午12:57
汤姆 · 威斯汀先生不能在1月2日晚上7:00抵达饭店。请务必在1月2日晚上7:00以前打电话给他，请他将21-Z号研究计划的有关数据带来。　　　S.W.E.
布林克 · W.L.　　　　1月2日　　　　中午1:38
詹利弗 · 豪将按原定计划于下午5:00与您在时代饭店的大堂酒吧会面。请将21-Z号研究计划的有关数据带来。　　　S.W.E.

第四节　客房预订的控制

一、客房预订信息预报

（一）客房信息预报的作用及责任者

客房预订信息处理及预报是客房预订的最后一环，又是前台客人入住接待的前提，它起着承上启下、举足轻重的作用。预订处的设立是为了保证接待处能更多地出租客房。预订处必须及时了解接待处出租房间的情况和房间状况，否则，就无法准确控制预订；接待处也要经常了解客房预订的情况，否则，就无法保证在销售客房中不出差错。因此这两个单位之间必须随时互相沟通，尤其是手工式操作的酒店，必须强化这方面的工作，应借助有关信息报表，使工作准确无误，达到优质高效。

一般情况下，较长时间的客房预报由营销部和前厅部协作完成，如两周以上的预报；而较短时间的预报由前厅预订处和接待处协作完成。

（二）客房预订信息预报的实施

（1）预订处必须每天将客房预订情况及预订客人的资料等提前一天或数天预报给接待处，使其做到心中有数，准确地将房间销售给客人。

（2）预订员要在每天早晨到接待处核对房间控制情况，了解客人离店时间和各类客人预订住宿天数，与预订控制表对照比较，防止客房预订和已住客房发生冲突；或由接待处将前一天的房间情况向预订处报告，使其了解和掌握可销售客房的情况。

（3）如果客人预订时指定要某房号的房间，若可能，预订处必须事先分房；或与接待处联系，若可以，请接待处留意保证该房；若不行，则向客人做多方解释与协调。

（4）如果未经预订的客人要求住店，特别是要求住宿几天以上的，前台接待员应主动与预订处联系，防止与客房预订发生冲突，引起预订纠纷。

（5）接待处每天早晨将前一天的"无到"（No-Show）名单整理成两份，一份送预订处作为计算临时取消率的资料，一份存档。"无到"客人的预订做失效处理，已交预订金的，按规定做没收补偿处理。

采用计算机系统的酒店，处理这方面的问题就不那么烦琐，各部门之间均可以通过计算机终端显示沟通。

以下是一部分常用的客情预报资料表格（表2-14、表2-15、表2-16）。

表2-14　次日预期抵达客人名单

_____年___月___日

预订号	序号	客人姓名	房间数	房间类别	抵达时间航班	预期离店日期	备　注
1							
2							
3							

表2-15　次日预期离店客人名单

_____年___月___日

预订号	序号	客人姓名	房间号	预期离店日期	预期离店时间	备　注
1						
2						
3						

表2-16　10天客情预报表

日期	1	2	3	4	5	6	7	8	9	10
星期										
预抵散客										
预抵团队										
散客离店										
团队离店										
延期住宿散客										
延期住宿团队										
待修房										

续表

日期	1	2	3	4	5	6	7	8	9	10
已满房数										
预计差异数										
预计出租数										
预计出租率										
预计空房间数										
内部用房										
可用房间总数										

二、超额预订

酒店实现了客房预订，并非所有的客人都能按约如期到达。经验告诉我们，即使酒店的客房全部都预订出去，仍会有一小部分预订者因各种原因不能按期抵达或临时取消（这些客人被称为"不兑现客人"），从而使酒店出现空房，由此延误出租而造成一定损失，因为客人的预订不可能都是保证类预订。酒店为追求较高的出租率，争取获得最理想的经济效益，有可能或有必要实施有效的超额预订（Over-Booking）。

（一）超额预订的含义及作用

所谓超额预订是指酒店在预订已满的情况下，再适当增加预订的数量，以弥补少数客人临时取消预订而出现的客房闲置。超额预订既是酒店经营管理者胆识与能力的表现，又是一种有风险的行为。关键是如何有效地实施超额预订，避免或最大限度地降低由于失误而造成的麻烦。

（二）"不兑现客人"给酒店客房收入造成的损失

酒店经常会遇到延迟入住、没有入住、临时取消预订和提前退房等情况。为减少因这些情况给酒店造成的损失，酒店有必要实行超额预订，当然，超额预订一定是在需求旺季才会出现。

如果客人订了房间，但比预计到达的时间晚了一两天才入住，这种情况称为延迟入住（Delayed Check-in）。如果客人订了房，但没有来入住，也未通知酒店取消预订，这种情况称为没有入住（No-show）。如果客人在预计抵达日当天或前一两天通知酒店取消预订，称为临时取消（Short-notice Cancellation）。如果客人本来预订要入住若干天，但临时改变主意提前退房，这种情况称为提前退房（Early Check-out）。

在现实生活中，由于客人的旅行计划受到多种因素的制约，如自己或家庭成员身体不适，或者公司工作安排变动，以及恶劣天气的影响等，客人会出现上述"不兑现"的情况，这些情况是不可避免的。这会导致酒店空房增多，收入减少。如果不采取防范措施，让其长年累月反复发生，必然使酒店遭受很大的损失。

案例丨 🔍详情

客人"不兑现"对酒店收入的影响

某酒店的统计资料表明，一年52个星期中，该酒店有45个星期二的客房出租率为95%，38个星期三的客房出租率为96%，25个星期四的客房出租率为95%，20个星期一的客房出租率为96%。该酒店共有300间客房，以上出租率离100%很接近，酒店只要多出售12～15间客房便可住满。根据该酒店的市场条件，它是完全有可能做到的，可是为什么这些天客房出租率没有达到100%呢？

通过进一步研究，其实上述日子该酒店的客房全部被预订了，部分客房出现空置其实是因为一些客人出现了"不兑现"现象。这些客房的空置在一年内给酒店收入造成多少损失呢？计算结果显示，该酒店收入因此减少了50万美元！

表2-17 某酒店××××年客房收入损失分析表

单位：美元

	星期一	星期二	星期三	星期四
平均客房出租率	96%	95%	96%	95%
平均损失的客房出租率	4%	5%	4%	5%
平均每周客房空置数量	12	15	12	15
一年中客房空置的周数	22	45	38	25
一年中客房空置数量	264	675	456	375
需求最高时的平均房价	266	292	283	276
一年中损失的客房收入	70353	197100	129048	103500
一年中客房空置总量	1770			
一年中损失的客房收入合计	500001			

该酒店当年的客房收入大约是 1000 万美元，因为一些客人的"不兑现"现象，使该酒店损失 50 万美元，相当于总收入的 5%，这个数字不是小数，值得注意。更应该考虑的是，如果类似的情况年复一年地出现，损失就更不可估量。对于一个拥有 10 家、20 家甚至 30 家类似该酒店那样的酒店集团来说，每年的损失将是 50 万美元的 10 倍、20 倍甚至 30 倍，难以想象！

通过上述案例的分析，不难理解酒店实施超额预订的必要性。

（三）实施超额预订必须关注的事项及运作

做好超额预订的关键在于掌握超额预订的数量和幅度。按国际酒店的管理经验，超额预订的百分数可以是 5%～15%。实施超额预订时应注意分析掌握以下三组比例关系。

（1）团体预订和散客预订的比例。团体预订一般指由国内外旅行社、专业会议、商业机构等事先计划和组织的用房预订。他们与酒店签订预订合同，双方愿意共同履行契约，可信度较好。因此，预订不到或临时取消的可能性很小，即使有变化也会提前通知。而散客是由个人预订，一般支付定金的不多，随意性很强。所以，在某段时间团体预订多、散客预订少的情况下，超额预订的幅度不可过大；反之，在散客预订多而团体预订少的情况下，超额预订的数量不宜过少。

（2）预订类别之间的比例。为了维护酒店的声誉，取信于客户，酒店在具体实践中，往往把保证类和确认类预订视为准确预订，做"预订契约"处理，应最大限度地保证客人的住房要求，尤其是保证类预订，必须确保；酒店对其他的预订视为意向性预订，届时若发生纠纷，酒店不向客人承担经济责任，若客人不按时抵达，酒店也不向客人要求赔偿。所以，如果在某一时期准确预订多而意向性预订少，超额预订的幅度不宜过大；反之亦然。

（3）预订不兑现客人的比例。预订不兑现客人包括：预订不到者（No-show），临时取消者（Cancellations），提前离店者（Under-stays），逾期留宿者（Over-stays），提前抵店者（Early-arrivals）。如果前 3 种客人比例高，后两种客人比例低，则超额预订的数量不宜过少；反之亦然。

对以上各种因素进行综合分析，并结合过去、近期的实际和对将来一段时间客人情况的估计，做出正确判断，这样才可能使超额预订工作做得恰如其分。

下面是超额预订的计算公式及其运用，这为合理掌握超额预订的数量和幅度提供了参考依据，其公式如下：

$$O = Q \cdot r - D \cdot f$$

式中：O 为超额预订量，Q 为客房预订量，r 为临时取消率，D 为预计离店后空房数，f 为延期住宿率。

例：某酒店有客房 500 间，根据资料统计分析，5 月 15 日预计客人离店后有空房 200 间，因进入旅游旺季，申请预订的用房数为 480 间。另外，据前台预订历史资料分析，酒店在旺季延期住宿率为 6%，临时取消率为 10%，求预订处在 5 月 15 日可超额预订多少间？超额预订率是多少？

解：

超额预订量 $O = Q \cdot r - D \cdot f$

$$= 480（间）\times 10\% - 200（间）\times 6\% = 36（间）$$

超额预订率 $= \dfrac{超额预订量}{可供房数} \times 100\%$

$$\dfrac{36\ 间}{500\ 间} \times 100\% = 7.2\%$$

三、客房预订政策

（一）客房预订政策的作用

制定预订政策是酒店管理机构的任务。预订政策使预订工作有章可循，指导预订工作顺利进行；同时是处理预订中发生纠纷的依据与规则。预订政策的制定，一方面能满足客人的要求，保护客人的利益；另一方面又有利于酒店的经营管理，保护酒店自身的合法权益。

（二）客房预订政策的主要内容

（1）酒店预订规程。预订操作程序，接受预订的数量、期限，团体客人与散客预订的比例，超额预订的比例等。

（2）预订确认。确认的对象、确认的时间、确认的方式等。

（3）预订金收取。收预订金的对象、定金的形式与数量、限期或分段收取的方法等。

（4）预订取消。通知取消预订的期限、预订金的退还办法等。

（5）酒店对预订客人应承担的责任。因工作差错、超额预订失误等而引起客人无法入住的处理规定。

（6）预订客人应承担的责任。未能如约而来、逾期到达、迟缓通知、取消或更改预订的处理规定等。

四、预订契约及纠纷处理

预订契约是指在客房预订确认后，酒店与客人之间产生的一种契约关系，这是一种约定俗成的契约。据此，酒店有义务和责任向客人提供预订的房间，而客人则支付酒店规定的房费。但如同任何决策和工作一样，由于情况多变，失误总难以避免，而且往往会使人防不胜防。

（一）预订工作中容易产生的纠纷及其原因

（1）酒店未能正确掌握可出租房的数量。要表现为：与前台分房组、营销部的沟通不畅；与预订中心系统及预订代理处的沟通不良；客房状态的显示不正确等。

（2）记录、储存的预订资料出现差错或遗失。具体有：日期错误；姓名拼写错误；遗漏；存档的顺序错误；变更及取消的处理不当；房间种类、房价差错；特殊要求差错等。

（3）预订员对房价的变更及有关销售政策缺乏了解。

（4）未能满足客人的要求。主要有：因疏忽、遗忘而未能最终落实客房；对行业术语的理解不一致及业务素质不高而造成的失误。

（5）实施超额预订不当而造成的差错。表现为：过高估计了预订未到客人的房间数；过高估计了临时取消预订的房间数；过高估计了提前离店客人的房间数；过低估计了延期离店客人的用房数等。

（二）纠纷处理及控制方法

（1）纠纷处理。对于持保证类预订或确认类预订在规定时间里抵达的客人，由于种种原因而导致客人没有房间的，通常采用如下方法解决：诚恳地向其解释原因并致歉意；征得客人同意后，将客人安排到其他同类型或档次高于本酒店的其他酒店，并负责提供交通工具和第一夜的房费；如客人同意，将搬回本酒店的时间告诉客人；免费提供 1～2 次长话费或电传、传真费，以便客人能将临时改变住宿地址的消息通知有关方面；临时保留客人的有关信息，以便向客人提供邮件及查询服务；做好客人搬回本酒店时的接待工作，如大堂值班经理欢迎、房内放致歉信、赠送鲜花水果等；向预订委托人发致歉信，对造成的不便表示歉意，并希望客人以后有机会再次光临；事后向提供援助的酒店致谢。其他预订种类的客人届时无房提供时，应热情礼貌地向客人说明，帮助推荐其入住其他酒店，并欢迎客人第二天如有空房时入住本酒店。

（2）纠纷的控制方法。加强对预订员及其他有关人员的培训，提高其工作责任心和业务素质；不管是手工操作还是采用计算机操作的酒店都应用预订单记录客人的预订要求，如是电话或面谈预订，应复述客人的预订内容，解释酒店专用术语的确切含义及有关规定，避免出现错误、遗漏或误解；由专人负责标注客房预订总表或将预订信息按要求输入计算机；建立和健全与分房处等保持有效沟通的制度，前台分房处应正确统计可租房的数量，及时掌握预订未到、提前抵店、延期离店、未经预订直接抵店、临时取消及住店客人换房等用房变化数，每天应按时将上述统计数字通知预订处；加强对预订工作的检查，避免错误地存放预订资料；对预订的变更及取消预订的受理工作应予重视；加强与预订中心、预订代理处的沟通；结合本酒店实际及行业惯例，完善预订政策、预订工作程序及有关报表及规定，调整相关人员的职位，做到人尽其才。

本章小结

开展客房预订不但是客人的要求，对酒店自身的经营管理来说同样具有重要的意义。

预订部在酒店客房销售工作中扮演着重要角色，其主要承担着预订的管理与维护、协助客房的收益管理、负责发出客情信息预报和佣金管理控制的工作。

客房预订的直接渠道主要有：①客人本人或委托他人或接待单位直接预订；②旅游团体或会议的组织者直接预订；③旅游中间商作为直接用户向酒店批量预订。直接渠道预订的方式有：面谈、信函、电话、传真、国际互联网等。

客房预订的间接渠道主要有：①通过旅行社预订；②通过航空公司及其他交通运输

公司预订；③通过专门的酒店代理商预订；④通过会议和展览组织机构预订。

客房预订的类别一般分为两大类：一类是非保证类预订，包括：临时类预订、确认类预订、等候类预订；另一类是保证类预订，即客人通过预付定金来保证自己的预订要求。保证类预订的定金形式主要有：信用卡、支票、汇款、商业合同等。

客房预订的程序大致是：①受理预订请求；②无法满足需求时的处理；③提供有关房间及酒店的信息；④记录并确认客人预订；⑤客情信息预报。

客房预订信息处理及预报是客房预订的最后一环，又是前台客人入住接待的前提，它起着承上启下、举足轻重的作用。

超额预订是指酒店在预订已满的情况下，再适当增加预订的数量，以弥补因少数客人临时取消预订而出现的客房空置。实行超额预订的关键是避免或最大限度地降低由于失误而造成的麻烦，其考虑的因素主要是：掌握团体客人与散客预订的比例，掌握预订类别之间的比例；掌握预订不到者、临时取消者、提前离店者、逾期留宿者、提前抵店者之间的比例等。

预订政策的制定使预订工作有章可循，同时是处理预订中发生纠纷的依据与规则，主要包括的内容是：预订规程、预订确认、预订金收取、预订取消、酒店对预订客人应承担的责任、预订客人应承担的责任等。

预订工作中容易产生的纠纷原因主要是：①酒店未能正确掌握可出租房的数量；②记录、储存的预订资料出现差错或遗失；③预订员对房价的变更及有关销售政策缺乏了解；④未能满足客人的要求；⑤实施超额预订不当而造成的差错等。

❓ 复习与思考

一、问答题

1. 从哪些方面把握预订部的角色？
2. 通过直接渠道的预订有哪几类？其预订方式有哪些？
3. 酒店可以通过哪些间接渠道开展预订业务？
4. 现代电子信息技术给酒店开展预订业务带来了哪些机遇？

5. 什么是保证类预订？其担保形式有哪些？

6. 简述预订程序及各程序中的要点。

7. 造成客房价格差异的因素有哪些？如何理解这些因素？

8. 如何处理保证类预订客人抵店后无房可供而引起的纠纷？

9. 什么是超额预订？如何理解"不兑现客人"造成的酒店收入损失？

10. 酒店的预订政策涉及哪些方面？

二、案例讨论题

酒店预订不兑现，客人投诉索赔偿

春节期间，某公司组织员工前往旅游热点城市度假。为保证旅途顺利，该公司提前一个月便派员前往该城市预订了住房。应某三星级酒店的要求，该公司还向该酒店交纳了定金。该公司组织员工出发旅游，一路顺利。不料，当旅游团到达该酒店登记入住时却被告知，因春节期间客源旺盛，该公司预订的客房已全部售完，无房可供。对此情况，该公司十分不满，与酒店进行交涉。酒店对此表示歉意，并表示愿意帮助联系其他酒店。但此时各个酒店均已客满，只能安排入住一家单位的招待所，条件十分简陋。为此，该公司要求酒店予以赔偿。酒店则表示，此情况的发生属于酒店"超额预订"所造成的，而"超额预订"是酒店行业的通行做法，是酒店业经常采用的预订策略，对此可以退还定金，但不承担赔偿责任。该公司向旅游行政管理部门投诉，要求责令酒店双倍返还定金并承担违约责任及赔偿损失。

案例讨论及思考：

1. 该酒店以"超额预订"为理由拒绝承担违约责任及赔偿损失是否妥当？为什么？

2. 客人要求酒店双倍返还定金并承担违约责任及赔偿损失是否符合法律规定？

三、实训题

1. 选择 3~5 家国际酒店集团的官方网站，试着利用互联网预订其酒店客房，对于要求填写的信息可以填至输入信用卡号码为止，在确信了解了酒店的取消预订规定前提下，方可使用信用卡进行预订酒店体验，并确保酒店事后能将你的信用卡预授权取消。

2.就上述的预订体验而言，分析以下问题：

（1）网页链接的速度（上网点击后计时测定）。

（2）搜索集团旗下酒店的方便程度（搜索条件是否丰富等）。

（3）是否重视对集团旗下品牌的宣传。

（4）目的地酒店信息丰富程度（客房、餐饮、会议、娱乐、酒店周边信息等）。

（5）有丰富清晰的可视信息。

（6）是否有会员登录资格或积分奖励政策。

（7）是否承诺网上预订最低价格担保。

（8）预订信息填写的方便程度（是否令人觉得很麻烦）。

（9）房间种类及房价的可选择性如何。

（10）有无可供选择的支付方式。

（11）是否提供多种确认方式。

（12）网上预订过程的指导性如何（是否让人觉得不知该如何操作）。

（13）网页设计的美观程度。

第三章

客人抵店——礼宾服务与入住登记

学习意义 客房产品生产与消费的同一性，使得酒店客房的销售对销售渠道的依赖性变得更强。客人通过各种方式在抵店前办理完客房预订手续后，接下来就将到酒店入住并开始体验在酒店的住宿经历。客人抵达酒店门口时第一个面对面接触的人员就是礼宾部的员工，其热情、礼貌、得体的言行举止将会给客人留下难忘的第一印象。前台员工在工作中首先要扮演销售人员的角色，将酒店的产品如客房、设施、服务等销售给客人，前台员工还应该学习怎样和何时在没有压力的方式下向客人推销及从客人的观点和表达的意愿中引导消费、增加消费。

内容概述 本章主要立足于前厅对客服务和客房销售的角度从酒店门口的礼宾迎送、前台接待、房态控制、入住接待及客房销售技巧等方面来阐述前厅的客房销售工作。

学习目标

知识目标

1️⃣ 了解礼宾部迎送客人的要点。

2️⃣ 掌握客房类型和客房销售中的术语。

3️⃣ 掌握客人入住登记的程序与方法。

能力目标

1️⃣ 能为散客、团队、贵宾、行政楼层客人办理入住登记。

2️⃣ 能灵活运用各种销售技巧促进客房产品的销售。

被遗忘的房间

某市一家四星级酒店曾发生过这么一件怪事：12楼好端端的一间客房闲置了一个多月没有出租！因为该酒店从总台到楼层的所有人员基本上就把这个房间给忘了。一个多月的时间里，这个被遗忘的1205房究竟做什么用，为什么长期没有出租，不曾有人过问。

当然，这也是"事出有因"。原来，在一个多月前的一天，1205房曾经有几个年轻人在房内吸毒被举报，公安部门将这几个年轻人带走后交代楼层的一位服务员说："这个房间先封锁起来，过后我们还要来全面检查。"这位服务员当然不敢再进房整理，而且通知前台先将该房按公安部门的要求予以封存，前台也照办了。

由于当时几个年轻人开的是一天的房，开房时就把账给结了，所以当前台封存这个房间时只能以"内部用房"的房态显示在计算机系统中，但在交接班本上并未做特别注明。在此后一个多月里，公安部门并没有派人来重新检查该房间，也没有哪一位相关服务人员想起这件事，更没有哪一位管理人员每天例行查阅房间状态时对长期作为"内部用房"的1205房提出疑问。于是房间就这样"沉睡"了一个多月，后来由一位房务服务员偶然问起才被发现。

1. 案例中的这种问题会对酒店造成怎样的损失？
2. 造成这种问题的原因有哪些？

第一节　客人抵店时的礼宾服务

礼宾服务，由法语"Concierge"一词翻译而来，又可译为委托代办服务。为了体现酒店的档次和服务水准，许多高档酒店都设立礼宾部迎送客人及提供各类委托代办服务。迎接客人是礼宾服务的重要职责，主要由机场代表、迎宾员、门童、行李员提供。为了表述的连贯性，在本节中我们将一并介绍礼宾人员为客人送行的服务要点。

一、机场代表服务要点

（一）机场代表接机服务要点

机场代表服务英文为 Pick Up Service。酒店在其所在城市的机场、车站、码头设立接待处，并设置机场代表岗位，接送抵离店的客人，争取未预订客人入住本酒店。这既是豪华酒店的配套服务，也是酒店根据自己的市场定位所做的一项促销工作。机场代表迎接客人的服务程序见图 3-1。

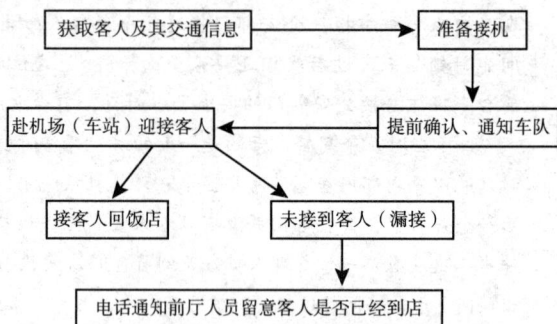

图3-1 店外迎接客人服务程序

作为豪华酒店的一项高规格服务，应注意把握好以下服务要点（以客人乘飞机抵达为例）：

（1）机场代表提前掌握每天预期抵店客人名单（Expected Arrival List，EAL），了解客人姓名、航班、到达时间、车辆要求、接待规格等情况；及时了解航班变更、取消或延迟等最新信息，并通知酒店前台；备好接机牌，正面印酒店的中、英文名称，反面是客人的姓名。

（2）在飞机到达之前，了解酒店接机车辆停泊位置与车牌号码。熟悉酒店车队相关车辆信息。

（3）机场代表必须清楚了解是否有几班航班同时到达。飞机抵达后，应站在接机口处，手持标有客人姓名的接机牌，身着印有明显酒店标志的制服，以引起客人的注意。接到客人后，要向客人做自我介绍，代表酒店向客人表示欢迎，帮助客人提拿行李，安排客人上车。

（4）客人上车离开后，通知前厅行李部有关客人的情况，如客人的姓名、人数、行李件数、乘坐的车号及大概抵店时间等，以便酒店提前做好迎接准备工作。如客人是贵宾（Very Important Person，VIP），机场代表应随车陪同并应提前通知酒店总经理或值班经理在酒店门口准备迎接客人，沿途应向客人介绍城市及酒店信息并随时通知酒店车辆当前的行进位置，以备酒店准备相应的迎接仪式。

（5）如乘客全部出站后仍未能接到客人，也必须在原地等候，并继续向有关方面查询，了解航班是否抵达或是否仍有客人没有出站等，并主动寻找客人。如客人漏接，则应及时与酒店前台联系，查询客人是否已经抵达酒店，并向酒店管理方反映情况，以便及时采取补救措施。

（二）机场代表送机服务要点

（1）机场代表要掌握每天离店的客人信息（On Day Departure List），当客人办理退房手续时，礼宾员电话通知机场代表客人所乘车辆信息及大概到达机场时间。

（2）机场代表在机场迎接客人。

（3）当客人到达时，机场代表上前为客人打开车门，问候客人；并帮助客人提拿行李，护送客人入关并向客人礼貌告别。

（4）电话通知酒店礼宾司客人已安全离开。

（5）准确记录有关客人的全部信息。

二、迎宾员门口迎送服务要点

迎宾员是代表酒店在大堂门口迎送客人的专门人员，是酒店的"门面"，也是酒店形象的具体表现，一般安排身材高大、英俊、目光敏锐、经验丰富的青年男性担任，但也可以由气质、风度好的女性担任。

迎宾员的主要职责包括：以微笑服务迎送客人，为客人提供开、关车门及大堂大门的服务，给客人留下良好的第一印象；协助疏导门前交通，熟悉出租车业务，帮助客人叫车；协助行李员为客人装卸、提拿行李；协助安保人员做好大堂内外安全工作；主动搀扶老、弱、病、残、孕等需要帮助的客人，提供必要服务。

（一）迎宾员迎客服务要点（以乘车客人抵店为例）

（1）当客人乘坐的车辆抵近时，迎宾员要用规范手势示意（切忌大喊大叫），指挥车辆停到方便客人进酒店的位置，同时不影响交通。

（2）待车停稳后，迎宾员迅速跑近开启车门的最佳位置，拉开车门，向客人表示欢迎。如果客人乘的是出租车，应等客人付费完毕后再把车门打开，然后热情地向客人致意问候。要记住常客姓名，用姓氏称呼客人，给客人以亲切感。

（3）开车门时，要用左手打开车门成 70° 左右，右手挡住车门上沿，为客人护顶。开门护顶时必须注意有两种客人不能护顶：一种是信仰佛教的，他们认为手挡在头顶上会挡住佛光；一种是信仰伊斯兰教的客人，因为在信仰伊斯兰教的国家，只有阿訇才可以触碰别人的头部。判断这两类客人应该根据客人的衣着、行为举止和工作经验，如无法判断，可把手抬起而不护顶，但随时准备护顶。

（4）对于儿童、年老体弱和行动不便的客人要主动搀扶他们下车。

（5）如车上装有行李，迎宾员应帮助客人把行李卸下，提醒客人清点行李以防遗留物品在车上，并招呼门口行李员为客人搬运行李，将客人引领入店。

（6）如遇雨天，应主动为客人打伞。

（二）迎宾员送客服务要点

（1）当客人步行离店时，迎宾员应与客人道别并使用祝福的话语，如"欢迎再次光临""祝您一路平安"等。

（2）对乘车离店的客人，迎宾员要把车引至便于客人上车又不妨碍装行李的位置。待行李员将行李全部装上车且客人确认行李件数后拉开车门，请客人上车，护顶，等待客人坐稳后再关车门（注意不要夹伤客人或夹住客人的衣服等，护顶的方法和禁忌与迎接时相同）。

（3）客人离店时，酒店留给客人的最后印象，与客人抵店时的第一印象同等重要。送别客人时要怀着感激的心情，站在汽车斜前方 0.8 ～ 1 米位置，挥手向客人道别，目送客人车子开出以示礼貌。

（三）迎宾员服务注意事项

（1）负责维持大堂外秩序，协助做好安全保卫工作；正确指挥交通，引导和疏散车辆，保证大门前的交通畅通；迎宾员还要回答一般问询，指示方位等。

（2）在下雨天、地面滑或有台阶时，迎宾员要摆放醒目的标识牌或以口头形式提醒客人小心路滑，以防意外，并提供雨伞临时寄存服务，设置伞架、防滑除尘踏垫等。

（3）经常检查门、玻璃等是否处于良好状态，发现问题要及时报修。

（4）要留意出入酒店客人的情况特征，对形迹可疑的人要询问是否有房卡或是否找人等，使客人感到亲切又不会有难堪之处，同时体现出酒店周到的服务。

三、客人抵离店行李服务要点

行李服务是礼宾服务的一项重要内容，一般由行李处负责。主要服务内容包括散客入店及离店行李服务、团队入店及离店行李服务等，行李寄存、换房行李服务等内容将在本书第四章中介绍。

（一）散客入店行李服务程序及要点

（1）散客乘车抵店时，行李员要主动问候客人。帮助客人卸行李，检查、清点行李有无破损和缺少，准确无误后，将大件行李装上行李车，贵重及易碎物品应让客人自己拿好。装运行李时，应注意将大件、硬件、重件放在行李车最下面，小件、软件、轻件装在上面。同时，应注意搬运行李时不可以用力过猛，更不可用脚踢客人的行李。

（2）引领客人到前台办理入住登记手续，引领客人时，应走在客人侧前方两三步处，随着客人的脚步走，在拐弯处和人多时应回头招呼客人。

（3）在客人办理入住登记时，应手背身后，站在前台一侧（客人侧后方，离前台约3米以外的地方）看管行李，等候客人；行李员眼睛要注视着前台接待员，随时做好与接待员衔接工作的准备。

（4）客人登记完成后，应主动从接待员手中领取房卡，引领客人至房间，途中应主动热情地问候客人，并适时介绍酒店的特色，各类服务项目，特别是推广活动等信息。

（5）主动为客人按电梯，让客人先进电梯，行李员进电梯后按好电梯楼层，侧立在电梯按钮一侧，面向客人；电梯到达后，让客人先出电梯，同时提醒客人行进方向，行李员随后提行李跟出。

（6）到达房间时，先向客人介绍如何使用房卡及房卡的其他用途；按酒店的既定程序敲门、开门。

（7）开门后，将房卡插入取电开关，确认房间状况无异常后，再请客人进入。将行李放在行李架上或按客人吩咐放好。如在白天，应为客人拉开窗帘，将房卡交与客人。若开门后客人对房间不满意，应立即与前台联系，为客人迅速换房。

（8）询问客人是否需要介绍房内设施及使用方法。注意选择介绍的内容和介绍方法，避免出现没完没了的空洞介绍，诸如"这是卫生间""这是电视机"等，使客人厌烦。可适当介绍房内空调开关、小冰箱位置及使用方法、网络接口、卫生间冷热水开关及酒店特色设备设施等。介绍时间不宜过长，以免给客人造成索要小费的误解。

（9）介绍完毕，将房卡归还客人，并询问是否还有其他要求，最后祝客人住店愉快。离开房间时，要面向客人退后一两步，再转身走出，面朝房内轻轻将房门关上，再迅速离开。

（10）返回礼宾部，在"散客行李（入店／离店）登记表"（表3-1）上逐项填写并签名。

表3-1　散客行李（入店/离店）登记表

房号	到达时间	件数	送上	离开时间	送出	电话号码	备注	接收签字

审核人：　　　　　　　　　　　　　　　　　　　送件人：

（二）散客离店行李服务程序与要点

（1）当礼宾部接到客人离店需要出行李的通知时，要问清客人的房号、姓名、行李件数及收取行李的时间并记录在散客离店登记表上，决定是否要带上行李车，然后指派行李员出行李。

（2）到达客人房间先按门铃或敲门，通报自己的身份，得到客人的允许后，进入客房，与客人核对行李件数，检查行李是否有破损，如有易碎物品，则贴上易碎物品标识。

（3）弄清客人是否直接离店，如客人需要行李寄存，则填写行李寄存卡，并将其中一联交给客人作为取物凭证，向客人道别，将行李送回行李房寄存保管。待客人来取行李时，核对并收回行李寄存卡。

（4）如客人直接离店，装上行李后，应礼貌地带客人到前台办理结账退房手续。

（5）在总台等候客人办好结账手续后，再次请客人清点行李件数，确认无误后将行李装上车，并提醒客人交回客房钥匙。向客人道别，祝客人旅途愉快。

（6）填写"散客行李（入店／离店）登记表"。

（三）团队入店行李服务程序及要点

（1）当团队行李到达酒店时，由领班向团队行李员问清行李件数、团队人数，并请团队行李员在团队入店登记表上登记姓名和行李车牌号。

（2）行李员与送行李者一起清点行李件数，检查是否有破损和短缺情况，后填写"团队行李登记表"（表3-2），若有破损或短缺，须由领队或全陪和行李员一起确认并签字。

表3-2　团体行李登记表

日期：

编号	楼层	旅行团名称		到达宾馆			离开宾馆		备注（接待人签字）
				交通工具	时间	件数	日期	时间	件数	
1										
2										
3										
4										
总　数										

（3）将行李运到行李房，拴上行李牌，摆放整齐。若需等候客房分配表，则应

用行李网将行李罩住。

（4）根据前台分配的房间号码，分拣行李，并将分好的房间号码清晰地写在行李牌上；与前台团队分房处联系，问明分配的房间是否有变动，如有变动须及时更改。

（5）将写上房号的行李装上行李车，行李送到楼层后，按房号分送行李。装车时应注意：硬件在下，软件在上，大件在下，小件在上，并特别注意有"请勿倒置""易碎品"等字样的特殊行李；同一团队的行李放于同一辆车上，放不下时分装两车，尽量将同一楼层的行李放在同一辆车上；如果某位客人有两件以上的行李，应把这些行李放在同一车上，不分开装车，以免客人误认而丢失。

（6）进入楼层后，应将行李放在房门一侧，轻轻敲门，报出"行李员"。客人开门后主动向客人问好，将行李送入房间，等客人确认后方可离开。如客人不在房间，应将行李先放进房间行李架上。

（7）如发现行李出错或件数不够，应立即报告当班领班或主管，并帮助客人查清。

（8）送完行李后，将每间客房的行李件数准确登记在"团队行李登记表"中，并按团队入店单上的时间存档。

（四）团队离店行李服务程序及要点

（1）接到团队行李离店的通知后，将行李离店的时间准确地记录在交接班的本子上，找出该团入店时填写的行李表进行核对，重新建立一个表格。

（2）按照团号、名称及房间号，在规定的时间内到相应的楼层收取行李。行李员收行李时，应从走廊的尽头开始，可避免漏收和走回头路。

（3）收行李时，应与客人确认行李件数，如不符，则应详细核对，并追查原因。如客人不在房间，则检查行李牌号及姓名；如客人不在房间，又未将行李放在房间外，应及时报告领班解决。

（4）将行李汇总到大堂，再次核对并严加看管，以防丢失。

（5）核对实际收取行李数与记录是否相符，请领队、全陪过目，并签字确认。

（6）认真核对要求运送行李的团名、人数等信息，核对无误后再交与来人并装车，并请来人确认签名，行李员同时签名。

（7）行李搬运上车。

（8）领班将团队离店登记单归档。

第二节 客人入住登记

入住登记（Check-in）作为酒店与客人建立正式租用房间契约关系的重要一环，在整个前厅部运行管理与对客服务中起着重要的作用。在这个环节中，客人得到了满意的房间并借此开始了一段居家之外的住宿经历，酒店则借此机会得以向客人展示酒店的各类设施及服务，并得以获得良好的声誉及经济效益。

一、房间类型与状态术语及应用

在大多数国际酒店和国内各类酒店中，入住登记涉及许多专用术语，了解这些术语及其应用对于掌握入住登记的方法与技巧有很大的帮助。需要说明的是，这些术语是基于那些提供全方位服务的高级酒店（Full service hotel）及运用了计算机管理系统的酒店而言的，大多数术语是通用的，个别术语在不同的计算机管理系统中或个别酒店中会有不同的说法。对于前台接待员来说，对本酒店的房间类型及前台客房销售专业术语的掌握是最基本的一项要求，同时是做好客房销售工作的前提。

（一）酒店房间类型术语

1. 豪华房

豪华房总称 Deluxe room。根据房间特点又可以细分为以下几种，下列表述中的英文缩写在前台客房销售中非常有用，因为在大多数计算机管理系统中均是用英文缩写来表示某一种房间类型的。

（1）豪华无烟大床房（Deluxe Non-smoking King Bed room，DNK）；

（2）豪华吸烟大床房（Deluxe Smoking King Bed room，DSK）；

（3）豪华无烟双人房（Deluxe Non-smoking Twine Bed room，DNT）；

（4）豪华吸烟双人房（Deluxe Smoking Twine Bed room，DST）。

2. 行政客房

行政客房总称 Executive room。根据房间特点又可以细分为以下几种：

（1）行政豪华无烟大床房（Executive Non-smoking King Bed room，ENK）；

（2）行政豪华吸烟大床房（Executive Smoking King Bed room，ESK）；

（3）行政豪华无烟双人房（Executive Non-smoking Twine Bed room，ENT）；

（4）行政豪华吸烟双人房（Executive Smoking Twine Bed room，EST）。

3. 行政小套房

行政小套房总称 Executive studio，根据房间特点又可以细分为以下两种：

（1）行政豪华无烟小套房（Executive Studio Non-smoking King Bed room，SNK）；

（2）行政豪华吸烟小套房（Executive Studio Smoking King Bed room，SSK）。

与其他房型相比，行政小套房通常设置一个单独的影音播放区域，该区域与床之间用一块屏风相隔，有一个相对独立的电视娱乐和沙发休息区。

4. 行政套房

行政套房总称 Executive suite，根据房间特点又可以细分为以下两种：

（1）行政豪华无烟套房（Executive Non-smoking Suite，ENS）；

（2）行政豪华吸烟套房（Executive Smoking Suite，ESS）。

与其他房型相比，行政套房多了一个单独的会客室，这样一来起居室和会客室相对分开，对于那些带家属一起来外出办公或者带小孩外出旅游的夫妻来说，行政套房是最好的选择。此外，会客室里有一个小型客用卫生间，方便会客时供客人使用。

5. 总统／主席套房

在国际五星级酒店，出于安全考虑，总统套房的房号往往是一个单词，或者就叫 Presidential Suite/Chairman Suite。

总统套房的面积大小不一，一般来说应在 150m^2 以上。总统套房一般位于酒店的最顶部，有着最好的景观，隔音效果好。由起居室（Bedroom）、会客室、健身房、办公区域、餐厅（Dining room）和盥洗室组成，有的总统套房还会配有全景浴缸、桑拿、蒸汽淋浴、吧台、雪茄吧、SPA 房等设施设备，其设施设备的多少不同的酒店各不相同。

相关链接　🔍详情

国家标准《旅游饭店星级的划分与评定》中
对豪华套房的标准规定

豪华套房代表酒店客房产品的最高水平，其设计应关注私密性、舒适性和文化性。一般情况下，不同开间套房的功能设置为：

三开间豪华套房的使用面积应不低于100平方米，通常由客厅及卫生间、独立的书房或餐厅、卧室及卫生间组成。

四开间豪华套房的使用面积应不低于150平方米，通常由客厅及卫生间、独立的书房或餐厅、主卧室及卫生间、副卧室及卫生间等功能空间组成。

五开间及其以上豪华套房的使用面积应不低于240平方米，通常由客房及卫生间、独立的书房、独立的餐厅（含简易厨房）、主卧室及卫生间、副卧室及卫生间、步入式更衣间等组成，并可根据实际需要增设随从房及卫生间、康乐用房等功能空间。可配备直达该区域的专用电梯。

豪华套房的设计应关注：

第一，安全与私密。豪华套房应远离电梯口和人流活动频繁的区域，一般应位于楼层尽头，自成独立系统。房内布局合理，主卧室和副卧室应置于相对集中区域，私密性良好；配置卫生间和更衣间，形成相对私密的环境空间。豪华套房应科学规划流线，入口不得直视会客区域，访客经套房入口进入客厅，其行走路线不可穿越卧室区域，服务流线应与客人进出流线分隔等。

第二，舒适与方便。豪华套房的装修装饰应材质考究、工艺精良，艺术陈设格调高雅、氛围浓郁；光照度合理，隔音与遮光效果俱佳；卫生间采用干、湿分区设计；家具、布草、洁具及卫生间用品等明显高于其他客房配置，高档舒适；应配备与开间数相适应的先进通信和网络设备；电器、空调、网络、照明、淋浴等设施设备的控制系统充分体现人性化设计，方便使用。

6. 残疾人客房

在国际五星级酒店，出于对残障人士的关注，一般会设有残疾人专用客房（Handicap/Disable room），里面的各种设施设备都依据残障人士的需求量身定做。例如所含有的灯光按钮都是按照轮椅的高度安装的，有专用的卫生间、低矮的床等。

相关链接 🔍详情

国家标准《旅游饭店星级的划分与评定》中
对残疾人客房的标准规定

设置残疾人客房是酒店人文精神的体现。残疾人客房应布置在便于轮椅进出、交通路线最短的地方，一般设在低层酒店的一楼或高层酒店客房区域的最低层，可采用连通房的形式，便于陪护。同时应关注盲人、聋哑人等其他残障人士的需要。

残疾人客房的设施设备配置与安装可以参考以下指标：

（1）客房门。客房门的宽度应不小于0.9米，采用长柄把手，不安装闭门器，分别在1.1米和1.5米处安装门窥镜，门链高度不超过1米。

（2）设备。衣柜挂衣杆不高于1.4米；低位电器开关、插座高度不低于0.6米，高位电器开关、插座高度不高于1.2米；挂式电话安装高度为0.8~1米。宜安装电动窗帘。卫生间及客房内应设置紧急呼叫按钮。

（3）空间。床位一侧应留有不小于1.5米的轮椅回旋空间，床面高度为0.45米。

（4）卫生间。卫生间门宽不小于0.9米；淋浴间面积不小于1.2米×1.2米，应设置0.85米×0.35米×0.45米的安全洗浴坐凳，安装安全抓杆，横式安全抓杆的高度为距地面0.9米；竖式安全抓杆的高度为距地面0.6～1.5米；水流开关安装高度为0.9米。

7. 无烟楼层

目前绝大多数高星级酒店均设有特定的无烟楼层（Non-smoking Floors），这样就避免了客人因在楼层走廊里闻到烟味而造成的投诉。

（二）客房销售中的专业术语

酒店的客房随着客人的入住、逗留、离去以及酒店内部工作的需要等情况而处于各种状态之中。前台接待处只有掌握并控制好酒店即时即刻的客房状态，才能准确、高效地进行客房销售。同样，下列表述中的很多英文术语及缩写在前台客房销售中也非常有用，因为在大多数计算机管理系统中均是用这些专业术语或缩写来表示房间状态或专用名词的。

（1）当日离店房。即将要办理结账离开的房间，但是客人还没有结账也没有离开房间，此时，房间的状态显示为Due out。在Opera系统中，当天要退房的客人，房态（room status）均为Due out。

（2）免费房。为了促进酒店与某些客人和公司客户的良好关系，有时也是为了激励某些有过投诉的客人继续入住酒店，在事先获得总经理的批准后，酒店将向客人提供免费客房（Complimentary）及其他服务。

（3）公司价。一些与酒店一贯保持密切合作的企业，在预订时会享受的优惠房价（Corporate Rate）。

（4）时租房。时租房（Day use），当日入住，并在当日下午6点前退房。

（5）预期抵店时间/预期离店时间。预期抵店时间/预期离店时间，英文为Expected time of arrival of guest/Expected time of departure of guest（ETA/ETD）

（6）最后一分钟收取费用。最后一分钟收取费用（Late charge）指当客人离店时，又有一笔新的费用被登录到前台计算机管理系统里。此时，客人已经离开酒店，我们要利用一切掌握的信息，告知客人并收取这笔费用。

（7）预订未到。预订未到（No show）指已预订客人在预订日期内未抵达酒店。这种情况一般是没有做担保的预订，如果是担保类的预订，酒店将收取保证金作为客房收益方面的损失的补偿。

（8）借出款。借出款（Paid out）是指将酒店账目上的钱退还到客人账户里（非紧急情况不得使用）。

（9）参观用房。参观用房（Show Room）指前台接待员将指定的客房提供给潜在的客人用以参观，进而促进客房产品销售。

（10）客房免费升级/客房升格销售。客房免费升级（Upgrade）指的是在预订价格的基础上，获得更高等级的客房而不需额外支付差价，主要用于对酒店忠诚客人的奖励或安抚有抱怨的客人而采取的补救措施等情况。客房升格销售（Up-sell）指的是通过说服客人，使其购买酒店现有的更高等级的客房，从而获得更高的客房收益。

（11）接机服务/送机服务。接机服务/送机服务（Transfer in/out）也称为ce/Send-off Service。接机服务需要酒店的豪华轿车将客人从机场接回酒店；送机服务需要酒店的豪华轿车将客人从酒店送到机场。接送机服务根据客人所需车辆的档次有不同的收费标准，但是目前大多数国际酒店会免费提供此项服务作为吸引客人的手段之一。希尔顿酒店集团针对国际商务客人的一项调查显示，有超过71%的客人希望酒店提供接送机服务，从而避免客人往返于机场和酒店的麻烦，同时客人也能很好地提前安排自己的行程而不必为未知的往返交通时间担心。

（12）旅行社收费凭单。旅行社收费凭单（Voucher）指的是客人购买旅行社和航空公司制定的客房、餐饮和 / 或其他特别的服务时所得到的收据或优惠券。客人可以在酒店离店结账时使用。

（13）上门散客。上门散客指那些没有事先预订酒店客房而直接登门入住的散客。

（14）免费赠送品。免费赠送品（Amenity）指那些提供给客人的不需要额外费用的物品或者服务（如水果、鲜花等）。

（15）比邻房 / 临近房。比邻房 / 临近房（Adjoining Rooms）指分享同一个走廊和墙壁的房间，但是两个房间的分隔墙壁上没有隐秘的连通门。入住登记时相伴而来的数名客人可能提出需要此类房间，方便其住店期间彼此的联系。

（16）连通房。连通房（Connecting Rooms）指那些分享同一个走廊和墙壁，并且两个房间的分隔墙壁上有一个隐秘连通门的客房。此类房间特别适合带小孩的家庭旅游者，方便父母照料孩子时不必走到房外就可以进入孩子房间。

（17）延期住宿。延期住宿（Extended Stay）指客人选择延长原定的离店时间，但这个时间一般是以夜计算的，与延迟退房（Late Check-out）有着本质的区别。

（18）超额预订。超额预订（Overbooking）指在客房订满的基础上向潜在客人承诺提供客房的行为。

（19）分别付账。两个或更多的客人入住到同一个房间，但是他们的账单却是独立分开的，这种情况称为分别付账（Share With）。

（20）预授权。预授权（Pre-Authorization）指通过在线信用卡查证机构，冻结信用卡内一定的额度，用来作为客人入住酒店期间的押金。

（21）预授权号。预授权号（Authorization Code）指在进行预授权操作时，在线信用卡机构给予的一个号码，表示批准信用卡授权。

（22）入住登记卡。入住登记卡（Registration Card）是指一份打印好的用于记录入住登记资料的表格。酒店规定，入住登记卡上要有客人的签名。

（23）逃账。逃账（Skipper）是指客人已离店但未结账。

二、为何需要办理入住登记

办理入住登记手续是前厅部对客服务全过程中的一个重要环节，其工作效果将直接影响前厅部功能的发挥。不论酒店的规模和档次如何，客人要入住酒店都必须首先办理入住登记手续。

（1）办理入住手续，签订住宿合约。客人在办理入住登记手续时，必须填写一张由酒店提供的临时住宿登记表，这张表相当于酒店和客人签订的住宿合同。登记表上明确了客人入住酒店的房号、房价、住宿期限、付款方式等项目，还有酒店告知客人的退房时间、贵重物品保管等注意事项。最后，酒店接待员和客人都必须在这张临时住宿登记表上签名确认，这标志着酒店与客人之间正式合法的经济关系的确立。因此，只有完成入住登记手续，酒店与客人之间的责任和义务、权利与利益才能明确。同时，从客房预订的角度来说，只有客人办理了入住登记手续，才使酒店的潜在客人变成了现实的客人。

（2）遵守国家法律有关户籍管理规定。我国有关法律明确规定，在我国的外国人及国内流动人口，在宾馆、酒店、招待所临时住宿时，应当出示护照或身份证等有效证件，并办理入住登记手续才能住宿。酒店管理人员若不按规定为客人办理入住登记手续，是违反国家法律有关户籍管理规定的行为，将受到处罚。所以，办理入住登记手续是酒店遵守有关法律的行为，同时是酒店对国家应尽的义务。

（3）获取住客的个人有关资料。客人办理入住登记手续，填写临时住宿登记表，酒店可以获得住店客人的有关个人资料，如客人的姓名、性别、国籍、住所、工作单位、抵离店日期、付款方式等基本信息。这些个人资料对于做好酒店的服务与管理至关重要，它为前厅部向酒店其他部门提供服务信息、协调对客服务提供了依据，同时为酒店研究客情，特别是创造个性化、人性化的服务，建立客人历史档案提供了依据。

（4）满足住客对房间和房价的要求。办理入住登记手续时，前台接待员通过回答客人的各种问题，可以让客人了解到本酒店的各种客房类型和相应的房价，并可以推荐一些有特色的房间和有优惠房价的房间，客人就可以根据自身不同的情况选择自己满意的房间和房价。所以，通过办理入住登记手续不仅推销了客房，而且满足了客人对房间和房价的要求。

（5）掌握住客结账付款方式及赊账授权，保证客房销售收入。通过客人填写的临时住宿登记表，酒店可以掌握客人的付款方式，从而保证客房的销售收入，保护酒店的利益。掌握付款方式就可以确定客人在住店期间的信用标准，同时可以提高客人办理离店结账手续的服务效率。常见的客人付款方式有现金、信用卡、旅行支票和转账。现金结账要注意现金的真伪；信用卡结账要核实是否是本酒店受理的信用卡，并查看是否过期、适用地区、消费最高限额等；旅行支票结账要核实支票的有效性；转账结账则应向客人说明该单位允许转账的具体消费项目。

（6）向住客推销酒店的其他服务与设施。许多客人在入住酒店前并不十分了解该酒店的服务项目与设施设备情况，这影响了他们的购买行为。接待员在为客人办理入住登记手续时，可以在推销客房的基础上，抓住时机积极向客人介绍酒店提供的各种服务项目与设施设备，以迎合客人的心理需求，方便客人的选择，从而为酒店带来较高的经济效益和社会效益。例如看见客人抱着小孩，可以推荐"托婴服务"；看见客人的衣服不是很整洁，可以推荐"洗衣服务"；如果客人深夜入住但还未用餐，可以推荐 24 小时营业的酒吧或"房内送餐服务"等。要注意的是，推销要根据客人的实际情况并且要适度以免客人产生厌烦情绪。

三、入住登记所需表格及准备工作

（一）住宿登记表

要办理入住登记手续，首先要提供和填写登记表。各家酒店所设计的登记表的形式、大小、内容可能不尽相同，有些酒店国内客人住店填写"旅客住宿登记表"，外国人及华侨住店填写"临时住宿登记表"，有些酒店还专门为团体客人设计了登记表；有些是使用计算机的入住登记表，有些是未使用计算机的入住登记表，有些是输入计算机后打印出的登记单，等等。无论是何种形式，登记表上的项目必须符合两个方面的要求：其一，是国家法律所规定的登记项目；其二，是酒店的运行与管理所需要的登记项目。住宿登记表的基本内容和填写目的如下：

（1）房号。注明房号是为了便于查找、识别住客及建立客账。所以，房号的填写必须正确无误，这对酒店的日常管理、夜审、安全保证也是非常重要的。

（2）房价。房价是客人与接待员在酒店门市价的基础上协商而成的客房价格。房价是建立客人账户，预测客房收入的重要依据。

（3）付款方式。请客人填写付款方式，是为了了解客人最终选择的结账方法，以便决定客人住店期间的信用限额，并有助于加快客人离店的结账速度。

（4）抵离店的日期、时间。正确地记录客人抵离店日期与时间，既有助于结账及提供邮件查询服务，也有助于客房预测及排房工作，还有助于客房部做好迎接与送别等接待服务工作。

（5）地址。掌握客人完整的地址，有利于客人离店后的账务处理以及遗留物品的处理，还有助于向客人提供离店后的邮件服务及便于向推销对象邮寄促销印刷品，有助于客人投诉处理的跟踪服务等。

（6）客人与开房员的签名。客人的签名，是为了让客人对所列项目的内容进行认可与保证，提高了其合法性；开房员的签名，有助于加强其工作的责任心，是酒店质量控制的措施之一。

（7）账单编号。有助于迅速查找出离店客人的账单存根。

（8）有关酒店责任的声明。酒店的有关责任声明一般主要包括：贵重物品的寄存规定、结账离店的时间规定、会客须知、查验证件的要求等。这样有助于责任分明，减少矛盾纠纷，改善店客关系，完善服务环节。

值得注意的是，由于现在酒店普遍使用了计算机管理系统，有预订的客人在入住登记时如果其预订信息没有更改，计算机系统通常可以直接将包括上述大多数信息的住宿登记表打印出来，请客人重点确认其姓名、房间类型、房价、抵离店日期之后签名即可。从而不用再请客人逐项填写住宿登记表上的信息，大大提高了对客服务效率。

（二）房卡

前台接待员在给客人办理入住登记手续时，除了让客人填写住宿登记表外，还会给客人一个印有本酒店名称、标志、地址、电话等内容的折叠式卡片或小册子，这就是"房卡"。

房卡的主要作用是证明住店客人的身份，方便客人出入酒店。在一些酒店，房卡还被赋予一些其他功能，如为区分客人类别，酒店常使用区别于其他房卡颜色或式样的贵宾房卡；根据客人的信用标准，酒店还特别印制一种房卡——钥匙卡，这种卡只证明其持有者的住店客人身份，但不能作为酒店消费场所的签单证明，主要发给没交押金的散客或团体客人。持贵宾房卡和其他种类房卡的客人则可凭房卡去酒店消费场所签单消费，其账单送至前厅收银处入账，退房时一次性结账。但在给客人签单时，各消费场所的收银员一定要核实客人身份及检查房卡是否有效。

房卡的内容（表3-3）主要包括酒店运行与管理所需登记的项目、住客须知及酒店服务设施的介绍，有的酒店还印有酒店总经理的欢迎词、酒店的电话指南、酒店所在城市的简易交通旅游图等。

表3-3　房卡示例

客人须知 For Your Information	房卡 Room Card
• 在总台领取钥匙时请出示此卡。 Please present this card to the Reception. Desk when you get your room key. • 退房时间是中午 12 时。 Checking out time is 12:00 noon. • 前台设有免费的贵重物品保险箱，酒店对客房内的现金、珠宝及其他贵重物品概不负责。 Safe deposit boxes are available free of charge at the Front Desk. The hotel is not responsible for money, jewellery or other valuables in the guest room. • 访客请在晚上 11 时前离开客房。 Visitors are requested to leave guest room by 23:00. • 在房间时请务必挂好安全链，若有客人来访，请在确认来客后再将安全链取下，打开房门。 While in your room, be sure to secure the door with the security bar. When someone comes to your door, check to see who it is before disengaging the bar and opening the door.	姓名 Name＿＿＿＿＿＿＿＿＿＿ 房号 Room No.＿＿＿＿＿＿＿＿ 房价 Room Rate RMB＿＿＿＿＿＿ 抵店日期 Arrival Date＿＿＿＿＿＿＿ 离店日期 Departure Date＿＿＿＿＿＿ 客人签名 Guest Signature＿＿＿＿＿＿ 阁下出示此小册子，在酒店内的消费可签单。 To be presented when signing the bills. 欢迎光临 Welcome

（三）入住登记的准备工作

在帮助客人办理入住登记手续或分配客房之前，接待员必须掌握接待工作所需信息。这些信息资料在客人抵店前一天晚上就应该准备好。在计算机联网的酒店里，这些信息资料不断更新，接待员通过计算机网络可以轻易获取。

1. 房态报告

在客人到店前，接待员必须获得较为具体的房态报告（Room Status Report）。从房态报告中，接待员可以了解现在可出租的客房（如 OK 房）、稍候可供出租的客房（如未清扫的客房）、不可出租的客房（如坏房）情况，并根据此报告排房，避免给客人造成不便。

2. 预期抵店客人名单

预期抵店客人名单（Expected Arrivals List）可为接待员提供即将到店客人的一些基本信息，如客人姓名、客房需求、房租、离店日期、特殊要求等。

在核对房态报告和预期抵店客人名单时，作为接待处的员工，应该清楚以下两件事情，并采取适当的措施：其一，酒店是否有足够的房间去接待预期抵店客人；其二，酒店还剩余多少可出租的房间去接待未预订而直接抵店的散客（Walk-in guests）。

3. 客人历史档案

客人历史档案（Guest History Record）简称"客史档案"。高星级酒店均有客人历史档案，在计算机的帮助下，接待员很容易查到客人在酒店的消费记录，只要客人曾经在该酒店住宿过，根据客人的历史档案情况，即可以采取适当措施，确保客人住得开心。如该客人曾经投诉过房间太吵，这次接待员则应安排一间较清静的客房；如该客人为酒店常客，以前住的是提高接待规格（Upgrade）房间，这次入住酒店较难安排高一档次的客房，酒店则应在客房内摆放一些赠品，比如水果等。

4. 特殊要求的预期抵店客人名单

有些客人在预订时，可能会要求酒店提供额外的设施或服务，接待员必须事先通知有关部门做好准备，恭候客人的到来。如预期抵店客人要求为婴儿配备婴儿床，接待员（主管）则应为客人预先安排房间，然后让客房部准备婴儿床并将其放到指定的房间；客房部还应适当为客人准备一些婴儿用品，如爽身粉等。这一切工作都必须在客人抵店前做好。

5. 预期抵店的重要客人名单

酒店必须对重要客人加以足够的重视。酒店常为重要客人提供特别的服务和礼节，如事先预留客房、免费享受接机／接车服务、在客房办理登记手续及安排专人迎接等。重要客人可以分为：

（1）贵宾（Very Important Person，VIP）。主要包括政府方面、文化界、酒店方面的知名人士等。

（2）公司客户（Commercially Important Person，CIP）。主要指大公司、大企业的高级行政人员、旅行社和旅游公司职员、新闻媒体工作者等。

（3）需特别关照的客人（Special Attention Guests，SAG）。主要指长住客（Long-staying guests）以及需要特别照顾的老、弱、病、残客人等。

6. 黑名单

黑名单（Black List）即不受酒店欢迎的人员名单。主要来自以下几个方面：公安部门的通缉犯名单，当地酒店协会会员、大堂副理的记录名单，财务部门通报的走单（逃账）客人名单，信用卡黑名单等。

四、如何办理散客入住登记

入住散客有两类，一类是有预订的客人，一类是没有预订的上门散客，这两类客人的入住登记程序差别不大，只是在大多数运用计算机管理系统的酒店会对没有预订的散客在计算机系统中为客人做一份预订档案，以备客人将来再次入住时可以直接在系统中调取客人的信息资料以提高入住登记的效率。以下的程序对大多数酒店都是适用的。

（1）问候客人。当客人走到距离总台3m左右的位置时，使用酒店规定的标准问候语向客人表示欢迎，并表示乐于为其提供服务。如：早上/下午/晚上好！先生/女士，欢迎光临****酒店！/欢迎再次光临****酒店！（针对再次入住的客人）我可以帮您做些什么？在问候客人的同时应注意面带微笑并注意适度保持与客人的目光接触，使客人感受到热情的欢迎。

（2）询问住宿要求。问清抵达客人是否有预订房间。如果是预订客人，应礼貌询问客人的姓名，并在入住登记过程中不少于三次使用客人的姓名称呼客人。在计算机系统中调出客人的预订信息与客人确认房间类型、房间数量、房间价格、住宿天数等关键信息，然后请客人出示有效证件为客人办理下一步入住登记手续。如果客人没有预订，应查看计算机系统中显示的可销售房信息，在问清客人需求的情况下，尽量满足客人的住宿要求。然后请客人出示有效证件为客人办理下一步入住登记手续。

（3）验证。扫描客人证件并打印住宿登记表。目前各酒店总台均有与当地公安机关联网的住宿客人信息上传系统，酒店留存了客人证件信息后可自动或手工输入系统，便于公安机关对入境人员及外来人员信息的掌握。如果是境外人员，需要在查验客人护照时重点查看三类信息：客人个人基本信息页、签证有效期和入境时间。然后打印出客人住宿登记表请客人过目并签字。

（4）确认付款方式。与客人确认入住登记表上所示房间的种类、房价及付款方式，如果客人采用现金付款方式，通常酒店会收取客人一部分预付款，预付款的额度计算通常按如下公式：预付款＝间夜房费 × 住店天数 ×1.5。同时为客人开具预付款收据，这样，客人在住店期间在酒店任何营业部门消费时只要签单认可就行，在客人离店时一次性结清账款。如果客人采取信用卡方式付款，接待员必须先确认酒店能否接受客人所持的信用卡及信用卡的有效期等信息，然后利用信用卡授权系统为客人做预授权并请客人在预授权凭单上签字，将凭单与客人的住宿登记单装订在一起存档。

（5）房间钥匙发放。制作房间钥匙并填写房卡。在总台房间钥匙系统上为客人做磁卡钥匙并填写房卡，将钥匙插入房卡双手递给客人并预祝客人住店愉快。

（6）客人进房。引领客人进房。接待员安排行李员引领客人进房。如无行李员，接待员则应将房号告诉客人并指明电梯的位置。在豪华酒店，通常会有客户关系部员工送客人进房间；而在另外一些酒店通常还会有总台接待员直接送入住行政楼层的客人到房间的做法。

客人入住后，相关部门可以通过计算机系统查看入住客人的信息，系统也会自动生成对应客人房间号码的账户用以记录客人住店期间的消费情况。

拓展阅读　🔍详情

某酒店未预订散客入住登记标准流程（SOP）

工作项目	工 作 程 序
欢迎抵店客人	1. 当客人抵达酒店时，首先表示欢迎，有礼貌地问明客人姓名，以便称呼 2. 工作繁忙时，应向客人示意，请客人稍候片刻，并尽快提供服务，如客人已等候多时，应先向客人道歉，然后迅速提供客人所需服务事宜
询问有无预订，判断能否接受预订	1. 客人要求住宿时，首先要查清客人是否有预订 2. 确认客人无预订而酒店仍可接待时，表示欢迎客人的到来，给客人介绍房间类型与房价，并检查客人在酒店是否有特殊价或公司价 3. 如不能接受客人入住，应给客人其他建议
为客人办理入住手续	1. 为客人选择符合要求的房间 2. 请客人出示相关证件，输入计算机系统，并进行公安系统扫描，同时确认客人付款方式 3. 请客人在 R/C 单上签字 4. 根据所选房号制作钥匙，填写房卡，请客人签字，告知客人可凭此卡到西餐厅享用早餐或在其他营业点签单消费 5. 提醒客人保管好钥匙并于退房时交回前台

工作项目	工 作 程 序
提供 其他帮助	1. 在办理入住手续中，要查看客人是否有留言、传真及计算机中注明的特殊要求及注意事项 2. 询问客人是否有贵重物品寄存，并介绍酒店其他服务（如房内宽带上网等） 3. 询问客人联系方式，为客人建立客史档案，方便酒店随时向客人推介酒店近期的特惠活动及其他相关工作的开展 4. 如客人有行李，将钥匙交给行李员，请行李员带客人进房间，并告诉客人电梯的位置，祝客人住店期间开心愉快
信息储存	1. 接待客人完毕后将有关信息输入计算机，通知客房、总机，该房已入住 2. 将填写完毕的 R/C 单第一联交收银，第二联放入抽屉，待夜班复查后按房号顺序存档

五、如何办理团队入住登记

入住酒店的团队类型很多，有旅游团队、商务团队、会议团队等，团队的预订工作通常都是由酒店市场营销部的专门人员（如团队预订协调员）负责接洽和联络的，团队入住前的相关信息已经由销售部汇总完整，前台需要做的就是将团队用房提前在系统中确认好并准备好团队的入住资料，团队抵店时完成相关入住手续即可。下列程序适用于大多数酒店的团队入住登记工作。

（一）准备工作

团体客人抵店前的准备工作有：

（1）根据团体预订要求，查看计算机房态资料，安排团体客房，打印团体用房分配表。

（2）准备信封，信封上标上房号，信封内放客房钥匙、房卡及酒店促销品等。

（3）与客房部联系，了解房间卫生清扫进程。

（4）准备好住宿登记表、团体客人资料表和团体客人入住确认表。

（二）团队抵达

客人抵达时，主动上前招呼、问好。向有关陪同人员询问该团的人数、预订的房间数等，并以最快的速度找出该团的记录。

（三）入住登记

请团队陪同人员协助团体客人填写入住登记表。重新检查房号是否正确，并请陪同人员在"团队入住登记表"上签名。

（四）分房及房间钥匙发放

协助团队陪同人员分配客房及分发房间钥匙、房卡。

（五）确认相关信息

与团队陪同人员确认房间数、房间类型、司机与导游床位数、餐饮安排、叫醒时间及出行李时间等，填写确认单（账单）。

（六）掌握付款方式

了解付款方式。如现付，则请收银员收款；如转账，则应明确转至何单位。

由于团队抵达时大量客人同时办理入住登记会对前台的工作带来不利影响，酒店可能会采用特别的团队抵达接待流程来减少这种不利影响，通常的做法是专设团队接待处和预先发放钥匙包。

专设团队接待处可以看作前台服务的延伸。酒店利用特殊标志来区别某一团体，并单独设立一个服务台或区域来接待抵店的团体客人。

预先发放钥匙包是指在客人抵达之前就开始为他们办理入住登记手续。预先发放钥匙是指提前给客人分配客房并发放钥匙。实际的"钥匙包"仅仅是一些文档资料，客人凭这些资料可以拿到房间钥匙。总台利用先前从团队用房销售部门得到的信用卡/支付信息为客人办理入住登记手续。这种接待流程仅适用于某类特定的账单支付方式。团队销售人员会事先确定团队希望采用的付款方式。有以下三种比较常见的团队付款方式：

（1）签署所有费用（Sign All Charges，SAC）。这种方式允许团队中的每个成员将其所有费用开支"签署"到团队的总账户下，团队会支付所有的费用。如果团队组织者同意采取这种付款方式，那么团队成员就不必再向酒店提供任何付款方式。酒店可以直接向采用 SAC 方式结账的团体发放钥匙包，而不要求他们到总台或专设团队接待处办理入住登记手续。

（2）签署房费和税金（Sign Room and Tax，SRT）。这种方式允许团队为其成员支付房费和税金。这是那些奖励旅游（Incentive Tour Group）团队普遍采用的付款方式。客人仍需要支付房费和税金以外的所有费用，这些费用被称作杂费（Incidentals）。虽然采用这种方式的团队中的每个成员仍需要提供各自的付款方式，但他们可以先带他们的钥匙包去客房，稍后再返回总台办理入住手续。

（3）独立支付（Each Pay Own，EPO）。这种方式规定团队成员必须分别支付各自的所有费用。在这种情况下，不允许对客人预先发放钥匙/钥匙包，因为客人只有在向酒店提供某种付款方式后才能被允许进入客房。

拓展阅读　详情

某酒店团队入住登记标准流程（SOP）

工作项目	工 作 程 序
准备工作	1. 收到营销部下发的订单后，输入计算机，将订单按日期存入文件袋 2. 在团队到达当天，预先排房，填写入店团队资料派送单下发客房部、总机、礼宾部及前台收银处，准备好团队的钥匙；如高峰期排房有困难，尽快与客房部协调解决 3. 根据要求通知客房部设置（或清收）酒水，总机开启（或关闭）长途电话
接待团队	1. 当团队抵达酒店时，首先表示欢迎，确认导游身份，并向导游问清楚有关旅行社及团号等资料 2. 接待员与领队确认房间数，如有变更，及时通知营销部，并将房间钥匙交给领队，由地陪现付或开出旅行社结算单交至收银处 3. 与领队确认人数、早餐、叫醒时间、收行李时间及离店时间等信息，将这些信息填写到团队资料派送单上并通知相关部门 4. 检查相关有效证件，安排陪同房间，从领队处获取一份团员名单/团队签证，复印一份后交给行李员派送行李 5. 接待员需协助领队发放钥匙，并告知客人电梯的位置 6. 通知总机、客房、西餐、礼宾等岗点，告知该团队叫醒时间、离店时间、早餐人数及收行李时间
信息储存	及时将有关信息输入计算机

六、贵宾入住接待程序及要求

酒店贵宾一般由大堂副理或根据贵宾级别安排相应的酒店高层管理人员负责接

待，前厅接待处负责配合。贵宾入住登记通常在客房内进行。

（一）准备工作

1.接待负责人员的准备工作

（1）阅读预期抵店贵宾名单，了解预期抵店的贵宾姓名、身份、人数、房号、抵店时间、接待规格等内容。

（2）填写车单交礼宾部，并确认落实情况。

（3）检查即将入住贵宾的客房。

（4）通知客房部做好楼层的迎客工作，将贵宾的用餐时间、人数通知餐饮部做好准备。

（5）视贵宾的重要程度，组织好大堂的员工欢迎队伍。

2.接待处的准备工作

（1）提前分房。对所有的贵宾都要预先安排好房间。

（2）准备好住宿登记文件夹。酒店一般有特别的贵宾入住登记夹，包括：客人住宿登记表（如果客人是酒店已住过的客人，其住宿登记卡则应预先打印好所有资料）；酒店客人欢迎卡；房间钥匙；填写好的入住通知单等。当班主管应对以上准备工作进行检查，然后交给大堂副理进行复查，从而确保一切资料准确无误和预先准备好。

（二）迎接贵宾到达，办理入住登记手续

一般贵宾由大堂副理接待即可，如果贵宾身份地位较高，必须由酒店最高管理层出面接待。贵宾入住享受多种优惠，具体应按酒店贵宾申请单上的待遇执行。

（1）客人抵店时，称呼贵宾职衔，向贵宾问候，表示热烈欢迎，并向贵宾介绍自己和在场迎接人员。

（2）带入房间，并对酒店和房间进行简单介绍，告知客人礼宾台或专职管家的服务电话，表达愿为其服务的愿望。

（3）将已准备好的入住登记文件夹带进客房，请客人签字登记，然后负责接待人员核对证件，确认其退房日期。离开时预祝客人居住愉快。

（三）存储贵宾入住信息资料

贵宾办理入住登记手续后，相关接待人员在值班本上记录贵宾入住手续办理情况。表格制订、信息储存交由接待员完成。

拓展阅读　🔍详情

某酒店贵宾入住登记标准流程（SOP）

工作项目	工　作　程　序
准备工作	1. 贵宾房的分配力求选择同类客房中方位、视野、景致、环境、房间设施保养等方面处于最佳状态的房间 2. 如贵宾有客史档案，应事先填写好 R/C 单 3. 贵宾到达前，将钥匙、欢迎卡、欢迎信送到大堂副理处 4. 大堂副理应在客人到达前检查房间，确保房间各项功能处于正常状态，如房间有任何更改或取消，必须通知大堂副理及相关部门
办理入住手续	1. 如客人到前台办理入住手续，以客人的姓名称呼客人，同时通知大堂副理办理入住登记手续 2. 大堂副理向客人介绍酒店的设施，并亲自将客人送至房间 3. 如无客史档案的贵宾入住，应让大堂副理为客人办理房内入住登记
信息储存	1. 通知客房、总机该房客人已入住，请总机检查长话是否开通 2. 复核有关客人资料的正确性，并准确输入计算机 3. 在计算机"Notes"一栏注明客人的身份，以提示其他部门或人员注意 4. 为客人建立特别历史档案，并注明身份，以便作为日后查询的参考资料

表3-4　贵宾接待通知单

No.

姓名（团队）身份		国　籍	
人　数	男：　　女：	房　号	
来店日期		班　次	
离店日期		班　次	
拟住天数		接待标准	
客人要求			
接待单位		陪同人数	男：　　女：
特殊要求			
审核人		经手人	

备注：　　　　　　　　　　　　　　　　　　　　　　　　　年　月　日

七、行政楼层入住接待程序及要求

（一）何谓行政楼层

行政楼层（Executive Floor/Club Level），很多酒店又叫贵宾楼层，豪华阁之类，即服务、内部装修与房价均高于普通楼层的客房所在区域，一般位于酒店的最上层或单独的一栋建筑内。

行政楼层的出现通常是酒店为了提高自身的定位，为特定的客源市场提供的专属行政楼层待遇，例如有行政酒廊提供免费的餐饮服务，快捷地办理入住及离店手续等前厅服务以及礼宾司服务；24 小时贴身管家服务等。而这所有的费用都包含在行政楼层房价内。

行政楼层中的行政酒廊是最主要的对客服务公共区域，是餐饮服务、前台服务、礼宾司服务以及行政楼层客人休息、工作、放松的综合性场所。一般是 24 小时开放。

（二）行政楼层的设施设备

豪华酒店的行政楼层为给客人提供高品质的入住体验，通常设置如下设施或区域：

（1）半开放式工作区域，包含各类计算机若干台。

（2）各类桌游若干，如国际象棋、军旗、三国杀等。

（3）阅读区，放置各类书籍，有中文、英文，文学类、生活类。

（4）影音资料区，放置各类电影碟片，供行政楼层客人借看。

（5）厨师现场烹调区域，为客人提供全天候的餐饮服务。

（三）行政楼层服务项目

1. 餐饮服务

行政楼层通常全天为客人提供多次餐饮服务，最多的可以有 6 次餐饮服务，包括早餐、午间小点、下午茶、傍晚鸡尾酒、晚间甜点和午夜自助小点。

2. 前厅服务

在行政楼层为客人办理个性化的"入住登记"或"结账退房"服务；以及为客人提供"房间内办理入住登记"手续。

（1）房间内入住登记服务对象。房间内办理入住登记的对象可以是以下几类客人：行政楼层客人（Executive Floor GST），VIP 贵宾（Very Important Person），有过投诉史的客人（The guest who have complaint）和酒店的忠诚客人（Loyal Guest）。

（2）房间内办理入住登记的程序。为做好房间内办理入住登记服务需要做好相关准备工作，这些工作包括提前安排房间、确认客人抵店的详细信息（航班号）、事先通知酒店总经理或大堂副理在酒店门口欢迎客人、准备好为客人办理入住登记时的各项手续（Registration Card、Room Key、Pos 机、Scan Pen 等）、房间内的欢迎水果与欢迎鲜花等。具体程序如下：

①前台接待员确认好客人抵店的确切时间后，提前 10 分钟等候在大堂门口。

②电话通知总经理等至大堂门口迎接。

③客人抵店后，总经理等表示欢迎。

④前台接待员带领客人进房并在途中介绍酒店概况。

⑤为客人办理入住登记手续。

⑥为客人介绍房间（Show Room）及酒店各营业场所的基本信息。

⑦预祝客人居住愉快。

3. 商务中心服务

为入住行政楼层的客人提供商务中心服务（Business Center Service），如在行政酒廊免费提供传真、复印、打印等服务；此外，行政楼层一般还会为入住行政楼层的客人提供一定优惠的会议室服务。

4. 洗衣服务

行政楼层为客人提供一定折扣或者免费的洗衣服务（Laundry Service）。

5. 健身中心服务

行政楼层客人可免费使用酒店健身中心服务（Health Club Service）。

八、入住登记特殊问题处理

（一）换房

换房往往有两种可能：一种是客人主动提出；另一种是酒店的要求。客人可能因客房所处位置、价格、大小、类型、噪声、舒适程度以及所处楼层、朝向、人数变化、客房设施设备出现故障等原因而要求换房；酒店可能因客房的维修保养，住客离店日期延后，为团队会议客人集中排房等原因，而向客人提出换房的要求（表3-5）。换房往往会给客人或酒店带来麻烦，故必须慎重处理。需要注意的是，在搬运客人私人物品时，除非经客人授权，应坚持两人以上在场（大堂副理或客户经理等）。

换房的程序如下：了解换房原因；查看客房状态资料，为客人排房；填写房间/房租变更单；为客人提供换房行李服务；发放新的房卡与钥匙，由行李员收回原房卡与钥匙；接待员更改计算机资料，更改房态。

表3-5　迁房通知单

迁房通知单
ROOM CHANGE LIST

Mr/Miss_____

由房号 FROM ROOM		转运房号 TO ROOM	
由收费 FROM RATE		转至收费 TO RATE	

日期　　　　　　　　时间　　　　　　　　　房务
DATE　　　　　　　　TIME　　　　　　　　　HOUSEKEEPER

（二）延迟退房

根据国际惯例，客人退房时间为中午 12:00 之前。有的酒店为吸引客人入住，允许客人延迟退房时间，但一般时间不会太长。如果时间过长，则必须视客房的出租情况，经过一定的审批程序，然后将延迟退房通知单交给前厅收款处和接待处。前厅收款处在给客人办理退房时不得加收房费；接待处得到延迟退房通知（表3-6）时不再催促客人办理退房手续。

表3-6　延迟退房通知单

延迟退房通知单
EXTENSION OF STAY

酒店＿＿＿＿＿＿＿

房间 RM＿＿＿＿＿＿＿

可停留至 IS ALLOWED TO STAY

＿＿＿＿＿＿＿AM

＿＿＿＿＿＿＿PM

日期 DATE＿＿＿＿＿＿＿

前厅部经理 FRONT OFFICE MANAGER

签名 SIGNED＿＿＿＿＿＿＿

（三）离店日期变更

客人在住店过程中，因情况变化，可能会要求提前离店或推迟离店。

在计算机联网情况下，客人提前离店无须额外关注，前厅收银员根据酒店退房模式给客人办理退房手续，收回房卡和钥匙，更改离店日期即可。在以手工操作为主的酒店，前厅收银员根据酒店退房模式给客人办理退房手续，收回房卡和钥匙后，须将客人提前离店的消息告知接待处。接待员得到关于客人提前离店的通知后马上开出提前离店通知单，通知总机、问讯处及客房楼层，最后更改房态架上的房态显示和撤走住客资料显示架上的客人资料。

客人推迟离店，接待员要与预订处联系，检查能否满足其要求。若可以，接待员应开出"推迟离店通知单"，通知结账处、客房部等；若用房紧张，无法满足客人逾期离店要求，则应主动耐心地向客人解释并设法为其联系其他住处，征得客人的谅解。如果客人不肯离开，前厅人员应立即通知预订部，为即将到店的客人另寻房间。如实在无房，只能为即将来店的临时预订客人联系其他酒店。处理这类问题的原则是：宁可让即将到店的客人住到别的酒店，也不能赶走已住店客人。同时，从管理的角度来看，旺季时，前厅部应采取相应的有效措施，尽早发现客人推迟离店的信息，以争取主动，如在开房率高峰时期，提前一天让接待员用电话与计划离店的客人联系，确认其具体的离店日期和时间，以获取所需信息，尽早采取措施。

（四）客人加床

客人加床大致分为两种情况：一是客人在办理登记手续时要求加床；二是客人在住宿期间要求加床。

酒店要按规定为加床客人办理入住登记手续并为其签发房卡，房卡中的房租为加床费，加床费转至住客付款账单上。如客人在住宿期间要求加床，第三个客人在办理入住登记手续时，入住登记表需由支付房费的客人签名确认。接待处将加床信息以"加床通知单"（Extra Bed Information）的形式通知相关部门。

（五）房间增加客人

客人入住必须办理入住登记手续，访客不得私自留宿。一间标准间正常情况下只能住宿两名成年客人，加床后最多能住3名成年人，如超过3名成年人必须多开一间房。在此条件下，房间增加住客分3种情况：原客房已有一名住客，后要求加入一名住客；原客房已有一名住客，后要求加入两名住客；原客房已有两名住客，后要求加入一名住客。

原客房已有一名住客，后要求加入一名住客，接待员必须替新来客人办理入住登记手续，为其签房卡，但房卡房费栏为"无房费"（no rate，N/R），并请原住客在新来客人登记表上签名表示同意。原客房已有一名住客，后要求加入两名住客，接待员必须为其办理入住登记手续，为二人签收房卡。其中一人的房卡房租栏为"无房租"，另一人的房卡房租栏为"加床费"，并请原住客在这二人的入住登记表上签名表示确认，然后按加床处理。原客房已有两名住客，后要求加入一名住客，则按加床处理。

不管属于哪种增加住客情况，接待员都必须将增加客人的信息通知相关对客服务部门。

（六）客人押金数额不足

酒店客源复杂，客人付款方式多样，酒店坏账、漏账、逃账的可能性始终存在。客人在办理入住登记手续时，如果表示用现金支付费用时，酒店为了维护自身的利益，常常要求客人预付一定数量的押金，结账时多退少补，如首次住店的客人、无行李的客人、无客史档案的客人及以往信用不良的客人。押金的数额依据客人的住宿天数而定，主要是预收住宿期间的房费。一些酒店为方便客人使用房间内长途电话、饮用房内小酒吧的酒水、洗衣费签单等，常会要求客人多预交一天的房费作为押金，当然也是作为客人免费使用房间设备、设施的押金，如果客人拿走或损坏客房的正常补给品则须照价赔偿。

有些时候，客人的钱只够支付房费而不够支付额外的押金。遇到这种情况，接待员要请示上级做出处理。如让客人入住，签发的房卡为钥匙卡（不能签单消费），应通知总机关闭长途线路，通知客房楼层酒吧或锁上小酒吧。后两项工作一定要在客人进房前做好，不要让客人撞见，以免客人尴尬和反感。客人入住后，客房楼层服务员对该房间要多加留意。

（七）客人暂时不能进房

在接到客房部关于客房已打扫、检查完毕的通知前，开房员不能把客房安排给抵店的客人，因为客人对客房的第一印象是十分重要的。开房员可以为客人提供寄存行李服务，或请客人去茶座，等派员加紧打扫、检查完毕后，才可引领客人进房。

课 堂 思 考

从客人急于进房的心理角度出发，此时接待员该用什么语言表达需要客人等候一段时间才能进房间的请求？

（八）没有空房时的接待

接待员卖给客人的客房应该是 OK 房（清洁后的空房）。在旺季，酒店常会遇到客房爆满而仍然还有客人前来投宿的情况。这些客人大致分为两种情况：一是没有预订的散客（Walk-in）；二是酒店超额预订客人。

对于没有预订的散客，接待员同样要热情接待，向客人表示歉意，然后了解一下附近相同档次酒店的客房出租情况，向客人介绍其他酒店，主动帮助客人预订，请礼宾部协助安排车辆。为了争取客人在第二天回来住，征求客人意见，将其列入等候名单（Waiting List），一有空房马上与客人联系。

对于超预订，造成已预订的客人没有房间住宿，酒店应负全部责任。具体处理方法在第二章中已经有详细的介绍，在此不再赘述。

（九）酒店所提供的客房类型及房价等与客人要求不符

预订员在接待预订客人时应复述其预订要求，以获得客人确认，避免误解。房卡上填写的房价应与登记表上的一致，并且要向客人口头报价。如果出现无法向预订客人提供所确认的客房，则应向客人提供一间价格高于原客房的房间，按原先商定的价格出租，并向客人说明情况，请客人谅解。

（十）客人抱怨办理入住手续时间过长

事实上客人抵店办理入住登记的程序并不像写在纸上的程序那样一成不变。在客人抵店的繁忙时刻，会有许多客人急切地等候办理入住登记手续，在办理的过程中，他们会提出很多要求，大厅内有可能会出现忙乱的现象，前台服务人员必须保持镇静，避免慌乱。下列建议可供参考：

（1）客人抵店前，开房员应熟悉预订资料，检查各项准备工作。

（2）根据客情，合理安排人力，客流高峰到来时，保证有足够的人手。

（3）在繁忙时刻到来前，用指示栏杆把前台分成两部分，一部分专门接待预订客人，另一部分则接待未经预订、直接抵店的客人。

（4）繁忙时刻须保持镇静，不要试图在同一时间内完成好几件事。

（5）保持正确、整洁的记录，接待工作的有效性要依靠这些记录。

课堂思考

当人们特别期待某种服务时会有一种等候心理现象，被称为"精神上的等候时间"，而且这种"精神上的等候时间"往往比实际等候时间要长，比如在上述情况中客人就可能出现这种等候心理现象，我们还可以采取哪些措施减少客人"精神上的等候时间"？

第三节　前台客房销售策略与技巧

客房销售收入在整个酒店的营收构成中占有很大比例，从全球范围来看，这个比例大致在 40% ~ 60% 之间，比例大小视酒店性质和经营项目的不同而有区别。正是客房销售的重要性使得前台在办理入住登记时要充分把握各种销售策略和技巧，促进酒店收益的最大化。但是，酒店客房商品与一般商品又有着很大的不同，理解这些特殊性及酒店客房的特有价值对运用客房销售策略和技巧有很大的帮助。

一、客房产品的特殊性

相比于一般商品，酒店客房商品的特殊性表现在以下几个方面：

（1）所有权的相对稳定性。酒店客房所有权的相对稳定性是指客房的产权是归属酒店或投资业主的（产权酒店情况例外），客人到酒店付费获得的只是酒店客房某一段时间的使用权，这个某一段时间在酒店行业通常指一个"间夜"，即一个房间一个晚上的使用权，主要用来给客人过夜休息的。这种特殊性与一般商品有着明显的区别。

课 堂 思 考

至今在国内还有客人到酒店住宿会向酒店提出这样的要求："酒店标示的房价是指'住一天收费 *** 钱'，那么一天是 24 小时，我晚上 9 点钟入住，早上 7 点钟离店退房，总共在酒店住了 10 个小时，你们凭什么按 24 小时收我的费用？"试讨论如何看待这样的要求。

（2）不可储存，价值补偿渐进实现。由于客房出租的只是一个间夜的使用权，因此，客房商品是不可储存的，建造之初所投入的土建成本、装修成本、设施设备成本等需要在一定年限内靠每天出租赚取的收益进行补偿，所以其价值补偿是渐进实现的。这种特殊性对于加强客房商品的促销意识、改进促销技巧有着重要意义。

（3）商品中包含相当的劳务成分。与一般商品不同，客房商品在生产、销售和使用过程中包含了相当的劳务成分。客房服务员对于客房的清洁保养、预订部和总台员工在销售过程中付出的劳务服务、客人住店期间酒店提供的各项服务都包含了大量的劳务成分，从而使得服务人员的服务态度、服务效率等构成了客房商品的重要组成部分。

（4）商品中包含丰富的体验成分。一般来说，消费者在日常消费活动中通过付出一定的货币购回一件物品，满足其生活中某方面的需要。而来酒店住宿的客人所付出的不仅是一定的货币，还包括一定的时间和精力，他所购回的并不是一件具体的实物，而是一次完整的住宿经历（Experience）。在此经历中，他虽然会消耗一定数量的物料，满足其住宿生活的需要，但更多的是获得一种精神上的满足。当一个客人在酒店逗留了几天，提着行李离开酒店的时候，他不一定会记得客房里的色调、家具的式样等，但他一定会记得自己在酒店里受到了尊重和热情友好的接待，生活中各种需求得到了满足。当他心情愉快、精神焕发地走出酒店大门时，他的行李箱依然如故，但他同时带走的还有一次难忘的住宿体验。

上述这些特殊性决定了在客房销售中运用各种策略和技巧的必要性。

二、分房策略

分房（Room Assignment），又称排房。接待员根据客人住宿的实际需求，考虑到客人的心理特点以及酒店可供出租的客房的实际情况（位置、风格特色、档次、价格、朝向等），尽可能将适合客人需要的客房分配给客人。正确灵活的排房方法和技巧，不仅能满足客人的需要，而且能合理利用客房。

（一）分房原则

1. 针对性原则

即根据客人的特点（身份、地位、对酒店经营的影响、旅游目的、生理心理特点、人数等）进行有针对性的分房。具体原则为：

（1）贵宾。一般安排较好的或者豪华的客房。要求安全保卫、设备保养、环境等方面处于最佳。

（2）同一团队的客人。尽可能安排在同一层楼、同一标准的客房，并且尽量是双人房（Twin-size bedroom），有利于导游（领队、会务组人员）的联络及酒店的管理。

（3）同一团队的领队、会务组人员。尽可能安排在与团队客人在同一楼层的出口处的客房。

（4）新婚夫妇。应安排较安静的带大床的房间。

（5）老年人、伤残人或行动不便者。可安排在较低楼层靠近服务台或电梯口的房间，以方便服务员照顾。

（6）家人或亲朋好友一起住店的客人。一般安排在楼层侧翼的连通房或相邻房。

2. 特殊性原则

即要根据客人的生活习惯、宗教信仰以及习俗来分房。

（1）风俗习惯、宗教信仰及习俗不同的客人。应将他们的房间拉开距离或分楼层安排，请注意楼层号、房号与宗教禁忌的关系。

（2）竞争对手、敌对国家的客人。事先应分楼层安排。

3. 方便性原则

即根据酒店经营管理和服务的需要来安排客房。

（1）长住客。尽可能集中在一个楼层，且在较低楼层。

（2）无行李且有不轨嫌疑的客人。尽可能安排在靠近楼层服务台的房间。

（3）淡季客人。从经营和保持市场形象的角度出发，可集中安排朝向街道的房间。可封闭一些楼层，而集中使用几个楼层的房间。可从低层至高层或由高层往低层排房，以节约能耗、劳力，以便于集中维护、保养一些客房。

（二）分房顺序

接待员还应根据旅游淡旺季的特殊性来分房。旅游旺季，由于客人多，房源紧张，对不同客人的住房要求要采取不同的分房策略。如贵宾和一般散客，应优先满足贵宾的需要；对于有预订和未预订的客人（Walk-in），要优先满足有预订的客人；对于常客和新客人，则要优先满足常客的需要；对于难以满足其要求的客人，酒店要以诚相待，不要因旺季生意好而冷淡客人。

在分房时，接待员或管理人员应根据客人的特点及轻重缓急顺序进行。分房顺序为：贵宾→有特殊要求的客人→团队客人→有预订的散客→未预订而直接抵店的散客（Walk-in Guests）。

（三）分房步骤

在现代化酒店里，分房工作经常通过计算机来进行。接待员将需要的房间类型及住宿期限输入计算机后，计算机屏幕上就会自动出现若干个符合要求的房号，接待员凭着对客房情况的了解和客人的需要进行选择，其流程如图3-2所示。

三、前台客房销售策略与技巧

随着市场竞争的加剧，酒店越来越重视前台的销售工作。其销售工作成功与否直接影响到客人对酒店的认识、评价和是否再次光临，并最终影响酒店的经济效益。因此，一名优秀的前台服务员不仅要熟悉前厅客房销售的要求和服务程序，更应掌握客房销售技巧，对客人进行面对面的推销。

（一）前台客房销售对员工的要求

前台接待人员要在接待过程中成功地将客房和酒店其他产品推销给客人，前提是必须掌握相应的知识、信息，具备基本的个人素质。

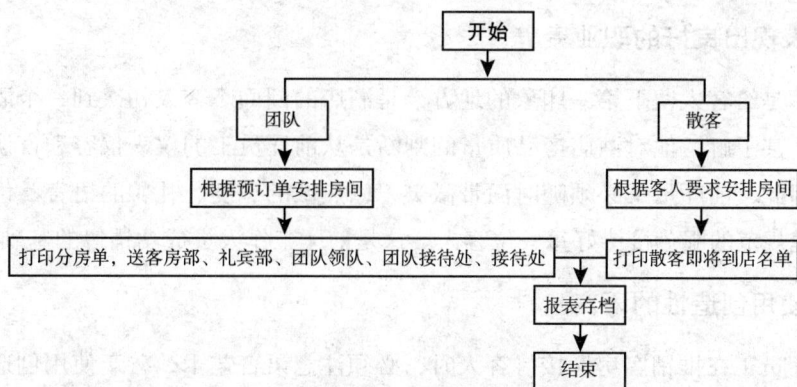

图3-2　分房步骤

1. 熟悉酒店的基本情况和特点

酒店的基本情况和特点包括：酒店所处的地理环境及交通情况，酒店建筑、装饰、布置的风格和特点，酒店的等级与类型，酒店的服务设施与服务项目，酒店产品的价格与相关的政策和规定，等等。了解掌握上述信息是做好客房销售工作的先决条件，尤其是对酒店的主要产品之一——客房，须做全面的了解，如各类房间的面积、色调、朝向、功能、所处的楼层、价格及计价方式、特点、设施设备等。接待员只有对以上内容了如指掌，推销起来才能得心应手，才能随时答复客人可能提出的任何问题，使客人感受到你对本酒店的信心和热爱，从而有助于推销的成功。

2. 了解竞争对手酒店的产品情况

接待员在深入了解和掌握本酒店产品情况的基础上，更要熟悉竞争对手的有关情况。因为客人面对的是一大批与本酒店档次、价格、服务相类似的企业。要想在销售中取胜，就要找出自己酒店的特色和优势，并着重加以宣传，这样更容易引起客人的兴趣和注意。

3. 认真观察分析客人心理，迎合客人需求

酒店的每一种产品都有多种附加价值存在。对于一个靠近电梯口的房间，有的客人会认为不安静，而有的客人则会认为进出很方便。所以酒店负责推销的员工必须要深入了解客人最需要的是什么，最关心的是什么，最感兴趣的是什么。把握好客人的购买目的和购买动机，帮助客人解决问题，满足其物质和心理需要。这样，在客人受益的同时，酒店也会得到相应的回报。

4. 表现出良好的职业素养

前厅是给客人留下第一印象的地方，是酒店的门面。客人初次到一个酒店，对其可能不甚了解，他对酒店产品质量的判断是从前厅员工的仪表仪容和言谈举止开始的。因此，前厅员工必须随时面带微笑，以热诚的态度、礼貌的语言、优雅的举止、快捷规范的服务接待好每一位客人。这是前厅工作人员成功销售的基础。

5. 使用创造性的语言

前厅员工在推销客房、接待客人时，必须注意语言艺术，善于使用创造性的语言，如多使用形容词等描述性的语言。努力使自己的报价言之有据，让客人感到该

产品的确物有所值，甚至物超所值。

（二）前台客房销售要点

客房销售有把握客人特点、介绍酒店产品、巧妙洽谈价格、主动展示客房产品、尽快做出安排这 5 个要点。

1. 把握客人特点

前厅员工应有敏锐的观察力和分析判断能力。根据客人的年龄、职业、国籍、旅行目的、身体状况等方面的情况，可以基本了解客人的选房倾向、支付能力、消费习惯以及心理承受能力，从而不失时机地、有针对性地推销酒店客房及其他产品。

2. 介绍酒店产品

客人往往对房价比较关心，这是很自然的事情。况且在未入住酒店之前，客人既不能接触和尝试，一般也无法直观地感受产品质量，只能凭酒店的外观和对接待员的认识去感觉酒店产品，所以更增加了对房价的敏感度。这种情况下，接待员要在熟悉酒店产品的基础上尽可能多地向客人介绍酒店产品的优点和独特之处，如理想的地理位置、新颖的装潢、幽雅的环境、美丽的外景、宽敞的房间等，以化解客人心里的价格障碍，进而为酒店创造最佳的赢利机会。

3. 巧妙洽谈价格

前厅接待员在与客人洽谈价格时，应尽量使客人感到酒店销售的产品是物有所值的，因此，在销售过程中着重推销的是客房的价值而不是价格。接待员可以根据客房的特点，在客房的前面加上恰如其分的形容词，如：刚装修好的、具有民族特色的、宽敞的、舒适的、能看到海景或湖景的等，这样可以更易于为客人所接受。除了介绍客房的特点之外，还应强调其对客人的好处，如"孩子与您同住一套连通房，您可以不必为他担心""这间客房非常安静，您可以好好休息"等。在洽谈价格过程中，前厅接待员的责任是引导客人、帮助客人进行选择，不要急于报价、定价，以免引起客人反感。

4. 主动展示客房产品

前厅部必须备有酒店客房产品和其他产品的宣传册及广告宣传资料、图片等，并将它们陈列在客人随手可取的地方，供客人仔细观看、选择，还有一些酒店在大厅配备了大屏幕计算机查询系统，让客人在大厅就可以对客房等酒店产品的情况一目了然，获得感性的认识，以促进产品的销售。必要时，还可以带领客人实地参观客房产品，增强客人对客房价值的认知和理解。展示时应从高档客房向低档客房进行介绍，同时，接待员要自始至终表现出耐心、高效、礼貌，即使客人不住店，也应对客人的光临表示感谢，并欢迎客人再次光临。

5. 尽快做出安排

经过上述销售程序，当察觉到客人对所推荐的产品感兴趣时，前厅服务人员应用提问的方式促使客人做出选择。一旦客人做出选择，应对客人的选择表示赞赏和感谢，并为客人尽快办理入住登记手续，缩短客人等候时间。

（三）前台客房销售技巧

1. 强调客人受益

由于客人对产品价值和品质的认识程度不一样，相同的价格，有些客人认为合理，而有些客人则感到难以承受。在这种情况下，接待员要将价格转化为能给客人带来的益处和满足，对客人进行启迪和引导，促成其转化为购买行为。例如，有位接待员遇到一位因房价偏高而犹豫不决的客人时，是这样介绍的："这类客房的床垫、枕头具有保健功能，可以让您充分休息的同时，还能起到预防疾病的作用。"而另一位接待员可能是这样推销的："这类客房价格听起来高了一点，但它配有冲浪浴设备，您不想体验一下吗？"强调客人受益，增强了客人对产品价值的理解程度，从而提高了客人愿意支付的价格限度。

2. 给客人进行比较的机会

如果客人没有具体说明需要哪种类型的客房，那么客人可能是第一次来到本酒店，也可能客人希望选择一种过去没有住过的客房。前厅接待人员可以根据客人的特点，向他推荐两种或3种不同房型、价格的客房，供客人比较、选择，激发客人的潜在需求，增加酒店的收益。如一个看上去很有身份的商人，要订一个普通标准间，接待人员除报价格外，还应试探性地向其推荐商务客房或套房，提供给客人选择，并加以描述性语言，可能会收到比较好的效果。在推销过程中，接待员应避免将自己的观点强加于客人，切记接待人员的责任是推销，而不是强迫对方接受。过分的"热情"会适得其反。某些时候，即使客人因员工的坚持而勉强接受了某种房间，酒店多赚了一些钱，但却永远补偿不了他（她）因被迫接受而以后可能不再光顾该酒店的损失。因此，应尊重客人的选择，即使客人最终选择了一间较便宜的或相对档次较低的客房，也要表示赞同与支持。

3. 坚持正面的介绍

前厅接待员在介绍不同的房间以供客人比较时，要着重介绍各类型客房的特点、优势及给客人带来的方便和好处，指出它们的不同，但不要对各类型客房的缺点进行比较，还应注意用词。例如，酒店目前只剩一间客房，客人已经无法选择，也应对客人说"您运气真好，我们还有一间相当不错的客房"，而不能说"这是最后一间客房了"，以免让客人感觉这间客房是其他客人挑剩下的，可能会存在质量问题。

必要时，接待员应善于将客房或客房所处环境的不利因素转化为给予客人便利的因素。例如，室外景色不够好的客房可能很安静；靠近游泳池的房间可能会受噪声干扰，但如果客人喜欢游泳，从房间到游泳池就很方便，等等。

4. 对犹豫不决的客人可以多提建议

许多客人并不清楚自己需要什么样的房间，在这种情况下，接待人员要认真观察客人的表情，设法理解客人的真实意图、特点和喜好，然后按照客人的兴趣和爱好，有针对性地向客人介绍各类客房的特点，消除其疑虑。假若客人仍未明确表态，接待员可以运用语言和行为来促使客人下决心进行购买。例如，递上入住登记表说"这样吧，您先登记一下……"或"要不您先住下，如果您感到不满意，明天我们再给您换房"等；也可以在征得客人同意的情况下，陪同客人实地参观几种不同类型的客房，让客人对酒店客房产品有感性认识，当他们亲自看了客房设施后，可能会迅速做出住宿的决定。即使客人不在这里住宿，他们也会记住这家酒店的热情服务，可能会推荐给亲友或下次来投宿。这样，既消除了客人可能的疑虑，也展示了酒店的信誉及管理的灵活性。

5. 高码讨价法与利益引诱法

高码讨价法和利益引诱法是两种有效的销售技巧，可以在客房销售过程中加以运用。高码讨价法是指在客房销售中向客人推荐适合其地位的最高价格的客房。根据消费心理学，客人常常接受接待员首先推荐的房间。如果客人不接受，再推荐价格低一档次的客房并介绍其优点。这样由高到低，逐层介绍，直到客人做出满意选择。这种方法适合向未经预订直接抵店的客人推销客房，从而最大限度地提高了高价客房的销售量和客房整体经济效益。

利益引诱法也称由低及高法，是对已预订到店的客人，采取给予一定附加利益的方法，使他们放弃原预订客房，转向购买高一档次价格的客房。例如："您只需要再多付 50 元，就可以享受包价优惠，除房费外，还包括免费早餐和午餐。"这时客人常会被眼前利益所吸引而顺从接待员的建议，其结果是酒店增加了营业收入，客人同时享受到了更多的实惠。

6. 价格分解法和适当让步法

通常，酒店为获得更多的营业收入，都要求接待员先推销高价客房。而价格作为最具敏感性的因素之一，有时客人一听到前台的报价就可能被吓退，拒绝购买。此时就要将价格进行分解以隐藏其"昂贵性"。例如，某类型客房的价格是 580 元，报价时可将 80 元免费双早和 100 元免费餐费从房价中分解出来，告诉客人实际房价是 400 元；假如房费包含免费洗衣或免费健身等其他免费项目，同样应进行价格分解。这样，客人心目中高价的概念此时就会被大大弱化。采用价格分解法更易打动客人，促成交易。

另外，在接待过程中，经常会遇到客人抱怨房价太贵了，询问"能不能打折"。因为在市场经济条件下，市场的多变性决定了价格的不稳定性，价格因不同客人而异，也早已成为十分正常的现象。所以，对于确实无法承受门市价格的客人，适当地给予优惠也是适应市场、适应竞争的重要手段，否则，就会出现将客人主动地送到竞争者手中的现象。但要注意优惠幅度应控制在授权范围内，并要求员工尽量不以折扣作为达成交易的最终手段，并配合各种奖励措施，鼓励员工销售全价房。

7. 选择适当的报价方式

（1）"冲击式"报价。即先报出房间价格，再介绍房间所提供的服务设施和服务项目等，这种报价方式适合推销价格比较低的房间，以低价打动客人。

（2）"鱼尾式"报价。先介绍所提供的服务设施和服务项目及客房的特点，最后报出房价，突出产品质量，减弱价格对客人购买的影响。这种报价方式适合推销中档客房。

（3）"夹心式"报价（也称"三明治"式报价）。这种报价方式是将价格置于所提供的服务项目中，以减弱直观价格的分量，增加客人购买的可能性。这种报价方式适合中高档客房，可以针对消费水平高、有一定地位和声望的客人。

总之，价格放在什么阶段报、报价的顺序以及报几种房价等，都要根据不同客人的特点与需求，有针对性地宣传推销，介绍要恰如其分，不要夸大其词，否则，客人很快就会发现不实之处，从而对酒店产生不信任感。

8. 推销酒店的其他设施和服务

在宣传推销客房产品的同时，不应忽视推销酒店的其他服务设施和服务项目，如餐饮、娱乐、商务等设施和服务，以使客人感到酒店产品的综合性及完整性。因为客人住店，不仅仅是为了满足其休息的生理需要，往往还有其他方面的需求。如果接待人员不向客人介绍推荐，就有可能使某些设施设备长期无人或很少使用，不但使酒店的营业收入受到损失，而且造成设备资源的浪费。所以，在预计客人需要的前提下，向客人提供有关信息，不仅是一种积极的销售技巧，还可以增加酒店的营业收入，改善与客人的关系。

前厅接待人员在销售酒店的其他服务设施和服务项目时，应注意时间和场合。如客人深夜抵店，很可能需要洗衣和熨烫外套，这时应向客人介绍酒店的洗衣服务等。

本章小结

客人通过各种方式在抵店前办理完客房预订手续后，接下来就将到酒店入住并开始体验在酒店的住宿经历。客人抵达酒店门口时第一个面对面接触的岗位就是礼宾部的员工，其热情、礼貌、得体的言行举止将会给客人留下难忘的第一印象。

为了体现酒店的档次和服务水准，许多高档酒店都设立礼宾部迎送客人及提供各类委托代办服务。迎接客人服务是礼宾服务的重要职责，主要由机场代表、迎宾员、门童、行李员提供。

入住登记作为酒店与客人建立正式租用房间契约关系的重要一环，在整个前厅部运行管理与对客服务中起着重要的作用。在这个环节，客人得到了满意的房间并借此开始了一段居家之外的住宿经历，酒店则借此机会得以向客人展示酒店的各类设施及服务，并得以获得良好的声誉及经济效益。

　　酒店的客房随着客人的入住、逗留、离去以及酒店内部工作的需要等情况而处于各种状态之中。前台接待处只有掌握并控制好酒店即时即刻的客房状态才能准确、高效地进行客房销售。很多英文术语及缩写在前台客房销售中非常有用，因为在大多数计算机管理系统中均是用这些专业术语或缩写来表示房间状态的。

　　办理入住登记手续是前厅部对客服务全过程中的一个重要环节，其工作效果将直接影响前厅部功能的发挥。不论酒店的规模和档次如何，客人要入住酒店，都必须首先办理入住登记手续。

　　行政楼层的出现通常是酒店为了提高自身的定位，为特定的客源市场提供的专属行政楼层待遇，有行政酒廊、免费的餐饮服务、快捷的办理入住及离店手续等前厅服务、礼宾司服务、24 小时贴身管家服务等。

　　入住登记时会遇到很多特殊问题，如客人暂时不能进房、客人离店日期变化、客人要求临时加床等，对这些问题的处理既体现了前台员工随机应变的能力，同时是酒店对客优质服务的要求。

　　客房销售收入在整个酒店的营业收入构成中占有很大比例，从全球范围来看，这个比例大致在 40% ～ 60%，比例大小视酒店性质和经营项目的不同而有所区别。正是客房销售的重要性使得前台在办理入住登记时要充分把握各种销售策略和技巧，促进酒店收益的最大化。

　　随着酒店市场的竞争加剧，酒店越来越重视前台的销售工作。其销售工作成功与否直接影响到客人对酒店的认识、评价和是否再次光临，并最终影响酒店的经济效益。因此，对于一名优秀的前台服务员而言，不仅要熟悉前厅客房销售的要求和服务程序，更应掌握客房销售技巧，对客人进行面对面的推销。

？复习与思考

一、问答题

1. 客房销售中的术语有哪些？各有什么含义？

2. 酒店前台为客人办理入住登记手续的目的是什么？

3. 客人填写的入住登记表中一般包含哪些内容？

4. 散客入住接待程序是怎样的？

5. 接待团体客人时，应与陪同人员协调好哪些工作？

6. 列举入住登记中的特殊情况并提出合理的处理措施。

7. 前台接待人员应遵循哪些分房原则？

8. 列举前台客房销售的常用技巧。

9. 简述行政楼层的服务项目及服务要点。

二、案例讨论题

巧妙推销豪华套房

一天，南京某四星级酒店前厅部预订员小夏接到美国客人霍曼从上海打来的长途电话，想预订每天收费 180 美元左右的标准间两间，住店时间 6 天，3 天以后来酒店入住。

小夏马上翻阅预订记录，回答客人说 3 天以后酒店要接待一个大型会议的几百名代表，标准间已全部预订完，小夏讲到这里用商量的口吻继续说道："霍曼先生，您是否可以推迟 3 天来店？"霍曼先生回答说："我们日程已安排好，南京是我们在中国的最后一个日程安排，还是请你给想想办法。"

小夏想了想说："霍曼先生，感谢您对我的信任，我很乐意为您效劳，我想，您可否先住 3 天我们酒店的豪华套房，套房是外景房，在房间可眺望紫金山的优美景色，紫金山是南京名胜古迹集中地，室内有我们中国传统雕刻的红木家具和古玩瓷器摆设；每天收费也不过 280 美元，我想您和您的朋友住了一定会满意。"

小夏讲到这里，等待霍曼先生回答，对方似乎犹豫不决，小夏又说："霍曼先生，我想您不会单纯计较房价的高低，而是在考虑豪华套房是否物有所值吧。请告诉我您和您的朋友乘哪次航班来南京，我们将派车来机场接你们，到店后，我先陪你们参观套房，到时您再做决定好吗？我们还可以免费为您提供美式早餐，我们的服务也是上乘的。"霍曼先生听小夏这样讲，觉得还不错，想了想便欣然同意先预订 3 天豪华套房。

案例讨论及思考：

1. 本案例中服务员运用了哪些促销手段？

2. 从该案例中我们可以得到什么启示？

三、实训题

1. 角色扮演：散客入住登记

　　材料准备：圆珠笔、入住登记表、入住单、钥匙、有效证件、信用卡等

　　角色：接待员、收银员、行李员、客人

2. 角色扮演：鱼尾式报价

　　材料准备：酒店豪华套房的照片、计算机管理系统

　　角色：接待员、商务客人

客人住店期间的服务工作

学习意义　客人在前台办理好登记手续后，即开始体验在酒店的住宿经历，不论客人是出于什么目的入住酒店，其在住店期间总是会有各种各样的服务要求，这些服务要求大多又是与前厅部有着紧密的联系。为此，前厅部在客人住店期间会提供各类礼宾及委托代办服务、电话总机服务、商务中心服务等。随着客人需求的变化、酒店经营理念的发展及现代信息技术的使用，很多服务项目与服务方法发生了很大变化，这直接影响到上述服务部门工作职能与服务提供方式的转变。

内容概述　在本章中，我们将重点介绍豪华酒店丰富的委托代办服务项目及变化了的电话总机服务等内容。

学习目标

知识目标

1️⃣ 掌握礼宾部岗位设置与岗位职责。

2️⃣ 掌握礼宾部提供的各类服务项目。

3️⃣ 掌握电话总机提供的各类服务项目。

能力目标

1️⃣ 能根据豪华酒店礼宾部的服务要求搜集各类服务信息。

2️⃣ 能理解礼宾部各项委托代办服务要点并灵活运用。

尽善尽美的金钥匙服务

1996 年 4 月 26 日，南京金陵饭店的金钥匙宋先生打电话给广州白天鹅宾馆金钥匙孙东，说他们饭店一位已赴广州的住客误拿了另一位新加坡客人的行李，当新加坡客人发现时，这位客人已经在飞往广州的途中，要求广州白天鹅宾馆金钥匙协助寻找。白天鹅宾馆的金钥匙立即赶到机场截回被误拿的行李，但当他们回复金陵饭店的金钥匙时，"金陵"方面告知该新加坡客人已飞赴香港。于是，"白天鹅"的金钥匙又与香港酒店金钥匙联系，香港酒店金钥匙接报后马上到香港启德机场找到该客人并告知他的行李已找到，而这位客人因急于回国要求把他的行李从广州直接寄运到新加坡。根据这一情况，白天鹅宾馆的金钥匙立刻向新加坡饭店的金钥匙协会主席通报了这一情况，并通过 DHL 国际快递把此行李寄到新加坡。两天后，新加坡饭店的金钥匙发来传真，告知他们已把这件几经周折的行李安全送到客人家中。至此，一个跨国界、跨地区饭店金钥匙组织多点合作的故事画上了一个完美的句号。

1. 本案例给了我们哪些有益的启示？
2. 结合本章学习内容，说说本案例反映出金钥匙怎样的服务理念。

第一节 礼宾部的设立

礼宾服务由法语"Concierge"一词翻译而来，又可译为委托代办服务（具体介绍见本书第一章）。为了体现酒店的档次和服务水准，许多高档酒店都设立礼宾部。礼宾部的职责就是围绕客人需求提供一条龙服务，从客人到达酒店所在城市开始，包括预订、接送、订餐等一系列服务便随之展开。完成这些职责的首要条件是建立一个组织良好、运行顺畅、最少拖延和推诿的礼宾部运作机构。

一、礼宾部的岗位职责与任职要求

（一）岗位设置与职责

目前在国内大多数豪华酒店中，礼宾部的架构和人员配置如下：

1. 首席礼宾司（酒店首席金钥匙）

首席礼宾司是礼宾部的负责人。他／她直接向酒店的前厅经理（Front Office Manager）或房务总监（Room Division Director）或驻店经理（Resident Manager）汇报，与酒店内的其他部门保持良好的沟通。他负责检查、指导、监督礼宾部的工作，同时负责培训及保持本部门服务的标准化。当然，首席礼宾司同样需要站柜台，因为那里才是发挥其天才的地方。通常首席礼宾司负责解决一般礼宾司不容易解决的问题，特别是跟办一些涉及面较广、难度较高的酒店金钥匙服务。

2. 首席礼宾司助理

在首席礼宾司不在现场或休息时履行其职责，平时负责协助首席礼宾司做好酒店金钥匙柜台的管理工作，负责礼宾部柜台的人力调配，协助首席礼宾司和有关业务客户的联系沟通，负责金钥匙柜台服务档案的设计、分类、更新等内部工作。同时，在柜台为客人提供服务。

3. 礼宾司

在首席礼宾司不在现场时履行其职责。负责管理行李房，要确保客人在到达时获得自己的信件和留言，如果客人在酒店的话，要确保通知到客人。另外，还要负责处理行李的包装，派送鲜花、行李，以及所有发出或收到的邮件、传真。随时准备一份最及时、准确的所有的贵宾到达航班的细节，并通知酒店代表。完成首席礼宾司在白天的工作报告。

4. 职员

完成记录、打字及简单的秘书工作；掌握各种通信方式的使用方法，如收发传真；了解晚上各主要娱乐场所的情况，记录客人的需要，如叫醒服务、早上叫出租车、送报纸等。

5. 行李员

负责保证客人的行李能顺利地上下楼层，向客人礼貌地解释、介绍酒店及房间内的各种设施和各项服务内容。完成上司交代的各种差事。

6. 资料传送员

为客人传送各类资料。将留言、包裹、鲜花、行李、传真等送到客人房间。

7. 门童

欢迎到店的客人，并为他们开车门。保证有充足的出租车供给客人随时使用。回答客人有关日常事务的询问，为客人指路。确保大门前交通顺畅，所有等候的车都已经停泊在马路边上。

8. 酒店代表

在各交通口岸（如机场、车站和码头）礼貌地迎接和帮助到达的客人。为到达的客人安排车辆，在机场的柜台帮助离站客人办理登机手续。

9. 票务员

负责向客人提供到各地的车船机票服务和提供旅游预订服务。

上述人员的配置随着酒店的大小、酒店服务的质量要求以及客人的期望而改变。无论房间数量多少，任何一个五星级酒店都要求在任何时候配备两名金钥匙在岗。在旅游旺季，超过300间客房的酒店在高峰时间需要有3个人值班，尤其是星期五和星期六晚上。由于礼宾部不同于酒店其他部门，因此要按照开房率来配置人员很困难。譬如，某一时段酒店可能只有40%的开房率，但大多数是散客而非团队或会议客。结果，酒店金钥匙要更频繁地满足客人提出的各项个人服务。此时，酒店其他部门的业务可能很冷清，而礼宾部却很忙碌。而在另一些时段，客房开房率可达100%，但其中70%是大的旅游团，客人主要在店外活动，此时礼宾部则比较清闲。但在一般情况下，人员配置不可能恰到好处地被预见，所以必须保持礼宾部编制的稳定性。

（二）礼宾部的工作时间

各地根据自己的实际情况，工作时间略有不同：在欧洲，酒店金钥匙柜台一天24 小时都安排员工值班，但中国和美国的大多数酒店只在上午 7:00 至晚上 11:00 之间提供酒店金钥匙服务。在晚上 11:00 至次日上午 7:00 之间由行李员或前台职员接受服务请求，留下记录给早班的金钥匙去处理。

（三）金钥匙的任职要求

1. 金钥匙的职业素养

在为酒店金钥匙这个职位招聘恰当人选时，首先考虑的是思想素质。酒店金钥匙从务实的角度出发，提倡的是利人利己的人生观。如果没有这种"使人快乐""令人满意"的内在思想认识，一个人不会去追求这一职业，也不可能爱岗敬业。有了这种真诚帮助客人和维护酒店利益的意愿，还要具备各种专业素质，如良好的语言能力，丰富的地方知识，这是通过培训和学习就可以掌握的。所以在招聘员工时，更要考查应聘者的综合素质，具体包括：

（1）洞察力。酒店金钥匙的工作最忌"眉毛胡子一把抓"，他必须具有良好的观察力和很高的悟性，善于倾听，并具有良好的逻辑推理思维，能在客人的谈话中抓住主要矛盾，分清事情的先后轻重次序，迅速找到解决问题的方法。

（2）见识。丰富的生活阅历是酒店金钥匙最雄厚的资本。在未来人选的面试中，可以为优秀的竞争者准备一些作业，请他们为一个特别的节日或拜访一位重要人物编制一个计划。当他们思考的时候，谈话仍在继续，并安排人装作一个客人，提出一些经常遇到的问题，注意候选人如何对付同时发生的这些事。如果是有创造性的人，再给他加一些显示个人才能与个性的问题，注意他的能力和态度。可以提及的一个出色的问题是："去年你所做的最重要的事是什么？"候选人的回答能为主考官提供丰富的信息。寻觅面试者早期相关的工作经历，根据这些经历对他们提出具体而一针见血的问题，看其如何反应。考官们还可以从酒店金钥匙的角度出发去思考、设计一个场景，看候选人如何应对。如客人在出租车上丢失了一个钱包，又不知道出租车公司的名称，钱包如何才能被追回来；不会说汉语的外国人想请教一些问题，短时间内到哪里能找到翻译等。

同时，在招聘时也要适当考虑应聘者的性别比例问题。由于酒店金钥匙需要承担搬运行李、跑腿等体力消耗较大的工作，故一般以男性为宜。而女性则较适合担任柜台服务的角色，在接送客人的过程中更能发挥女性的亲和力作用。

2. 对金钥匙的培训

（1）团队精神的培养。酒店金钥匙提供的一系列服务需要各部门、各人员的通力合作，才能保证服务的高效率、高质量。只有大家为了同一个目标走到一起，互相扶持、互相宽容，才能使整个队伍始终充满活力。

（2）对酒店功能的了解。酒店金钥匙不仅要知道自己能做什么，更要知道谁能做什么。某酒店一位急着去赴宴的客人发现自己的名牌西装掉了一粒扣子，忙向金钥匙求助，那位金钥匙根据自己平时所积累的信息，立刻想到客房部的李某是缝纫方面的能手，他很快与李某取得了联系，解决了客人的燃眉之急。由此可见，每位酒店金钥匙都应有一本了然于胸的酒店服务关系网络本，并且精心培养这些关系，以备不时之需。

（3）外语的培训。酒店金钥匙应熟练掌握一至两门外语，尤其在口语和听力方面要加强训练，既要能听懂客人的要求，又能清楚地表达自己的意图。

二、礼宾部工作台与用品配置

（一）礼宾部工作台位置与样式

1. 工作台的位置

酒店金钥匙的工作台应置于大堂客人易于找到的地方。因为金钥匙是酒店的大使，应当处于酒店最显眼的位置。如果可能，应当靠近总台。如果酒店金钥匙的柜台设立在特殊楼层，它只能向有限的客人提供服务，并不能真正实现酒店金钥匙的服务宗旨。

2. 工作台的样式

金钥匙工作台有两种基本类型：立式和坐式。

欧洲一位采用了坐式金钥匙柜台的首席礼宾司，在坐了8年后，改变了自己的想法。由于他不得不经常去做诸如找小册子、找出与归还记录本此类不断扭曲身体的工作，背部落下了永久的疼痛。并且在实际工作中，他明白只有和客人平视时才能更有效和更亲切地为客人服务。所以坐式工作台妨碍了首席礼宾司处理大量繁忙的事务，而来回走动及站立式服务能增加精力，提高服务质量。但无论立式还是坐式，都要能从一定距离清晰地看到客人的签名，清晰地听到客人叫"金钥匙"（Concierge）。

需要注意的是，在金钥匙柜台附近应放置部分座位供客人使用。金钥匙提供公共汽车、轿车、旅游、航运服务时，在其临近的地方放上一些座位，客人可以在那里等候服务。金钥匙也能监控到往来交通同时能确保客人不会上错车。

金钥匙柜台还应配置一些抽屉和小柜子，这样可以使工作地点保持整洁、有秩序；同时，柜台要有恰当的温馨照明为文书工作提供方便。

（二）必要的设备

处在当今信息爆炸的时代，酒店金钥匙必须掌握最现代的信息搜索手段，以便准确、快速地提供服务。为此礼宾部必须配置以下设备：

（1）酒店计算机。酒店计算机记录有客人所有的具体信息，包括入住时间、个人生活习惯、消费习惯、客源地、房号、房账、留言等，通常是酒店计算机管理系统的分支。

（2）服务计算机。服务计算机收录有酒店所在城市各行业的有关信息。这种信息网络在未来的日子里可以大大加强酒店与各行业之间的合作联系，从而给酒店服务带来实实在在的好处。

（3）打印机。及时地将传递过来的信息变成文字交到客人手上。

（4）电话机。电话是金钥匙必不可少的工具。打电话经常耗去酒店金钥匙大部分时间，而打电话的大部分时间又花在"占线"上。我们常常可以看到这样一种局面：几个酒店金钥匙都在等候航空公司的答复，而同时还有其他人也没法打进电话，结果酒店金钥匙柜台将出现一段沉寂——该进来的电话迟迟未到，要拨打电话的人又被告知"线路繁忙，请稍候"。所以一个两人的酒店金钥匙柜台至少需要 3 部电话，如果 3 人同时值班，则需 4 部。分开的电话允许酒店金钥匙在得到答复前可以边监听所等候的电话，边打其他电话，同时关照大堂里的客人。电话机的数目依据所雇用的员工人数而定。但如果一个时间只有一名金钥匙上班，至少需要有两部电话。

（5）多预设一点管线。3~4 条开通的电话线是金钥匙同时处理事务的需要。

（6）设置直拨线。这是一条不与酒店交换机相连的、分开的线路，它的设置是由酒店金钥匙工作本身决定的。这条线路直通租车公司、旅游公司、票务代理和旅行社等，这使酒店接线员不必再去对付如此多的呼叫。可以把直拨号码给酒店金钥匙交往最频繁、联系最紧密的那些公司和个人。

（三）礼宾部工作台用品配备

礼宾部工作台主要配备订书机、绳子、文具、胶带、橡皮筋、委托书、账单、交班本等用品。早班和晚班的金钥匙之间必须相互沟通。交班本在其中起着非同小可的联系作用。各种应该交代的信息既可以记录在交班本上，也可以记录在个人的工作表上，但都必须有条不紊地记录下来。各班次之间的记录应当清楚地说明需要做的事和要求做的事。例如，戏票需要在正常的营业时间预订，晚上 10:00 之后就办不了。留给别的人来取的包裹需要挂上小标签，以免和要托运的包裹混淆。尽量处理完自己手头的工作，把自己能够完成的工作推给别的同事去做属于不合格的团队协作。

礼宾部还应配备 1~2 个磅秤用于称量信件和邮包的重量，它应能显示出当前邮件所需的邮票价格。1~2 个计算器则可以用来为客人计算各种委托代办的服务价格。地图尤其是专业的旅游地图是礼宾部不可缺少的，因为不论简单的询问还是复杂的解释，一张专门为酒店金钥匙制作的旅游图能使酒店金钥匙的工作更加得心应手。宣传酒店是金钥匙工作的重要部分，因此必须常备若干本酒店介绍给客人任意索取。酒店金钥匙还应对酒店各种设备设施及服务功能做深入的了解，以备客人的提问。

三、礼宾台服务资料

（1）航空时刻表。如何快速而准确地回答客人有关飞机的询问？秘诀是手头有一本最新的、最全面的航空时刻表，最好还有一本"航空公司公务指南"（Official Airline Guide），通常也叫作"OAG"，它能帮你熟悉订购飞机票的各种手续。

（2）酒店指南。酒店指南是使用最频繁的东西。它经常向客人介绍酒店各项服务设施的使用。

（3）电话号码本。许多客人一入住就会拨打长途电话，这时他们往往求助于礼宾部，所以酒店金钥匙必须配备最新的国内、国际电话区号资料。

（4）邮政编码本。方便客人查询。另外国内信函的交寄也需要查询邮政编码。

（5）餐饮娱乐信息资料。包括餐馆、汽车租赁、酒店、高尔夫球场、发型师、网球场、修指甲与修脚场所、游艇、娱乐场所等。以餐馆为例，需要掌握如下信息：餐馆名称、地址、电话、是否接受预订、营业时间、休息日、餐厅经理姓名、业主、装修与规模、价格范围和特价、可接受的信用卡等。当然还可以进一步按照烹饪和餐馆的风格进行分类，以便为客人提供更迅速、更完善的服务。此外，金钥匙最好能按风景、气氛是否适合公务餐、团体餐或有无私人包房等将餐馆再一次分类，以便为有着不同需要的客人进行推荐。

（6）与酒店相关的资料。酒店设施设备介绍、酒店历史介绍、服务项目和时间表、当天宴会安排等。

（7）酒店所在城市介绍。包括政治、经济、文化、历史、工农业、商贸、交通等。

（8）城市以外的相关资料。如地图，该城市所在省份的介绍，特别是旅游方面的介绍。

（9）附近的风景名胜。包括具体景区介绍、旅游线路、注意事项、有关的旅行社介绍等。

第二节　礼宾部的服务项目

以金钥匙为代表的礼宾部每天都会面对大量的客人服务要求，这些要求大多都是一些琐碎的"小事"或"杂事"，但正是这些小事和杂事成就了金钥匙在客人的满意与感动中收获富有人生的服务价值观。

一、客人迎送服务

这部分内容在第三章已经有过介绍，此处不再赘述。

二、行李服务

客人抵店的行李服务在第三章已经有过介绍，在此我们只就客人住店期间的行李服务要求作如下介绍。

（一）行李寄存服务与管理

　　由于各种原因，有的客人希望将一些行李暂时存放在礼宾部。礼宾部为方便住客存取行李，保证行李安全，应开辟专门的行李房和建立相应的制度，并规定必要的手续。

1. 对寄存行李的要求

　　（1）行李房不寄存现金、金银首饰、珠宝、玉器以及护照等身份证件。上述物品应礼貌地请客人自行保管，或放到前厅收款处的保险箱内免费保管。已办理退房手续的客人如想使用保险箱，须经大堂副理批准。

　　（2）酒店及行李房不得寄存易燃、易爆、易腐烂或有腐蚀性的物品。

　　（3）不得存放易变质食品、易蛀仪器及易碎物品。如客人坚持要寄存，则应向客人说明酒店不承担赔偿责任，并做好记录，同时在易碎物品上挂上"小心轻放"的标牌。

　　（4）如发现枪支、弹药、毒品等危险物品，要及时报告保安部和大堂副理，并保护现场，防止发生意外。

　　（5）不接受宠物寄存，一般酒店不接受带宠物的客人入住。

　　（6）提示客人行李上锁，对未上锁的小件行李须在客人面前用封条封好。

2. 行李寄存服务

　　（1）客人前来寄存行李时，行李员应热情接待，礼貌服务。

　　（2）弄清客人行李是否属于酒店不予寄存的范围。

　　（3）问清行李件数、寄存时间、姓名及房号。

　　（4）填写"行李寄存单"，并请客人签名，上联附挂在行李上，下联交给客人留存，告知客人下联是领取行李的凭证。

　　（5）将半天、一天、短期存放的行李放置于方便搬运的地方，如一位客人多种行李，要用绳系在一起，以免错拿。

　　（6）经办人须及时在"行李寄存记录本"上进行登记，并注明行李存放的件数、位置及存取日期等情况。如属非住客寄存、住客领取的寄存行李，应通知住客前来领取"行李寄存记录本"项目设置。

3. 行李领取服务

（1）当客人来领取行李时，须收回"行李寄存单"的下联，请客人当场在下联的单子上签名，并询问行李的颜色、大小、形状、件数、存放的时间等，以便查找。

（2）将"行李寄存单"的上下联进行核对，看二者的签名是否相符，如相符则将行李交给客人，最后在"行李寄存记录本"上做好记录。

（3）如住客寄存、他人领取，须请住客把代领人的姓名、单位或住址写清楚，并请住客通知代领人带"行李寄存单"的下联及证件来提取行李。行李员须在"行李寄存记录本"的备注栏内做好记录。当代领人来领取行李时，请其出示存放证件，报出原寄存人的姓名、行李件数。收下"行李寄存单"的下联并与上联核对编号，然后再查看"行李寄存记录本"记录，核对准确无误后，将行李交给代领人。请代领人写收条并签名（或复印其证件）。将收条和"行李寄存单"的上下联订在一起存档，最后在记录本上做好记录。

（4）如果客人遗失了"行李寄存单"，须请客人出示有效身份证件，核查签名，请客人报出寄存行李的件数、形状特征、原房号等。确定是该客人的行李后，须请客人写一张领取寄存行李的说明并签名（或复印其证件）。将客人所填写的证明、证件复印件与"行李寄存单"上联订在一起存档。

（5）来访客人留存物品，让住店客人提取的寄存服务，可采取留言的方式通知住客，并参照留存、领取服务的有关条款进行。

（6）将行李有序地摆放。

（二）住客换房行李服务与管理

住客换房行李服务可以分为明转和暗转两种不同的程序来分别执行，明转（Live Move）指的是与客人一起换房；暗转（Dead Move）指的是客人不在场的换房。

1. 明转

（1）明确新的房间号码及客人姓名。

（2）问清接待处客人有多少行李，从而选择适当的行李车。

（3）与客人当面点清所有的行李，与客人确认后，将它们小心装上行李车。

（4）带客人进入新房间后，帮助客人把行李放好，然后收回客人的原房间钥匙和住房卡，将新房间钥匙和住房卡交给客人，如客人没有其他服务要求，向客人道别，离开房间。

（5）将客人的原房间钥匙和住房卡交给总台服务员。

2. 暗转

（1）必须请接待处明确客人是否知道，以及客人是否已把行李收拾好；如客人的行李未收拾好，则不要动行李，等大堂副理或接待处的指示，并报告领班。

（2）必须与大堂副理、保安部、客房部一起进行转房、清点行李。

（3）执行以上明转的程序。

（4）换房完毕后同领班将换房时间、换房前后的房号、通知者、在场人、行李员、行李件数等事项记录在"行李员服务记录表"上。

（三）电梯服务与管理

现在酒店大多使用自动电梯，因此不需要有人看管和服务。但酒店为了对某些重要客人显示礼遇和接待规格，或于某些时候需要尽快疏散散客流量，也会由礼宾部派行李员专门为客人操纵电梯或在电梯口进行迎送服务。

（四）函件、表单的递送服务与管理

进入酒店的函件，经问讯处核查、登记后，由行李员进行分送。常见的函件有信件、电传、传真、电报等。平信、报纸等可由行李员或楼层服务员送入客房。而包裹、邮件通知单、挂号信、汇款单、特快专递等，须由客人直接签收。

酒店各部门的表单也由行李员进行传递，由有关部门、班组人员签收并注明签收时间。常见的表单有：留言、各种报表、前厅的各种单据等。

行李员在传递函件、表单时，要注意以下事项：注意服务规范，尽量走员工通道、乘坐员工电梯；按酒店规定程序敲门进房；填写"行李员函件转送表"，递送物品一般要让对方签收。

三、问询服务

（一）问询服务的信息内容

作为礼宾部的一员，首先要熟悉掌握大量的信息，这是做好问询服务的前提，也是最基础的工作。为做好问询服务，所需的信息量应该是多多益善；根据内容可以归纳为如下几个方面：

（1）本酒店自身方面的信息。如本酒店的规模、档次；所处的地理位置；服务设施及服务项目；经营特色及风格；有关政策及规定；总机及主要分机号码；组织体系及有关部门的职责；酒店及有关部门负责人姓名及工作场所等。

（2）交通方面的信息。如国际国内主要航空公司名称及主要航班的抵达时间以及机场位置；火车站位置及主要有关车次的抵离时间；本地主要出租车公司名称及预订车方式与电话号码；其他交通运输公司的基本情况；酒店与周边主要城市的距离及抵达方法。

（3）本地旅游、娱乐、体育、展馆、餐饮、商业等场所方面的信息。如本地乃至全国的各主要风景名胜点的名称、特色及抵达方法；本地主要体育、娱乐场所（如高尔夫球场、海水浴场、网球场、综合性游乐场等）的地址、开放时间、收费方法及与酒店的距离；本地主要购物点及特色等。

（4）本地科学技术、教育、文化、著名企事业单位、政府机构等方面的信息。如本地主要的文化馆、电影院、音乐厅、戏院、大型展览馆等活动场所的地址、上演的节目、剧情简介、入场费等；本地大专院校的地址、电话号码；本地主要图书馆、博物馆、主要科研机构等的地址及抵达方法；主要客源国及本地的风土人情、爱好、忌讳等。

（5）天气、日期、星期、时差等方面的信息。如近日天气情况；当天日期及星期；世界主要城市的时间及与本地的时差；北京时间等。

（6）其他方面的信息。如本地各宗教场所的名称、地址及开放时间；本地各使、领馆的地址及电话号码；主要的外贸及有关的企事业单位；商务指南；主要银行、医院及政府有关部门的地址、电话等。

（二）指路服务

酒店金钥匙是一个考验耐性的职业。同一个问题常常被问千万次，酒店金钥匙都要愉快而清楚地做出回答。指路就是酒店金钥匙最繁忙的任务之一。在酒店内，客人们习惯找到金钥匙，请他指点如何到酒店内公共洗手间、餐馆、礼品店以至城市里的一切地方，因为，在客人眼里，金钥匙对其所在的城市无所不知。美国一家酒店的金钥匙曾做过一项有趣的统计，一位委托代办职员在他上岗的头一个月就为约 17000 名客人指路。对于这样必不可少而又烦琐的工作，无法回避，只能想办法如何提高效率。

通常的做法包括制作简易的指示卡和寻求内部协作。指示卡就是将客人最常问到的目的地用一张简单的地图标示出来，印上酒店的标识分发给客人即可；寻求内部协作则是尽量发掘酒店内一切可能的人力资源，寻求酒店内部各岗位员工的协助，只要能提供给客人准确可靠的信息，其他部门的员工也能为客人提供满意的指路服务。当然，在礼宾部柜台客人应该获得更详尽的信息，比如，为客人指路时，金钥匙还应知道新的建筑和施工情况或气候条件，这些都可能改变正常的线路。

（三）查询服务

1. 住客查询

住客经常会向礼宾部、总机或楼层服务员询问有关酒店的情况。酒店员工应将客人的每次询问都看作一次产品推销、增加酒店收入的机会，详细介绍酒店情况，而不能将其视为一种麻烦。有时客人也会问及酒店当地的一些情况，酒店员工都应详细解答。

2. 查询住客信息

礼宾部经常会接收打听住客情况的问讯，如客人是否在酒店入住、入住的房号、客人是否在房间、是否有合住及合住客人的姓名、住客外出前是否给访客留言等，金钥匙应根据具体情况区别对待。

（1）客人是否入住本酒店。对客人是否入住本酒店的问询，金钥匙应如实回答（住客要求保密的除外）。可以通过查阅计算机确定客人是否已入住；查阅预抵客人名单，核实该客人是否即将到店；查阅当天已结账的客人名单，核实该客人是否已退房离店；查阅今后的客房订单（由预订部收存），了解该客人今后是否会入住。

如客人尚未抵店，则以"该客人暂未入住本店"答复访客；如查明客人已退房，则向对方说明情况。已退房的客人，除有特殊交代者外，一般不应将其去向及地址告诉第三者。公安检察机关除外。

（2）客人入住的房号。为住客的人身财产安全着想，问讯员不可随便将住客的房号告诉第三者，如要告诉，则应取得住客的许可或让住客通过电话与访客预约。

（3）客人是否在房间。面对这一问题，问讯员要先确认被查询的客人是否为住客，如系住客则应核对房号，然后打电话给住客，如住客在房内，则应问清访客的姓名，征求住客意见，将电话转进客房；如客人已外出，则要征询房客意见，是否需要留言。如住客不在房内，问讯员可以通过电话或广播代为寻找，并请访客在大堂等候，也可以请行李员在大堂内举牌摇铃代为寻找。

（4）住客是否有留言给访客。有些住客在外出时，可能会给访客留言或授权。授权单是住客外出时允许特定访客进入其房间的证明书。问讯员应先核查证件，待确认访客身份后，按规定程序办。

（5）打听房间的住客情况。问讯员应为住客保密，不可将住客姓名及其单位名称告诉对方，除非是酒店内部员工由于工作需要的咨询。

（6）电话查询住客情况，应注意以下问题：

①问清客人的姓名，如果是中文姓名查询，应对容易混淆的字，用组词来分辨确认；如果是英文姓名查询，则应确认客人姓（Surname）名（First name）的区分，以及易读错的字母，如"A for apple，B for baby，C for Charlie，D for David"等；并特别留意港澳地区客人及华侨、外籍华人中既有英文名又有汉语拼音和中文姓氏的情况。

②如果查到了客人的房号，并且客人在房内，应先了解访客的姓名，然后征求住客意见，看其是否愿意接听电话，如同意，则将电话转接到其房间；如住客不同意接听电话，则告诉对方住客暂不在房间。

③如查到了客人的房号，但房间没人听电话，可建议对方稍晚时候再打电话来，或建议其电话留言，切记不可将住客房号告诉对方。

④如查询团体客人情况，要问清团号、国籍、入住日期、从何处来（上一站）到何处去（下一站），其他做法与散客一致。

3. 查询酒店及其他信息

问讯员应主动介绍酒店的设备及服务项目情况，树立全员营销观念，积极、热情地为客人解答问题、提供帮助。

四、留言服务

留言服务是问讯处的一项主要工作，也是酒店主动为客人提供服务的一个范例。访客到来，住客不在房间，问讯员可以建议访客在大堂等候，或征求其意见是否需要留言。有电话找住客，但住客不在房间时，总机或问讯员应告知对方房间没人接听，然后征询其意见是否需要留言；有些酒店当房间无人接听电话时，电话线路会主动跳回问讯处，而不再经过总机。有时住客与来访者事先有约，但又有事须马上外出时，也会给访客留言，甚至填授权单，允许某个访客进房等候。酒店有时也会由于某种原因给住客留言（表4-1、表4-2、表4-3）。

酒店留言服务可由人工提供或计算机处理，无论按何种方式处理，留言一定要准确及时地通知到相关客人，否则就会导致客人的不满，甚至投诉。

酒店的留言服务可以分为4种情况：访客（或来电）给住客留言、访客（或来电）给暂未入住客人留言、住客给访客留言及酒店给住客留言。问讯员处理留言服务的程序如图4-1。

表4-1 客人对外留言通知单

客人对外留言通知单

日期：DATE

先生、女士、小姐 MR. MRS.MISS

房号：ROOM NO.

何处找我

WHERE TO FIND ME

TO: MR.MRS.MISS_____

FROM_____ AM/PM TO_____ AM/PM

I WILL BE AT:

  咖啡厅 COFFEE SHOP　大堂 THE LOBBY

  烤肉馆 GRILL ROOM　健身房 LOBBY BAR

  歌厅 THE SONGBIRD　宴会厅 BANQUET HALL

  广式餐厅 CANTONESE R. 日式餐厅 JAPANENESE R.

OTHERS：其他_____

留言内容 MESSAGE_____

_____

谢谢 THANK YOU

经办人 CLERK_____

表4-2 客人对内留言通知单

客人对内留言通知单

先生 MR.

TO 女士 MRS.＿＿＿＿＿＿＿＿＿＿＿＿＿＿＿＿＿＿＿＿

小姐 MISS

房号 ROOM NO.＿＿＿＿＿＿＿ 时间 TIME＿＿＿＿＿＿＿＿＿

日期 DATE＿＿＿＿＿＿＿＿＿＿＿＿＿＿＿＿＿＿＿＿＿＿＿

贵客有一电话来自 YOU HAD A TELEPHONE CALL

先生 MR

女士 FORM MRS

小姐 MISS＿＿＿＿＿＿＿＿＿＿

电话号码 TEL NO.＿＿＿＿＿＿＿＿＿＿＿＿＿ 地点 PLACE＿＿＿＿＿＿＿＿＿＿＿＿＿

令友并无留言□ PARTY LEFT NO MESSAGE

令友将再给你电话□ PARTY WILL CALL YOU AGAIN

请你打电话去□ PLEASE RETURN CALL

令友曾到访□ RARTY CAME TO SEE YOU

令友再次来访□ PARLY WILL COME AGAIN

电讯 / 包裹□ TELEX/PARCEL

留言内容 MESSAGE＿＿＿＿＿＿＿＿＿＿＿＿＿＿＿＿＿＿＿＿＿＿＿＿＿
＿＿＿＿＿＿＿＿＿＿＿＿＿＿＿＿＿＿＿＿＿＿＿＿＿＿＿＿＿＿＿＿＿＿

谢谢 THANK YOU

经办人 CLERK＿＿＿＿＿＿＿

F/O OS

表4-3 住客通知单

日期 DATE＿＿＿＿＿＿＿＿

住客通知单

先生、太太、小姐　　　　　房间号码

TO MR.MRS.MISS＿＿＿＿＿＿＿＿ ROOM NO.＿＿＿＿＿＿＿＿

FROM：INFORMATION DESK

PLEASE BE INFORMED THAT THERS IS A

兹收到一份□ TELEX/FAX　　　　　电传 / 传真

□ CABLE　　　　　电报

□ REGISTERE D LETTER　　　　挂号信

□ MAIL/PARCEL　　　　信件 / 包裹　　　□ OTHER

续表

请联络询问处索取
FOR COLLECTION PLEASE CONTACT INFORMATION DESK
THANK YOU

客人签名
GUEST SIGNATURE＿＿＿＿＿＿＿

经办人
CLERK＿＿＿＿＿＿＿

接到电话留言或访客留言　　　　　　关掉留言灯

问讯员查实住客姓名及房号　　　　　客人收到留言（如有必要，住客要签名）

记录留言并向对方复述确认　　　　　打开房间留言指示灯

填写留言单（一式三联）　——→　　第三联送给总机

第一联送到住客房间　←——→　　　第二联放在问讯处留言、邮件架内留存

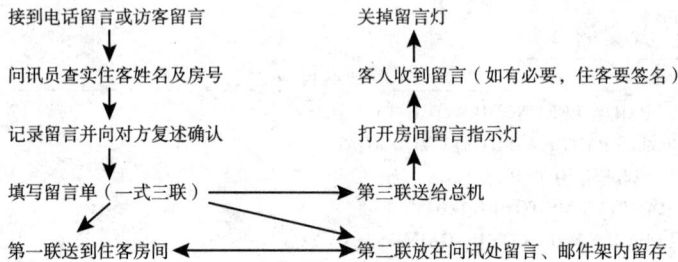

图4-1　留言服务程序

（一）访客（或来电）给住客留言

当被探访的住客不在房间时，问讯员应征询访客意见是否需要留言，如愿意，则请访客填写留言单，或访客口述，问讯员记录，访客签名确认。

当住客外出，有电话找寻时，问讯员应征询对方意见是否需要留言，如需要，问讯员则应填写留言单，并向对方复述确认。

酒店为做好访客（非来电）给住客留言工作设计了留言单，并在客房电话上设置了留言指示灯。有些酒店配置了高级的计算机管理系统，给住客的留言可从房间的电视荧屏上显示，其格式类似留言单。

访客给住客的留言单一般为一式三联，第一联由行李员送入客房（住客在房时）或送至楼层台班处，由台班送进客房（客人不在房内）；第二联放在问讯处留言、邮件架内留存；第三联送给总机，由话务员打开该客房的电话机上的留言指示灯，客人一回到房间发现留言指示灯亮着，便可电话询问留言内容。

有些酒店客房电话机上的留言指示灯可以由问讯员控制，故留言单第三联可以略去。

（二）访客（或来电）给暂时未入住客人留言

有时访客（或来电）给暂未入住本酒店的客人留言，问讯员碰到这种情况一样要热情提供服务，填写留言单并向对方复述确认，然后根据暂未入住客人的预订情况区别对待。

（1）给预抵店客人的留言。客人订了当天的客房但暂时没有入住，问讯员应将留言单与预订单订在一起，如是 VIP 客人的留言可将留言单与预订单夹在一起，如是一般散客的留言，可在客人办理入住登记手续时，将留言单转送给客人。

（2）给已预订但入住日期较为遥远的客人的留言。问讯员填写留言单后，在留言单上注明客人入住的日期，将留言单按住客姓氏的字母顺序进行排列储存，并通知预订员在该客人的预订单上附一张纸条，以做备忘。

（3）给未预订客人的留言。原则上酒店不提供这类留言服务。如对方坚决要求，问讯员则应向其解释清楚，并设法了解其大致入住日期，然后将该留言列入等候栏并常加以检查，核实该客人是否已入住。

（三）住客给访客留言

住客暂时离开客房或酒店，如想告知访客自己在何处，可填写"何处找我单"（WHERE TO FIND ME）。"何处找我单"一般一式两联，问讯处和总机各存一联。

这类留言具有较强的针对性，适合留给特定的访客，并且有较强的时效性，如留言过时，而又没有接到住客新的指示，可将该留言单作废。

如住客留言内容属允许某一访客在其外出时进入客房的，问讯员则还应该请住客填写授权单（Authority Note）。

授权单要注明访客的姓名、性别及允许其进入客房的时间段，问讯员还要要求住客签名确认。接待该访客时，问讯员要确认其身份，并登记其身份证件号码。

（四）酒店给住客留言

酒店给住客留言，也称住客通知（Guest Notice）。问讯员收到住客较为重要的邮件等，一般填写"住客通知单"，请客人前来签名领取。

前台向客人催缴押金、征询客人是否续住等事宜，通常通过电话、口头通知或填写"住客通知单"的书面形式来进行。

五、委托代办服务

酒店礼宾部在做好日常服务工作的同时，在力所能及的前提下，应尽量帮助并完成客人提交的各项委托代办业务。

（一）快递托运服务

1. 国际托运服务的要点

（1）了解海关限制。为了填写相应的海关表格，礼宾部必须知道客人交寄的包裹里装的是什么，有什么物品是禁止出口或限制出口的，主要的国际托运公司或快递公司的最新报价，有关的手续应如何办理，如何准确地报价等。

（2）了解空运限制。每个国家都有一定的空运限制，客人可以不清楚这些限制，但金钥匙必须确切无疑地知道。托运前要向客人解释清楚，如果客人对包裹没说实话，一旦海关检查时发现与实际不符，这个包裹就有可能被没收，这一点必须向客人讲清楚。

（3）国际托运单的填写。凡是国际托运都需要填写一"商品清单表"，其中必须填写并由托运者签名，而不能由酒店金钥匙代为签名。托运单中需填写的项目很细。这张单子一旦填好，必须一式复印多份，并根据托运公司的要求，让客人在每张单子上签名，复印签名无效。这些规定是雷打不动的，必须严格遵守。

2. 空运公司托运要点

许多私人公司如联邦快递和敦豪速递 DHL，都托运国际包裹，但它们同国家邮政部门一样有着相似的对重量和大小的限制。他们需要特殊的国际标签，同样要办理海关手续。礼宾部必须备有那些常常与之打交道的每一个公司的托运单和符合特殊需要的包装材料。反复核实选择的公司是否能提供到达该目的地的托运服务是非常必要的。

3. 紧急包裹

当某些东西需要马上送达指定地点时，那些专门承接 24 小时紧急包裹托运业务的专业公司是最佳选择。这样的服务并不常有，但一旦客人有这样的需要，他们将提供无可比拟的优质服务，如 EMS 邮政特快专递，这种快递公司能有效地解决一切问题。

4. 包裹快递地址的核对

按照客人的要求和时间限制，包裹可能会经过不同的运输机构被连夜转手，金钥匙有义务核实托运表的正确无误，客人常常会忘了填写日期或收件人的电话号码。有的公司是不递送包裹到邮政信箱的，因此包裹上的街道地址就成为唯一投递的依据。如果礼宾部不经核查就接受了一个包裹，后来才发现收件人地址是一个邮政信箱，这个包裹就不能寄出。

5. 快递服务的其他建议

在托运易碎物品或其他贵重物品时，建议由专业托运公司而不是一般的托运公司来托运。每个城市都有托运艺术品的专业公司，平时应该和他们保持紧密的联系。

（二）店外接送服务

有的豪华酒店拥有自己的豪华轿车服务，它常常通过酒店金钥匙进行协调。这项服务的主要功能是到机场接送 VIP 客人，但它的附属功能——在市域或省域范围供客人租用同样是酒店优质服务的体现。在这样的酒店中，订车服务必须制定一个制度，按照制度的规定，各部门代客订车的请求单和书面订单都要直接交给礼宾部，并做好签收手续确认用车的时间、目的地、是否要等候、价格、车型、付款人等重要信息。

在当今一些豪华酒店，到机场迎接重要客人并陪伴他们上轿车这项任务落到酒店金钥匙身上。如果金钥匙知道客人的航班延误，应及时通知酒店前台，以免酒店将房间售出。机场接送需要掌握如下准确信息：

（1）航线、航班号、日期、到达时间、准确出口，并提前与酒店车队确认好出发时间。

（2）确信参与此项工作的每个人都清楚确切的接客地点。

（3）飞机抵达前一小时给航空公司打电话，确认航班抵达的确切时间。

（4）如果客人的预订是由秘书、亲属或朋友代做的，酒店金钥匙应留下代订人的姓名、电话号码，同时留下乘客的姓名和电话号码。

（5）如果不是酒店自己的车子，在需要接送客人的当天向店外租车公司确认上述信息。

（三）旅游观光服务

在礼宾部工作的职员必须熟悉所在城市及城市周围的山水、名胜，熟悉当地旅游公司，因地制宜地推荐和组织客人旅游，让他们融入当地的风土人情。一旦客人做出旅游的决定，应注意以下服务要点：

（1）给旅游公司或旅行社打电话预订。

（2）告知预订人的姓名。

（3）清楚地告诉客人乘车地点和准确时间。

（4）将所有信息和注意事项明确地写在给客人的一张确认卡上。

（5）将确认卡的信息反复向客人强调是非常必要的。

在国外，有些客人在自己的行程中通常会请金钥匙为蜜月、订婚、重归于好、生日等制定特别的旅行安排，这就是考验酒店金钥匙创造性和想象力的时候了。

拓展阅读 🔍详情

浪漫的订婚行程

旧金山 Huntington 酒店的金钥匙从一部浪漫的爱情电影中得到启发，为一位男士设计了一个浪漫的订婚行程。他安排了一辆豪华轿车去接这位男士的女朋友，带她到金门大桥那边的 Sausalito 餐馆。车行至桥中间时，司机开始播放这部电影的录像。到了桥对面，轿车停在了一块能眺望四周的高地上，此时，女孩子眼前的景象是：蓝蓝的天、盈盈的水、高高的桥，焦急守望的男士，手持鲜艳的玫瑰，款款走向正在期待的女孩子，他们在旧金山落日的余晖下共进晚餐，柔情绵绵。一段美满的姻缘就这样促成了。

（四）酒店预订服务

酒店预订是客人经常提出的服务要求之一。然而这其中存在着许多麻烦。在房价、房间类别、折扣、取消预订等方面，一不小心就可能出问题。很多时候，客人对金钥匙提出的请求都发生在十分紧急的情况下，由于许多酒店都实行严格的预订取消制度，因此在预订酒店时应注意把握以下两个方面的要求：

1. 准确掌握预订人信息

（1）信用卡持卡人的全名、电话、家庭住址。

（2）酒店的名称和位置。

（3）房间和床的类型。

（4）房间数量及入住人数。

（5）抵店和离店日期。

（6）有关信用卡的信息，如发卡行的名称、有效期等。

（7）是否有特别需要，如残疾人服务。

2. 预订酒店的要点

（1）及时与所订酒店通电话。

（2）只要可能尽量使用 800 免费电话。

（3）如果 800 免费电话给予了否定答复，不要放弃，直接给酒店预订部打电话。

（4）认识预订者，掌握他／她的姓名，在整个预订中都使用这个姓名。

（5）预订完毕，取得预订号，把它写在将要给客人的确认卡（表4-4）上。

（6）确定自己完全清楚有关取消预订的规定并把它记下来。

（7）确信自己已经知道了所订酒店的地址和方位。

（8）始终保持礼貌的态度并多说"谢谢"。

表4-4 委托代办服务确认卡样张

您的 ×××× 预订已被确认。

客人姓名、房号＿＿＿＿＿＿＿＿＿＿＿＿＿＿＿＿

预订的详细内容＿＿＿＿＿＿＿＿＿＿＿＿＿＿＿

祝福语＿＿＿＿＿＿＿＿＿＿＿＿＿＿

代办金钥匙签名＿＿＿＿＿＿＿＿＿＿＿＿＿

（五）店外订餐服务

许多人以为酒店金钥匙的工作只不过是推荐餐馆，并把这项工作看得毫无意义。但只有那些资深的金钥匙心里清楚，他们不只是推荐餐馆，他们能提供比推荐餐馆多得多的东西。送客人到店外餐馆需要大量的知识，且责任重大。毕竟，客人是将自己的时间、金钱、经历、假期、生意、对城市及酒店的印象全都交给了金钥匙。因此，要做好这件复杂的工作需要金钥匙注意以下几点：

1. 发挥想象力

在多数情况下，客人对自己想要什么并没有一个清晰的标准和明确的要求，在被问及想要什么食物时，他们通常说"可口的""好吃的""特色的""随便点一些"。如果问及想要什么样的氛围，也通常回答"舒服的或浪漫的"。这样的回答往往使人摸不着头脑。因此，要善于抓住客人谈话中某些重要的提示，如价格适中的、时尚的、悦目的、带音乐的、辛辣的、大规模的、意大利式的、法式的、优雅的、商业性的、中国式的等。要充分发挥想象力：他们究竟想要什么样的东西？他们对什么样的晚餐感兴趣？只要客人能提供一个基本概念，从这个概念入手，金钥匙就有可能推荐与他们的需要相吻合的地方。

2. 尽量面谈后再推荐

在一次酒店金钥匙的聚会中，一位来自北京的金钥匙讲述了有关面谈可以避免误推荐的故事。"我曾经为一位只是想要一家'好餐馆'的客人做电话推荐。我建议他到一家完全用彩色粉笔画涂过、有着浪漫的鲜花的优雅但不正规的美丽小餐馆去进餐。当他出现在我面前时，我看到一个魁梧、彪悍、长满络腮胡子的东北大汉。你可以想象我当时有多么的惊诧。当然，我立即改变了自己的第一选择，送他到了一家更适合他的餐馆。"

3. 预订餐馆需掌握的信息

要对客人的要求有一个清晰的认识需要提出一系列的问题，搞清客人想要的东西，不要在稀里糊涂的时候为客人做出决定。要掌握的信息至少应包括以下内容：

（1）您将要举行一个特别的庆祝仪式吗？

（2）露天的还是室内的？

（3）有多少人参加？

（4）您所期望的价格范围？

（5）您需要什么样的氛围？正式的还是随意的？

（6）您需要的食品是意式、法式、日式、中式还是泰式？

（7）是否只需要步行就能到达的餐馆？

（8）有没有儿童参加？

（9）吸烟还是不吸烟？

（10）什么时间？

订餐单样式见表 4-5。

表4-5　客人订餐单（Dinner Order Form）

NO.

房号 Room No.		姓名 Name	国籍 Nationality
酒家 Name of restaurant			
用膳日期时间 Date &Time			
人数 Persons		台数 Tables	
每人（台）标准 Price for each Person（table）			
有何特殊要求 Special Preferences Price			
处理情况	酒家承办人： 经手人：		

年　月　日

（六）汽车租赁服务

1. 了解汽车租赁公司的运作情况

在不同的城市、不同的酒店的服务是不同的，有些大的汽车租赁公司要求客人亲自到租赁处办理租车业务，在为客人做安排时，有必要确定司机的年龄在 18 周岁以上。要肯定司机持有有效的驾驶执照。大部分租赁公司使用信用卡，因此礼宾部要确定信用卡的姓名与司机的姓名是同一个人。在某种情况下，汽车公司还会接受以现金作抵押以代替信用卡。

2.如何预订汽车租赁

需要向客人了解以下信息：

（1）客人的全名。

（2）优先选择的租赁公司。

（3）租赁日期、地点、时间。

（4）返还日期、地点。

（5）优先选择的车型。

（6）信用卡信息。

另外，客人租车有三种情况：第一种情况是酒店礼宾部向租赁公司预订，客人自己到租赁公司取车，办理相关手续，在这种情况下，要获得有关客人的完整的初始信息。给租赁公司打电话，把这些信息告诉对方。了解准确的租车费用。通知客人，向客人提供租赁公司的位置，了解租赁公司大厅业务的繁忙情况，以便向客人提供一个不用等候、一去就能受到接待的时间。第二种情况是酒店礼宾部向租赁公司预订并安排把汽车送到酒店客人的手上。这种形式的服务必须是在酒店金钥匙已同租赁公司建立起了良好的工作关系的基础上才可行。大多数豪华酒店的客人不愿到租赁公司去排队等车，而是希望有人将车送来。第三种情况是酒店本身就拥有上述那样的汽车租赁公司，礼宾部直接处理所有的租赁手续。订车单样式见表4-6。

表4-6 订车单

订 车 单
客人姓名_____ 共_____人
车型_____ 数量_____
抵达日期_____ 航班车次_____ 抵达时间_____
接车地点_____ 接车后送往_____
送车日期_____ 航班车次_____ 客人要求离馆时间_____
送往地点_____ 注：请汽车调度与客人确认送车时间
收费方式 （ ）现付/签单入房数（ ）报账_____
（ ）请汽车调度与客人确认付款方式
预订方式_____ 填表日期_____
职员签名_____ 调度签名_____
备注：

（七）各类订票服务

1.飞机票

（1）掌握客人购票信息。

①起点是哪儿？目的地是哪儿？哪一个机场？

②优先选择哪家航空公司？是否有优惠证？如果有，如何得到它。

③起飞时间？服务组别？

④喜欢什么样的座位？抽不抽烟？（只有国际航班有这样的规定，国内航班不允许抽烟。）靠通道还是靠窗？事先让客人明白，你不能保证他得到最喜爱的座位。

⑤获取客人信用卡信息。

（2）3种购票方法。

①直接向航空公司购买。预订航班并用现金取票；让客人自己至少在飞机起飞前一小时到航空公司售票处或机场取票。

②请旅行社代办。让旅行社代订机票，安排用客人信用卡支付并把票送到酒店交给客人。

③国外有一种快速 TIX 购票系统。这是一种计算机票务系统，它建立在一些大城市的 Quick Tix 代理和酒店金钥匙柜台之间。Quick Tix 安装着一个每天 24 小时开通的机器，对所有终端提供机票。Quick Tix 为酒店办理预订并出租轿车。它是一个可供当地旅行社选择的全日制服务系统。中国的大型酒店中通常有中国民航总局的计算机机票预订系统，但目前还不能实现 24 小时服务。

（3）掌握更多细节。

①在做机票预订时，要确信对目的地有清楚的了解。例如，在国外，特别是发达国家，许多大城市都有几个机场，纽约市就有 La Guardia、Kennedy、Newark 3 个机场；华盛顿也有 National、Dulles 两个机场。要到广州，你可以选择白云机场、深圳机场、珠海机场，甚至是佛山机场，关键看客人所要去的地方离哪个机场更近、更方便。

②使用"航空公司公务指南"（Official Airline Guide）。

③提供拼写正确的乘客姓名，因为航空公司有可能记下与乘客实际拼法不同的信息。

④取得你所服务的客人的姓名、本人签字、居住城市、座位号。一旦在入口处出现问题，立即通知航空公司。小心地保管好机票，并亲自交给客人本人。不要由

于客人退房而将机票遗忘在酒店的房间内。

（4）航班的再确认。航班再确认是酒店金钥匙在订购机票工作中必须做的最基本的工作。

①得到机票和有关机票的所有信息。

②打电话对航班进行再确认。

③如可能，获得一个座位号并将它写在给客人的确认卡上。

（5）改变航班。当航班不得不改变时，情况就会变得很复杂。如果可能，通过电话与客人联系，听一听客人的选择。客人可能会坚持说他拿的是可更改的机票，而事实上他弄错了。这时，决不要和客人争执，要耐心地听取意见，然后给航空公司打电话，寻找变通的方法。

①第一种情况：客人想要一张新的机票，可他已经拿到了一张受到限制和不可退改的票，例如折扣票。这种情况将无法挽回，因为客人在购买当初那张票时已和航空公司签了合同，除非是同一家航空公司的班机且同意客人补差价才可以改签。

②第二种情况：客人想要一张更早的航班的票，并且他原来买的是可更改的、不受限制的票。在作出改变之前得到客人对承担由此引起的附加费的允诺。

③第三种情况：假设有一位客人请你买一张从北京到泰国曼谷的指定航班的机票，你按他的要求买了一张不可退改的机票，后来才得知他要在香港换乘一架国际航班，前后两架航班之间没有足够的时间换乘。这就是众所周知的航运业务上所称的"非法衔接"。遇到这种情况可以采取的应对方案是：

- 了解客人的整个行程以便协调好衔接的航班。
- 给航空公司打电话了解可得到票的航班并做记录。
- 通知与该航班衔接的航班的航空公司。
- 获得座位号并记录在确认卡上。
- 道谢。

2. 火车票

需掌握以下信息：

（1）客人姓名和房号。

（2）日期和时间。

（3）同行人数。

（4）目的地和行程。

（5）所要求的服务级别或座位级别。

（6）客人信用卡信息。

随着国内高速铁路的开通，网上订票越来越方便，此项服务将会节约很多时间。

表4-7是比较通用的一种订票单样式，各家酒店格式可能会有不同。

表4-7 订票单

订票单位	预订号	订票数	交通工具	班 次	代办人签字	预订日期	预订时间	输入计算机留言	备 注

审核　　　　　　　制表人

3. 戏票

到票房购票很花时间，时常需要金钥匙或礼宾部员工亲自到票房去排队等候购票。这种方法能十拿九稳地得到确切座位号的票。另一种可以得到确切座位号的方法是找戏票经纪人，只是需要付给经纪人一笔不小的费用，因此，需要事先征得客人同意。

金钥匙应清楚代购戏票的付款方法，或计入房费或用现金支付，必须让客人知道购票的有关规定，让客人明白，在任何情况下都不可以退票。由于戏票一旦被购买就不能退，因此，必须征得客人对购买一定价格范围内的座位的承诺。把票给客人前，金钥匙应该打开信封，检查里面的内容，确定里面的票确实是客人想要的日期、想要的座位和想看的演出。在客人订票时，要问清客人的晚餐以及交通安排。这是表示你的关心并向客人推荐晚餐和轿车服务的极好机会。

（八）鲜花预订服务

酒店礼宾部应认识至少一个在晚间、周日和假日都提供服务的花商，有客人预订鲜花时，礼宾部应该使用一个规范化的表格，表格应包括以下内容：

（1）收花人姓名、地址／房号、电话。

（2）送花人姓名、地址/房号、电话。

（3）送花日期、时间、花商。

（4）鲜花品种及样式。

（5）所有费用。

（6）书写贺卡内容。

（7）付款方式。

（8）由行李员送到房间（限于送给酒店内的客人）。

登记时要确定贺卡内容已在其中，并看一看客人有没有什么特殊要求（如不能放置哪些品种的花）。对于客人要求送给本酒店的住客的情况，送花时应先打个电话，如果房间没人，就把送达时间记录下来，稍后再送。如果客人要求抵达酒店前就把花放在房间里，就要向客人说明须预先登记房间后才能这样做。客人在办理了入住手续后不能换房，否则花将会放错房间。在预订登记时，要确定花被送达时房间已经清扫干净，否则客房服务员可能会以为这些花是前一位客人的而把它们扔了。

（九）其他委托服务

客人住店期间当然还有很多经常向酒店礼宾部提出的委托代办服务，包括美容美发、按摩、代购邮票、包裹的保管与取回、冲洗胶卷、预约医生、请秘书、请公证人、租视频光盘等。每项任务因城市、酒店位置、所在城市的商务活动、各地商业中心和购物中心的设置不同而又有很大差异。要记住的最重要的一点是：每个请求都应从客人的角度来考虑，想他人之所想，急他人之所急。总之，要想使礼宾服务组织良好、运行顺畅，组织内的分工合作是最重要的。

第三节　电话总机及商务中心服务

随着现代通信技术的迅猛发展，电话在生活中的使用越来越普及并日益受到人们的重视，在酒店中更是如此。电话总机是酒店内外联络的通信枢纽，是酒店与客人交流信息、沟通感情的桥梁。总机话务员以电话为媒介，直接为客人提供各种话务服务。其服务质量的高低直接影响着客人对酒店的评价，甚至影响到酒店的经营效益。

一、电话总机的业务范围

电话总机的业务范围，依据酒店类型和档次的不同而有所区别，其主要业务及基本要求如下：

（1）长途电话服务。根据客人要求准确挂拨长途电话；熟悉所有长途区号、国家代码及收费标准；做好外接电话登记；及时开出所有长途电话的账单并通知前台，以便与客人结算；按前台要求，随时启动或关闭长途电话直拨功能。

（2）酒店内线电话服务。熟悉酒店所有内线分机号码；掌握酒店主要管理人员的姓名及联络方式；帮助客人或店内部门呼叫所需要寻找的人员；掌握当地及附近公安、消防、医院、供电部门的电话号码；必要时，应立即通知总机主管和值班经理与这些部门取得联系。

（3）住客电话服务。熟记市内各主要酒店总机号码及当地常用电话号码（至少200个以上）；熟悉本酒店各项服务设施及服务项目、营业时间、营业地点与收费标准；根据客人要求，随时转接店内电话；处理电话留言，及时通知问讯处或客人；准确及时提供电话查询服务。

（4）叫早服务。根据客人要求做好叫早服务记录（表4-8），并核对记录（包括房号、时间）；准时叫醒客人；若房内无人接听，应及时通知大堂副理或客房部办公室。

表4-8　客人叫早服务表

日期＿＿＿＿＿＿＿＿＿＿　团队名称＿＿＿＿＿＿＿＿＿＿

＿＿＿＿＿＿＿＿＿＿先生

　　　　　　女士

　　　　　　小姐

房号＿＿＿＿＿＿　预订叫早时间＿＿＿＿＿＿　领队签字＿＿＿＿＿＿

　　　　　前台通知叫早时间＿＿＿＿＿＿

　　　　　完成叫早时间＿＿＿＿＿＿

续表

<table>
<tr><td colspan="2"></td></tr>
<tr><td colspan="2">输入叫早时间责任人＿＿＿＿＿＿ 工号＿＿＿＿＿＿＿</td></tr>
<tr><td>送单责任人＿＿＿＿＿＿＿＿</td><td>输入检查责任人＿＿＿＿＿ 工号＿＿＿＿＿＿</td></tr>
<tr><td colspan="2">输入时间＿＿＿＿＿＿＿＿</td></tr>
<tr><td colspan="2">前台部经理签字＿＿＿＿＿＿＿</td></tr>
</table>

二、电话总机主要服务规程

酒店电话总机提供的服务项目主要包括：转接电话、挂拨长途电话、提供电话查询和留言服务、提供叫早服务和内部呼叫等。

（一）转接电话服务规程

酒店电话总机是客人不见面的"窗口"，话务员的服务态度、语言艺术和操作水平决定了话务服务的质量，影响着酒店的形象和声誉。

（1）转接电话要礼貌待客，必须在铃响3声之前接听电话，并主动向客人问好，自报店名或岗位。外线应报："您好，××酒店。"（××Hotel，May I help you？）内线应报："您好，总机。"（Operator，May I help you？）

（2）根据客人要求，迅速准确地转接电话。

（3）遇到转接的电话占线或线路繁忙时，话务员应请对方稍等，并使用音乐保留键，播出悦耳的音乐。

（4）对无人接听的电话，铃响半分钟后（5声），必须向客人说明："对不起，电话没有人接，请问您是否需要留言？"需要给房间客人留言的电话一般由话务员记录，复述确认后，通知行李员送至客房或前台问讯处，或者开启客房内的电话留言信号；给酒店管理人员的留言，一律由话务员记录下来，并复述确认，通过传呼或其他有效方式尽快转达。

（5）在来话方只知道要找的住客姓名而不知道房号时，应请其稍等，查出房号后予以转接，但不能告诉对方住客的房号；如果来话方只告诉房号，首先应了解住客姓名，然后核对计算机中客人资料，应特别注意该房客人有无特殊要求，如房号保密、免电话打扰或有住客留言等，如有便无须将电话转入房内。

（6）对于要求房号保密的客人，如果事先并没有要求不接任何电话，可问清来话方姓名、单位等，然后告诉住客，询问是否接听电话。如果客人表示不接听任何电话，应立即通知前台在计算机中输入保密标志，遇来访客人或电话查询即答该客人未入住本酒店。

（7）如果住客要求"免电话打扰"，应礼貌地向来话方说明，并建议其留言或待取消"免打扰"之后再来电话。

（8）如果来话方是长途电话而房内无人接听，则应先帮助寻找住客，再做电话留言；如住客房间电话占线，则应将电话插入该房间，向住客说明有长途电话是否需要接听，征得客人同意后，请客人先将房间话机挂上，再把电话转入。

（9）挂断电话时切忌匆忙，一定要待客人先挂断后，才能切断线路。为了能准确、快捷地转接电话，话务员必须熟练掌握转接电话的技能，熟知交换机的操作方法。同时应熟悉本酒店的组织机构、各部门的职责范围，尽可能地辨认长住客人、酒店中高层管理人员的语音特点，随时掌握最新的住客资料。

（二）拨打国际、国内长途电话服务规程

酒店内长途电话服务通常有两种：一是客人在房内直拨的国际、国内长途电话，二是通过电话局接通的人工长途电话。

现代酒店一般采用程控直拨电话系统，客人可以在房内直拨国际、国内长途电话。通话结束后，计算机能自动计算出费用并打印出账单。因此直拨电话系统的使用，加快了通信联络的速度，大大方便了客人，减少了话务员的工作量，还减少了酒店与住客之间因话费计算而引起的纠纷。

（三）问讯服务规程

酒店内外客人往往会向话务员提出各种问讯，因此，话务员同样需要为客人提供查询服务。总机话务员需要掌握的信息资料范围与前台问讯员基本相似。电话总机应像前台问讯处一样不断更新信息资料，以便准确、高效地回答客人的问讯。

以下两点是话务员在回答客人问讯时需要注意的：

（1）如果无法找到受话客人，话务员不应立即回绝来话客人，而应与前台进一步联

系。因为这有可能是客人刚刚抵达酒店，有关信息还未来得及传递到总机等原因造成的。

（2）总机房的醒目处应设有记事板。记事板上记录的内容要有天气预报、要求提供"免电话打扰"服务的住客资料、酒店主要管理人员去向、客人要求提供的特殊服务内容等。及时更新记事板的内容有助于总机话务员正确回答客人的问讯。

（四）留言服务规程

客人来电找不到受话人时，话务员应主动向来电客人建议是否需要留言。

（1）记录留言人姓名、电话号码和受话人姓名、房号。

（2）准确地记录留言内容，并复述一遍。

（3）开启客人房间的留言信号灯。

（4）当客人电话查询时，将留言内容准确地告知客人。

（5）关闭客人房间的留言指示灯，并清除留言内容。

如受话客人已要求"免电话打扰"服务（阻止任何电话进入客房），话务员通常也应采取留言服务方式。

（五）叫早服务规程

电话叫早服务是酒店对客服务的一项重要内容。它涉及客人的计划和日程安排，尤其是关系到客人的航班、车次或船次。因此，千万不能出现任何差错，否则将给酒店和客人带来不可弥补的损失。酒店向客人提供叫早服务的方式有两种：人工叫早和自动叫早。

1. 人工叫早

（1）接到客人要求叫早的电话时，要询问客人的房号、姓名、叫早时间，并复述上述内容以确保无误。

（2）填写叫早服务记录表，内容包括叫早时间、房号等。

（3）在定时器上定时。

（4）定时器鸣响，接通客房分机叫醒客人："早上好／下午好——现在是 × 点钟，已到您的叫早时间。"过 5 分钟应再叫早一次，以确保叫早服务生效。

（5）如果两次拨打电话均无人应答，则应立刻通知客房服务中心服务员或大堂副理实地查看，以防止发生意外情况。

2. 自动叫早服务

（1）接到客人需要叫早服务的电话时，要问清客人的房号、姓名、叫早时间，并复述上述内容以确保无误。

（2）在叫早服务记录表上填写登记。

（3）将所有需要叫早的房号、时间输入计算机中。

（4）总机领班或主管应核对输入情况，检查有无差错，并检查核对打印报告，以防机器有误。

（5）客房电话按时响铃唤醒客人。

（6）若无人应答，话务员应使用人工叫早的方法再叫早一次，以确认设施是否发生故障。

（7）若仍无人应答，则应立即通知大堂副理或客房服务中心服务员查清原因。

无论人工叫早还是自动叫早，话务员在受理这项服务时，都应认真、仔细、慎重。如果由于话务员的疏忽，忘记及时叫醒客人，其后果是非常严重的，不但会招致客人的投诉，还有可能要赔偿客人由此带来的一切损失。所以对那些具有自动叫早功能的酒店总机而言，在打印机打印出客人已被叫早的记录后，再用人工叫早方法检查落实，以证实客人确已被叫醒。另外，由于很少有人乐意在熟睡中被叫醒，因此话务员还应注意叫醒的方式，如在叫醒客人时，尽量以姓氏称呼客人，并询问客人是否需要其他服务（如是否需要在房内用膳），则会给客人留下深刻而美好的印象。

课堂思考

对于一家豪华酒店而言，计算机自动叫早和人工电话叫早这两种叫早服务方式哪种更合适？为什么？

（六）内部呼叫服务规程

为了密切酒店内部各职能部门之间的沟通联络，同时使各级员工对有关业务问题能够及时做出反应处理，现代酒店内部设立了呼叫系统（计算机微机控制）。传呼系统的控制由总机人员负责。因此，话务员应熟悉传呼器携带者的呼叫号码，并了解他们的工作区域、日程安排及去向。当店内员工提出寻呼要求时，话务员既可以在呼叫系统中准确键入打电话者或部门分机号码，也可以直接键入总机号码，并记录寻呼者提出的某些要求，以便向被寻呼者进行简明转达。有的酒店甚至将寻呼器租借给住店客人使用，从而扩大了酒店总机的业务范围，大大方便了客人的商务、公务和旅游活动，深受客人的青睐。无论采用哪种方法，提供呼叫服务后，均应做呼叫记录。呼叫记录的内容应包括：日期/时间、客人姓名、房号、要求呼叫者姓名/电话号码、有无回电、话务员/呼叫员、备注等。

由于酒店档次和客人需求的差异，酒店总机所提供的服务项目并不完全相同，有些酒店的电话总机还负责背景音乐、闭路电视和 VCD 的播放，接受进店电传，监视电梯运行及接受客房、宴会、会议室的预订、出租等各项工作。

三、电话总机服务功能的进一步延伸和扩展

近年来，许多国际酒店集团对电话总机服务的功能进行了延伸和拓展，使电话总机具备了服务信息集散的功能，客人只要在房间按一个电话键就可以提出所有的服务要求，而不必将电话打到不同的服务部门，提高了酒店服务效率，极大地方便了客人，增加了客人的满意度。如万豪酒店集团的相关服务部门称为 AYS，是英文 At Your Service 的缩写，意即随时乐意为您效劳；而喜达屋酒店集团旗下酒店的相关服务部门称为 Command Center，意即控制、指挥中心，由于所有的服务电话打到该部门，然后由该部门将客人的服务要求传递给相关部门完成，所以有控制、指挥中心之意。这些新的服务项目对电话总机提出了更高的要求。下面我们列举部分服务项目，供读者参考。

（1）转接内外线电话。

（2）接受客房和用餐预订。

（3）帮客人确认机票。

（4）接受客人所有来电需求并通知相关部门落实。

（5）帮客人客房送餐点餐。

（6）回答客人对酒店营业服务项目的询问（价格、内容、时间、设施等）。

（7）帮客人请医生上门就诊，预订酒店送接机服务。

（8）收集客人喜好。

（9）为抵达客人打印欢迎信。

（10）为外线客人留信给住店客人。

四、商务中心的业务范围

商务中心是酒店为客人进行商务活动提供相关服务的部门。许多商务客人在住店期间要安排许多商务活动，需要酒店提供相应的信息传递和秘书等服务。为方便客人，酒店一般在大堂附近设置商务中心，专门为客人提供商务服务。商务服务内容包括打字、复印、传真、会议服务（包括会议室出租、会议记录等）、翻译、票务、Internet 服务、委托代办、办公设备出租等业务。

商务活动对服务的要求很高，客人往往对商务活动的时间要求及时准确，对商务活动的内容要求准确无误，对商务活动的安排要求细致周到，对商务活动的信息要求高度保密。为满足客人的需要，商务服务已日趋专门化，商务服务质量也已成为衡量酒店服务质量的一个重要方面。因而要求商务中心工作人员不仅要对客人热情礼貌、精通业务，而且要严守秘密，掌握秘书工作的知识和技能，密切与酒店各部门的联系，提供高水准、高效率的对客服务。

酒店一般根据自身业务来设置商务中心的组织机构，比较常见的是设一名主管，文员若干名。主管负责商务中心的日常管理和设备的维护保养，文员则负责具体的业务工作。

商务服务设备可以分为办公设备和会议服务设备两种。办公设备一般有收发传真用的传真机，用于复印资料的复印机，用于计算机打字和收发电子邮件的计算机（配备打印机），装订资料的装订机，可打国际、国内长途电话的电话间，同时应配备有碎纸机、办公柜台和一定数量的办公桌椅、沙发，以及相关的商务刊物、报纸和图书资料。会议服务设备一般包括可供出租的洽谈室、会议室，专门用于会议服务的投影仪（计算机投影仪、实物投影仪、普通胶片投影仪等）、幻灯机、录像机、VCD 机（或 DVD 机）等。

五、商务中心主要服务规程

商务中心的服务项目很多，各项业务相差很大，但其服务程序却有许多共同点，概括起来其服务程序可以分为迎客、了解客人需求、介绍收费标准、业务受理、结账和送客六个方面。

（一）打印服务规程

打印，是商务中心常见的服务项目，客人往往要求将写好的文稿用计算机打印成字迹清楚的印刷体文字。其服务程序是：

（1）主动迎接客人。当客人走进商务中心时，接待员要主动向客人礼貌地打招呼。如遇自己正在忙碌，不能及时接待时，则向客人表示歉意，并请客人稍候；若接待员正在接听电话，则要向客人点头微笑，示意客人在休息处稍候。

（2）了解客人的要求。向客人了解文稿的打印要求，包括排版要求、稿纸规格、打印（复印）数量；迅速浏览原稿，对文稿不明或不清楚的地方，礼貌地向客人问清楚。

（3）接收打印。告知客人完成打印所能达到的最快交件时间，同时向客人介绍收费标准。当不能在短时间内完成时，记录客人的姓名、联系电话和房号，以便及时和客人联系。

（4）校稿。打字完毕，认真校对一遍。通知客人进行校审，按客人要求进行校正。

（5）交件收费。将打印文稿进行装订，双手持稿件上端递给客人；征求客人意见后删除计算机中的原文件，并将作废的稿件放入碎纸机中。然后按规定价格计算费用，办理结账手续。

（6）送客。起立、微笑、点头向客人致谢并道别。

（二）传真服务规程

传真服务可以分为发送传真和接收传真两种服务。

1. 发送传真服务程序

（1）主动迎接客人。

（2）了解发送传真的有关信息。

（3）主动向客人问清发往的国家和地区，并认真核对发往国家和地区的电话号码。

（4）主动向客人介绍传真收费标准。

（5）发送传真。

（6）认真核对客人交给的稿件，将传真稿件装入发送架内；用电话机拨通对方号码，听到可以传送的信号后，按发送键将稿件发出。

（7）结账。

（8）将原稿送还客人，按规定办理结账手续。

（9）向客人致谢道别。

2. 接收传真服务程序

接收传真分为两种情况，一是客人直接到商务中心要求接收传真；二是接收到传真，要将传真送交客人。对第一种情况，接待员应主动热情地帮助客人，并按规定收取费用。对第二种情况，其服务程序是：

（1）接收传真。接到对方传真要求，给出可以发送的信号（传真机在自动接收状态时，则免除此操作），接收对方传真。

（2）核对传真。认真检查传真的字迹是否清楚，页面是否齐全，然后核对传真上客人的姓名、房号，填写传真接收记录，将传真装入传真袋。

（3）派送传真。通知客人取件，或派行李员送交传真。行李员送交传真的程序是：将传真及传真收费通知单交给行李员（有的是楼层服务员），请行李员在传真取件单上签名，由行李员将传真交给客人，并请客人付款或在收费通知单上签名。

（4）账务处理。按规定办理结账手续。

（三）翻译记录服务规程

翻译，一般分为笔译和口译两种。两种服务除服务内容和收费计算方式有所区别外，其服务受理程序基本相同。笔译服务程序是：

（1）主动迎接客人。

（2）向客人了解翻译相关信息。向客人核实要翻译的稿件，问明客人的翻译要求和交稿时间；迅速浏览稿件，对不明或不清楚的地方礼貌地向客人问清。

（3）翻译受理。向客人介绍翻译的收费标准。当客人确定受理时，记清客人的姓名、房号和联系方式，礼貌地请客人在订单上签字并支付翻译预付款。送走客人后，联系翻译人员翻译文稿。

（4）交稿。接到翻译好的文稿后通知客人取稿。如客人对稿件不满意，可以请译者修改或与客人协商解决。

（5）办理结账手续。

（6）向客人致谢并道别。

（四）会议室出租服务规程

其服务程序是：

（1）主动迎接客人。

（2）了解相关服务信息。向客人详细了解会议室使用的时间、参加的人数、服务要求（如座席卡、热毛巾、鲜花、水果、点心、茶水、文具等）、设备要求（如投影、白板等）等信息。

（3）出租受理。主动向客人介绍会议室出租收费标准。当客人确定租用后，按规定办理会议室预订手续。

（4）会议室准备。提前半小时按客人要求布置好会议室，包括安排好座席、文具用品、茶具用品、茶水及点心，检查会议设施、设备是否正常。

（5）会议服务。当客人到来时，主动引领客人进入会议室，请客人入席；按上茶服务程序为客人上茶；会议中每隔半小时为客人续一次茶。如客人在会议中提出其他商务服务要求，应尽量满足。

（6）结账。会议结束，礼貌地送走与会客人，然后按规定请会议负责人办理结账手续。

（7）向客人致谢并道别。

（8）打扫会议室。会议结束后，应马上打扫会议室，整理室内物品，恢复室内原貌。

（五）商务中心的变化

值得注意的是，近年来，很多国际酒店将商务中心纳入市场营销部，这样做的原因一是当今许多新酒店的客房设施越来越齐全，一体化的多功能办公设备配进了房间，客人足不出户就可以完成诸如打印、复印、传真、收发电子邮件等商务办公活动；二是上述商务中心的服务项目和内容更加适合到酒店举办各类会议活动的客人的需要，包括会前的准备、会议进行中和会后资料的汇总整理，而这些服务要求的接洽最初更多是由市场营销部的宴会会议统筹部门来负责，由此，将商务中心归属于市场营销部会成为未来发展的一个新趋势。

本章小结

客人在总台办理好登记手续后即开始体验在酒店的住宿经历，不论客人是出于什么目的入住酒店，在其住店期间总是会有各种各样的服务要求，这些服务要求大多又与前厅部有着紧密的联系。

为了体现酒店的档次和服务水准，许多高档酒店都设立了礼宾部。礼宾部的职责就是围绕客人需求提供一条龙服务，从客人到达酒店所在城市开始，包括预订、接送、订餐等一系列服务便随之展开。以金钥匙为代表的礼宾部每天都会面对大量的客人服务要求，这些要求大多都是一些琐碎的"小事"或"杂事"，但正是这些小事和杂事成就了金钥匙在客人的满意与感动中收获富有人生的服务价值观。

酒店礼宾部在做好日常服务工作的同时，在力所能及的前提下，应尽量帮助并完成客人提交的各项委托代办业务。这些委托代办业务主要包括：快递托运服务、店外接送服务、酒店预订服务、旅游观光服务、店外订餐服务、汽车租赁服务、各类订票服务、鲜花预订服务等。

电话总机是酒店内外联络的通信枢纽，是酒店与客人交流信息、沟通感情的桥梁。总机话务员以电话为媒介，直接为客人提供各种话务服务。其服务质量的高低直接影响着客人对酒店的评价，甚至影响到酒店的经营效益。

近年来，许多国际酒店集团对电话总机服务的功能进行了延伸和拓展，使电话总机具备了服务信息集散的功能，客人只要在房间按一个电话键就可以提出所有的服务要求，而不必将电话打到不同的服务部门，提高了酒店服务效率，更极大地方便了客人，增加了客人的满意度。

商务中心是酒店为客人进行商务活动提供相关服务的部门。许多商务客人在住店期间要安排许多商务活动，需要酒店提供相应的信息传递和秘书等服务。为方便客人，酒店一般在大堂附近设置商务中心，专门为客人提供商务服务。商务服务内容包括打字、复印、传真、会议服务（包括会议室出租、会议记录等）、翻译、票务、Internet服务、委托代办、办公设备出租等业务。近年来，很多国际酒店出现了将商务中心纳入市场营销部的趋势。

？ 复习与思考

一、问答题

1. 礼宾部柜台的服务资料有哪些？这些资料有什么作用？

2. 如何理解金钥匙的职业素养？

3. 礼宾部委托代办服务项目有哪些？这些服务项目的服务要点有哪些？

4. 电话总机的服务项目有哪些？

5. 电话总机人工叫早服务需注意哪些细节？

6. 如何理解电话总机服务功能的拓展？这些功能的拓展对提高客人满意度有什么作用？

7. 商务中心的服务项目和服务要求有哪些？

8. 如何理解商务中心功能的转变？

二、案例讨论题

着盛装的客人上下车

协助客人上下车是门童每天司空见惯的工作。首先要留心客人的手、手指，若是女性客人，还要帮她注意裙子的下摆（裙角）等部分。这项工作看起来很简单，却格外费神，仅仅是吧嗒吧嗒关车门，说不定就会引起很严重的事故。

客人当中，乘车之际为了保持平衡用手扶住车顶的人不在少数。但是有时门童只注意着客人的腿脚、行李，竟看不见客人手的存在。想象一下这时候关上车门会产生什么样的后果？大概免不了骨折吧，作为门卫来说，没有比这更糟糕的失败了。

有可能被车门夹住的不仅仅是手指，比如大衣、长裙的下摆等。酒店几乎每天都有宴会、晚会、茶会等，出席晚会的女性客人不少人身着盛装长裙。但着长裙上车时比较拖沓，习惯了的人不会出什么大问题，但大多的女士容易把裙角忘在车外。

这时，也还是要门卫助客人一臂之力，自自然然地脱下白手套，说一声"对不起"，将裙角轻轻拢进车内。触摸了几十台、几百台的车，门卫的手套会脏起来，不管是多么忙，我们也不能戴着脏手套去碰客人的衣服；不管是什么时候也不应该不打招呼地接触客人的衣服和私物。还有一点要注意的是，尽量让穿长裙的客人坐在紧挨车门的座位，日本的男性经常让一起来的女士先上车，可是盛装缠身向深处的座位移动是很费劲儿的。这时，我们的门卫悄悄谨慎地提醒一句"穿长裙坐在里面比较辛苦吧"，会暗助她一把。

案例讨论与思考：

上述案例来自日本东京帝国酒店，读了这则案例，你对礼宾部员工的细微服务有何感想？

三、实训题

1. 角色扮演：门卫替客人开车门。

2. 角色扮演：电话总机受理人工叫早服务。

3. 选择 3~5 家高星级酒店分别致电电话总机，通过与总机的对话评价其服务质量并写下对方服务中的优缺点。

4. 实地考察 2~3 家豪华酒店，观察其礼宾部的运作，把你看到和了解到的情况记录下来。

第五章 客人离店结账与夜审计

学习意义　酒店为客人提供设施和服务的最终目的是要获得经济收入，建立客账管理体系是获得合理、准确经济收入的一项重要保障。前厅的客账管理具有很强的时间性和业务性，它应准确反映酒店经营业务活动的状况。

内容概述　本章主要介绍处理客人账户、办理住店客人的收款业务和离店手续、审核住店客人的各项收费、催收及核实账单、办理住店客人外币兑换业务、寄存与保管客人的贵重物品、审核酒店当日营业收入、编制营业报表等工作。

学习目标

知识目标

1 了解客人账户记录程序。

2 掌握客人离店结账程序与方法。

3 了解夜审工作程序与营业日报表的主要内容。

能力目标

1 会处理不同结账方式。

2 会分析酒店营业日报表中的关键指标。

夜审经理的工作

不管你对夜审计工作抱有什么样的看法，我不得不告诉你所有的一切，夜审计是一份非常有吸引力的工作。更确切地讲，在任何给定的班次中，夜审计员除了完成编制业绩报告的任务外，还执行酒店中的其他所有职能。

我基本上是在客人和酒店高级管理人员睡觉时管理着酒店。我的目标是确保每个人的安全并和我的团队一起完成所有报告。有时在凌晨（也许是2点左右），一旦准备好了所有数据，我们就开始对营业日进行变更。许多人不知道营业日更替需要关闭整个饭店计算机管理系统。从本质上来说，在进行营业日更替的过程中，酒店必须有人工管理。在这段时间（如果所有工作进展顺利的话，大约需要一个小时），我们依靠的是关闭酒店计算机管理系统之前生成的应急性报告，这些报告列出了目前酒店的住客及哪些房间可供销售。如果这期间我们接待了任何新抵店的客人，这些信息就显得很重要。显然我们不想将任何一位办理了入住登记手续的客人安排进一间已经被其他客人占用的客房。

为了能够在最早起床的客人选择结账退房之前完成营业日更替和编制报告的工作，我们按照工作一览表努力地工作着。有时我们直到早上较晚的时间才完成我们的任务。当然，这是我们无法控制的，显然，这也使得我们团队中的所有人都感到沮丧。例如，如果前台或餐饮营业点白天出现了几处过账错误，我们必须尽力亲自改正它们。毕竟，我们不能在凌晨3点将出了错的员工唤醒！因此在酒店确保工作的精确性是最重要的。

最后，我想通过一句话来评价我一天的成功：如果我能够在拂晓之前踏入家门，那么我这一班次的工作就是成功的。

案例思考

1. 如何理解夜审计工作的重要性？
2. 如何理解案例中提到的"在酒店确保工作的精确性是最重要的"这句话？

第一节　前台客账管理要求与流程控制

住店客人每天都同酒店各部门发生各种各样的业务交易，如住宿、饮食、洗衣、客房送餐、商务中心、长途电话等。客人在使用这些设施和享受服务后，不必马上支付这些费用，越来越多的酒店开始为住店客人提供一次性结账服务，也就是说客人在入住时预付保证金，酒店允许其在酒店营业点签单消费，账单则汇集到前厅收款处，待其退房时一并结账。

为了确保准确无误地结算客人在酒店居留期间所发生的费用，并保证赊欠账款的收回，避免逃账、漏账，前厅收款处应拥有一套完整的客账管理措施。

一、客账管理的要求

（一）健全客账管理体系

这套系统的主要功能包括：

（1）建立、健全并妥善保管住客的各种原始记录，包括入住登记表、餐单、账单、杂费收据等。

（2）按房间及住客姓名建立归档汇总费用的账户，每房每客一户。

（3）建立客人入住、离店的信息系统。

（4）建立能够及时准确地把客人在酒店各营业点的各项消费登入到该客人账户中去的处理系统，努力扩大前厅收款处计算机连机的覆盖面，一时不能联机的地方要设专人用单据控制。

（二）账户清楚

酒店前厅客人账户主要分为两类，即住客分类账和应收款分类账。其中，应收款分类账又包括非住店账户（也称外客账户 city account）和酒店管理人员账户（management account）。

住店客人在办理入住登记后，前厅收款处就为其设立了一个账户，供收款员登录核查该客人在酒店居留期间的房租及其他未付款项。它是编制各类营业报表的重要来源，也是客人离店结账的依据。通常，酒店为散客设立个人账户，为团体客人设立团体账户。团体客人接待单位一般只负责其房租或免费，如个别团体客人预付保证金想享受散客待遇——在酒店各营业点签单消费、享受一次性结账服务等，酒店则也要为其设立个人账户，但户头必须清楚准确。

将那些与酒店保持账目往来但并不在酒店登记的客户的账单集中在应收款非住店账户内，这些客户已为将来在酒店享受产品和服务预付了订金，酒店还能为一些当地客户提供个人直接划账的服务，这些客户的名单由酒店财务信用部列出。

一些酒店的管理方为方便经理人员接待客人，授予下属一定数额的签单数，这些账单最后送至财务部，由其进行处理。

（三）转账迅速、准确

酒店为了方便客人消费，为住店客人提供一次性结账服务，规定各营业点必须及时地将客人账单送到前厅收款处来汇总，并要有一份准确的交易记录，因为客人在一天中的任何时候都可能决定结账。为了防止客人逃账、漏账，各营业点转账要准确、迅速。

在以手工操作为主的酒店，各营业点必须要设专人用单据来转账，而且营业点在给客人签单结账之前要先征询前厅收款员的意见，核实该房间客人姓名及该客人是否可以签单等，然后及时转账。前厅收款员在给客人办理退房手续打印账单前，要电话通知各营业点查实有无遗漏的账单。

现在，大多数酒店使用了酒店管理的计算机系统，各营业点的计算机与前厅收款处计算机联网，各营业点收款员将账单信息输入计算机，前厅收款处计算机就同时记下了当时客人的应付账款，大大提高了工作效率，且减少了漏账的机会。

二、客账控制流程

前厅收款处客账控制主要包括建账（登记、预收）、入账、结账、交款、编表、夜审等一系列环节。

（一）建账

客人到接待处办理入住登记手续，接待员为其安排房间，确定房费，并确认付款方式之后，接待员将入住登记表的其中一联移交给前厅收款员，作为建账（creation of account）的原始依据。收款员据此预收保证金和建账。

1. 预收预付款

预收预付款是酒店为减少客房收入损失而采取的一项重要控制措施。一般客人入住时都被要求预交预付款。有些酒店对特定客人，包括贵宾和一些已被酒店批准挂账的客人，可免交保证金（waive deposit）。

预收预付款的数额，各酒店不尽相同，各施各法，但不外乎两种：一种是以预收的房租作为预付款，其他费用在离店时结算；另一种是房租和其他费用一起预收，结账时多退少补，一般预收多一天的房租。

收款员在收取预付款时，首先要检查接待员所填的房租是否正确，然后根据入住登记表上确定的结算方式收取预付款。

（1）现金结算。客人用人民币或外币预付预付款，收银员要辨清其真假，并填写预付款收据给客人。预付款收据见表5-1。

表5-1　预付款收据

预付款收据 DEPOSIT VOUCHER		
日期 DATE：　　　号码 NO.：		
住客姓名 GUEST NAME：	账户号码 A／C NO.：	
	房间号码 ROOM NO.：	
金额 AMOUNT：		
备注 REMARKS：		
收款人 CASHIER：		

（2）支票结算。比较典型的是国外旅客用旅行支票，国内企业用公司支票。由于客源复杂，用支票支付可能会给酒店带来一定的信用风险，故在实际工作中要特别注意以下方面：

①拒绝接受字迹不清、过时失效、打印或书写不规范及第三手的支票。

②检查是否是挂失的或失窃的支票。

③核对客人入住登记表上的签字是否与旅行支票上的签字相符。

④核实客人的身份证件并登记证件号码，公司支票有时还要求客人留下联系电话。

⑤对于不清楚之处，应直接询问客人，或向财务部或银行部门查询。

（3）信用卡结算。收银员在操作过程中要注意以下几点：

①核对是否属酒店受理的信用卡。

②辨别信用卡的真伪。

③检查信用卡的有效期及持卡人姓名适用地区。

④查对信用卡号码是否在被取消名单之列。

⑤留意该信用卡的支付最高限额（Floor limit）。

⑥压印相应的信用卡签购单。

有的酒店为了缩短客人办理入住手续的时间，把压印信用卡签购单的工作交由接待员完成，待安排客人入住后，再把信用卡的签购单交给收款处查验其有效性。如发现问题再找客人交涉也不为迟。

（4）有价预订凭证方式结算（如旅行社凭证 Travel Voucher）。在竞争越来越激烈的形势下，酒店为了开辟和扩大客源市场，发展了许多代理商，特别是境外代理商，如旅行社和预订机构。酒店与其订立优惠的价格合同，促使它们为获取差价而直接向客人销售酒店的客房，这些代理商介绍来的客人，一般在当地已向代理商交过房费并持有代理商给他们的有价预订凭证。接待员在接待此类客人时，要仔细核对其预订凭证，并查阅代理商收来的预订单，核查其是否一致。有价预订凭证仅支付了房费，接待员应礼貌地问清客人是否选择其他消费的支付方式，然后交由收款员收取保证金。

2. 建立账户

住客账户在客人办理完入住登记手续交付保证金之后建立，住客账户采取"借方"和"贷方"的会计簿记方式。建立账户的方法分手工建立和计算机自动建立两种。

（1）一般散客账户的建立。散客登记入住后，收款员以"入住登记表"的收银联作为依据，然后将预付款单的其中一联与其钉在一起，按照房号为住客设立账户（表5-2、表5-3）。客人账户按房号排列，存放在账单盒（架）内。除了房间号码之外，酒店还应为客人各设一个账户号码。在现代的大中型酒店里，通常是由计算机自动为每个入住的客人分配账号的，如果计算机没有这个程序，则需收银员按入住的顺序编好号码输入计算机。

表5-2　客人分户账单

房号 Room No.		姓名 Name		账号 A/C No.		备注 REMARKS	××HOTEL 地址 ADD： 电话 TEL：
房价 Room Rate		抵店日期 ARR.DATE		离店日期 DEP.DATE			电传 TELEX： 传真 FAX

日期 DATE	借　　　　方									贷方 CREDIT	余　额
	房租	服务费	餐饮	洗衣	电话	电传传真	汽车	其他	小计		

住客签名 GUEST SIGNATURE		地址 ADDRESS		钥匙请交总台 HAVE YOU RE- TURNED ROOM KEY	最终余额 LAST BALANCE IS AMOUNT DUE
付款单位 CHARGE TO					

表5-3　客人账户

××酒店	地址： 电话： 电传： 传真
姓名： 抵店日期： 离店日期： 房间号： 房价： 文件编号.	

日期	项目	描述	借方	贷方

账户根据客人情况平衡设定

（2）团体住客账户的建立。对于团体住客，一般应设两个账户：公账账户（也称主账户，Master Folio）和私账账户（也称杂费账户，Incidental Folio）。团体住客的食宿一般由旅行社或接待单位付款，这些费用记在公账账户上（表5-4）。如个别团体客人预付保证金想享受散客待遇，即想在酒店内各营业点签单消费，酒店应为其开立一个类似散客账户的私人账户。

表5-4 团体客人接待单

团 名				编 号	
抵 离 时间地点	月 日 时 分乘 由 抵			付款方式	
	月 日 时 分乘 赴 离				
人 数	客 人		陪 同	全陪姓名	
	计 人		计 人	地陪姓名	
用房数				客房布置 及要求	
房 费	A. 元／间天			B.按 合同价	
餐费 膳食	餐 别		退 餐		日 餐
	标 准	元／人天（含） （不含）	其 他		日 餐
	餐 差				
风味或宴会	月 日 时 分共 桌计人，标准 元／人				
确认事项：	A B C				
备 注：	A B C				

（二）入账

建立了客人账户，客人在酒店内的各项消费单有了汇总、存放的地方，酒店就开始把客人的预付保证金、各项消费数记入客人户头，这就叫入账（Posting）。入账不仅要准确，而且要及时，尤其是客人即将离店时所发生费用的及时入账就更为重要。

1.入账种类

前厅收银员主要通过"借方"（debit）和"贷方"（credit）两个方面入账。

（1）借方入账内容。房租、餐饮费用、电话费用、洗衣费用、客房小酒吧费用、其他房间转来的账单、其他费用（如健康中心、商务中心消费等）、代付款项、赔偿。其中，代付款项（Visitors paid out，VPO）是指酒店代为客人支付店外消费的款项。常见的如租车费、旅游观光费、邮资等。

（2）贷方入账内容。预付保证金、结账时的补足款项、账单修改对冲数（如客人的餐饮收费应150元，但在借方入账时入了250元，在贷方入100元作为冲数）。

2. 入账方法

（1）通过计算机入账。有些费用可以通过计算机自动入账，如房费（图5-1）。

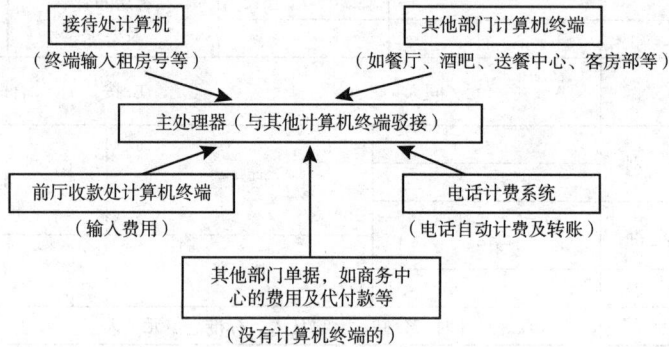

图5-1 计算机入账

客人在酒店各营业点的费用，通过设置在各营业点的计算机终端输入，然后经过主处理器进入前厅收款处的客人账户。例如，餐厅的收银机与前厅收款处计算机联网后，不管住客在哪个餐厅、酒吧消费，在收银机操作的同时，就能输入该客人的消费户头中去；再如，客房的直拨电话与前厅收银处计算机联网后，只要客人在房间拨打长途电话，电话费用立即能自动计算出来并转到该客人的户头上去。但也不是酒店的所有地方都能与前厅收款处计算机联网，如代付款等，这些费用只能通过凭单送到前厅收款处直接入账。通过计算机入账，既准确又迅速，同时可以通过计算机编制营业报表。

（2）手工入账。有些小型酒店采用的是手工入账。手工入账速度较计算机联网入账慢，且易遗失和漏收，这就要求酒店一定要建立严格的程序，并将责任落实到人，加快账单开出及传送的过程，尽量提高入账的速度。

无论计算机联网入账还是手工入账，客人账单最后都要归总到前厅收款处来，由收银员放入住客各自的账卡里，作为客人结账时的原始依据。前厅收银员在存放这些账单前，应认真复核账单上的签字、房号及账卡是否与登记表上的房号、签字相符。

（三）结账收银

详见本章第二节。

（四）交款编表

1. 清点现金

收银员清点当班的现金，并按币种分类，填写交款表（表5-5），然后将现金上交酒店总出纳。交款方式分直接交款和信封交款两种。直接交款方式，即由收银员将现金直接上交总出纳。由于酒店总出纳晚上不上班，而采用把款项用信封装着投入指定的保险箱的方式简称信封方式。开启保险箱时须把两把钥匙同时插入才能打开，两把钥匙分别由总出纳和财务主管保管。

2. 整理账单

收银员的主要工作有：

（1）把已离店结账的账单按照"现金结算收入""现金结算支出""支票结算""信用卡结算""挂账结算"等类别进行汇总整理。

（2）把入住客人的保证金付款单据、预订房间的保证金单据等进行分类整理。

（3）每一类单据整理好后，应计算出一个合计金额，把合计金额的纸条或便条附在每一类单据上面，以便核对。

表5-5 交款表

收银点：　　　　　　　　　日期：　　　　　　　班次：

票　额	人民币		港　币		美　元		其　他		备　注
	数量	金额	数量	金额	数量	金额	数量	金额	
1000元									
500元									
100元									

续表

票　额	人民币		港　币		美　元		其　他		备　注
	数量	金额	数量	金额	数量	金额	数量	金额	
50元									
20元									
10元									
5元									
2元									
1元									
0.5元									
0.2元									
0.1元									

交款人：　　　　　　　　　　　　　　　　　　　　　　收款人：

3. 编制收银报告

为了确保每天客账收入的准确性，收银员在下班前都必须编制收银报告，收银报告包括一份明细表和一份汇总表。

（1）收银员明细表。前厅收银员明细表（Cashier statement-detail）（表 5-6）主要包括以下内容：房号（住客的房间号码）、账号（住客的账户号码）、时间（入账的时间）、单号（入账单据的号码）、费用账项（应向住客收取的费用金额）、现金（是现金收进的简写，即住客付来的现金）、信用卡（客人用信用卡签付数额）、转账（指转为外账或挂账结算的数额）、支票（收进的支票）、现金支出（指退给客人的现金）。

表5-6　前厅收银员明细表

收银员　　　　　　　　　班次　　　　　　　　日期　　　　　　　　时间

Cashier　　　　　　　　Shift　　　　　　　　Date　　　　　　　　Time

房号 Room No.	账号 Acc. No	时间 Time	单号 Reference	费用项 Charge	现金 （收进） Cash	信用卡 Credit card	转账 Transfers	支票 Cheque	现金支出 Paid
	合计 Total								

（2）收银汇总表。前厅收银员当班收银汇总表（Cashier statement）（前厅收银员报表）（表5-7）分两大栏：借方栏和贷方栏。借方栏列示该收银员经手记入各住客账户的费用额，即酒店应收住客的款项，内容为各种消费单。贷方栏列示该收银员当班办理结账的数额，即酒店应收住客账款的减少数额，内容列示为结账方式，如现金、信用卡、转账、支票等。

表5-7　前厅收银员报表

收银员 Cashier	班次 Shift	日期 Date	时间 Time

借方 Debits	金额 Amount	贷方 Credit	金额 Amount
合计 Total		合计 Total	

4. 核对账单与收银报告

把整理好的账单与收银报告总表的有关项目进行核对，即将住客的消费单汇总表上的"借方栏"的有关项目逐个核对，将现金结算、信用卡结算、转账、支票等单据与汇总表上的"贷方栏"项目逐一核对。如发现不符，则将不符的项目与收银员明细表中的有关项目进行核对，找出原因，及时更正。

5. 核对现金与收银报告

两个收银报告中的"现金（收进）"项目与"现金（支出）"项目作比较，其差额就是"现金应交款"。如果不相符，应即刻查找原因。

6. 送交款项、账单、收银报告

现金核对准确后，将其按酒店规定上交给总出纳，同时将账单和收银报告按酒店规定移交和分发。

（五）夜审

酒店前厅收银员每天都要进行大量的账务处理工作，收银员既要建账、入账，又要收款、结账，在这一系列工作中难免会出错，为了加强对账单资料的查对，对建账—入账—结账环节进行检查和控制，酒店有必要通过夜审（Night Auditing）对当天客账的正确性进行审核。

（六）计算机化前台收银系统的功能介绍

一个比较完善的计算机化收银系统，一般具备如下功能：

1. 账单管理

（1）强大的客账管理，每个客账至少可分为6个子账页。

（2）支持按客人需求来编辑账单。

（3）实时账目超限控制，多种方式呈现客账：流水账、汇总明细、转账明细以及多种排序归类方式。

（4）具备明细账目的"超链接"穿透查看功能。

（5）账单打印功能：多语种账单、多样式账单、标准明细账单以及汇总账单打印。

2. 账务管理

（1）全面收银功能：消费记账，灵活多样的结算、冲调、拆分、减扣。

（2）批结：系统支持对部分账目进行结账。

（3）转账：分别可按项目和绝对金额进行账目转移。

（4）结账：支持多种方式的预付金及系统自动的预付金结转。

（5）快速入账处理：可以锁定客人和记账代码，成批入账，方便快捷地处理多账目入账。

3. 多功能的客人结账处理

（1）系统通过"查房"功能，自动将客人结账信息发至房务中心。

（2）房间结账时，可自动将单个房间、多个客人的账单自动转到结账客人的账单上，以简化结账流程。

（3）支持房间部分客人单独结账。

（4）系统对超时客人自动提醒，并加收半日或全日房租。

（5）对有内部留言的客人或房间在结账时，系统自动提醒。

（6）对结余为零的客人，系统能提供快速结账功能。

4. 应收账务管理

（1）营业统计分析。

（2）应收账务处理。

（3）独立的应收账管理。

（4）账号状态管理。

（5）功能强大的应收账结账。

（6）应收账账龄分析。

5. 夜审管理

（1）夜审流程简便、快捷、步骤分明。

（2）智能化、全面的预审检查。

（3）系统内置对 POS 系统的日结进行检查，并可实现联机的 POS 营业日结。

（4）强大的自动计费处理。

（5）费用及结算的日分类账统计汇总。

（6）精确的试算平衡及差异分析。

（7）根据精确审核后的数据生成营业日报表。

第二节　客人离店结账服务与管理

前厅收款处可能是客人与酒店员工面对面接触的最后场所，因此，在客人离店之前快速准确地为其提供结账服务是非常重要的。结账服务的质量将会影响到客人对酒店的最后印象。

一、客人离店结账的准备与主要工作

（一）相关部门的准备工作

（1）前厅接待处的准备工作。接待处提前一天准备《次日离店客人名单》

（Expected departure guest list，简称 ED 名单），并将该名单分发至客房、总机、问讯、预订、礼宾等相关部门。该名单按客房顺序排列，清楚地交代客人的房号、姓名、入住日期等。

（2）前厅收银的准备工作。根据 ED 名单，将这些房间的客人账单准备好。

（3）问讯处的准备工作。详细检查客人的信件及留言，及时转交给客人。

（4）电话总机的准备工作。根据 ED 名单，一方面查看有无电话费转账；另一方面关注客人的叫早情况。

（二）前台收银处离店结账的主要工作

客人离店以后，客房将被收回重新投入使用，与此同时，房态也将被更新。在给客人办理退房手续时，前厅部的工作包括以下方面：

（1）为客人办理结账手续。

（2）更新前厅相关资料信息。客人退房时，前厅部有责任更新相关信息资料，信息资料主要包括：

①房态：将房态从原来的住客房改为"待清扫房"（Vacant/Dirty）。

②客人历史档案（Guest history record）。

③住客资料信息：在手工操作的酒店，住客退房后，接待员应清除信息查询架和房卡架的住客资料卡片。在使用计算机管理系统的酒店，关闭了电子账单，客人资料从信息数据库和程控电话自动计费系统中被删除了，并被列入已退房的客人名单。

（3）在客人心目中树立良好的最后印象。

二、客人结账服务规程

（一）散客结账服务程序

（1）问候客人，弄清客人是否结账退房。

（2）确认客人的姓名与房号，并将其与客人账户核对。

（3）检查客人的退房日期，如果客人系提前退房，收银员则应通知相关部门。

（4）核实延时退房是否需要加收房费。客人超过中午 12 时以后退房，一般按酒店要求延迟退房至 18 时前，加收半天房费；如延时超过 18 时，则加收一天房费。

如客人有异议，请大堂副理出面协助解决。但酒店有客人延时退房优惠规定除外。

（5）通知客房服务中心查走客房。查客房小酒吧酒水耗用情况，客房设备设施的使用情况，以及客人有否拿走客房内的日常补给品——供客人免费使用，但不可带走，否则需照价赔偿。

（6）委婉地问明客人是否还有其他即时消费（late charges），如电话费、餐饮消费等。

（7）将已核对过的客人分户账及客人的账单凭证交客人过目，并请客人签名确认。

（8）确认付款方式，为客人结账，如客人入住时交了预付款，则退还预付款，收回预付款单。

（9）收回客人的房卡和房门钥匙，检查客人是否有贵重物品寄存，并提醒客人。

（10）行李员提供行李服务。

（11）弄清客人是否要预订日后的客房，或者预订本酒店连锁管理集团属下的其他酒店客房。

（12）更新前厅相关信息资料。如房态表和住客名单等，将客人结账离店消息通知相关部门，如让总机关闭长途电话功能等。

（13）做好账、款的统计工作和资料的存档工作，方便夜间审核。

（二）团体客人结账服务程序

（1）将结账团队的名称（团号）告知客房服务中心，通知其查走客房。

（2）打印账单，做到转账和客人自付分开。通常接待单位或旅行社只支付房费及餐饮费用，其他杂项，如电话单、洗衣费、酒水费用则由客人自行支付。

（3）预订单标明付款方式为转账的，则请付款单位陪同人员在转账单上签字确认，并注明报账单位以便将来结算。凡不允许挂账的单位，其团队费用一律到店前现付，团队客人的房价不可泄露给客人。

（4）为有账目的团队客人打印账单收款。

（5）收回房卡与钥匙。

（三）即时消费收费

即时消费收费是指客人临近退房前的消费费用，因送到前厅收款处太迟而没能赶在客人退房前及时入账。如洗衣费用就有可能在客人结账退房后才会被送到前厅收款处。在这种情况下，对酒店来说，从已退房的离店的客人那里收款是一件较为困难的事情。

为减少客人临近退房前的消费而带来的损失，收银员在给客人打印账单前应确认客人有无仍未入账的消费。例如，收银员应婉转地询问客人早上有否使用客房小酒吧的酒水，有无用早餐签单等问题。然而，这种做法是否有效，在很大程度上取决于客人的诚信度。

在客人结账时，收银员去调查客人有无即时消费的情况，有可能由于时间太长而给客人带来不便。再说，收银员本来工作就较为烦琐，如再花大量精力调查即时消费，可能会忙上加忙，因此，很多酒店就规定了一个大致适当的比例作为客人即时消费带来的损失，让酒店承担。在此情况下，为了向客人提供准确、快捷的结账服务，酒店有必要建立一套高效的、多功能的账目处理系统，来确保客人在酒店内部各个部门的消费账单能尽快地传递到前厅收款处并且前厅收银员接到转来的账单能尽快入账。所以，酒店相继投入使用了计算机账务处理系统，以便能快速转账。

三、结账付款方式

客人的账目分为两种：私人账目和公司账目。私人账目由客人个人支付，客人可以用现钞（人民币或外币）、旅行支票、信用卡等方式付款。公司账目不用客人直接支付，而是客人退房时对账单签名确认后，转账给公司或旅行社，由其支付酒店欠款。

客人的付款方式主要分为三大类：现金、信用卡和挂账。

（一）现金结算

（1）外币现金。一定要是在我国银行或指定机构可兑换的外币，然后根据当天银行汇率折算。

（2）人民币现金。如果客人用现金付款，收银员一定要学会分辨真伪；如果客人用预付的现金结账，应多退少补，退款需开具"现金支出单"，并让客人签字确认，第一联给客人，第二联留夜审审核，收回客人交预付款时交给客人的预付单第一联，与账单订在一起。

（3）旅行支票（Traveler's cheque）。应检查旅行支票的真伪，如支票残缺不全，有涂改或擦涂痕迹都不能兑换，并按买入价结算。再次检查支票的真伪、支票正面的内容及背书情况，注意辨别哪些银行已发出停止使用的旧版支票。如果客人结账时才出示支票，则应按支票当预付款时的工作程序做好，然后正确填写支票，切不可涂改、描补，一定要用碳素笔填写，填写支票头及相应日期、项目、金额等，并开具发票。目前，很多酒店暂不接受私人支票。

（二）信用卡结算

信用卡是在消费信用的基础上产生和发展起来的、由银行或信用卡公司提供的一种供客人赊欠消费的信贷凭证。它是一张附有证明的特种塑料卡片，上面印有发卡银行（或其他机构）的名称、有效日期、账号、持卡人姓名及持卡人本人签名。

中国银行及其分支机构目前通常受理的外汇信用卡有：

美国运通卡（American Express card）、香港汇丰银行的签证卡（Visa card）、香港汇丰银行的万事达卡（Master card）、香港麦加利银行的大来卡（Diners Club international）、日本东海银行的百万卡（Million card）、日本 JCB 国际公司和三和银行的 JCB 卡等。

我国目前自己发行的人民币信用卡有长城卡、牡丹卡、金穗卡、龙卡等。

（1）若客人入住时已压印信用卡签购单的，则遵守以下操作程序：

①请客人再次出示信用卡，与预先刷下的签购单核对，确认信用卡的有效期。

②检查客人的消费金额是否超过该信用卡的最高限额，如超过，则应向银行申请授权金额号码，否则此卡不可接受。信用卡消费限额一般发卡行会有明确规定，并随时会通知酒店更正金额。

③请客人确认账单并签名。

④在签购单上填写日期、证件、商户代号、消费金额（授权编号）等内容。

⑤请持卡人签名，人民币信用卡还要求客人出示身份证件，然后核对签购单及信用卡背面的签字是否一致，如不一致，要重签并通知大堂副理。填写无误后，将信用卡、身份证及签购单持卡人联交回客人，特约商户联与账单订在一起，其他两联向银行追款。

（2）现在酒店的收银部门大多配备了信用卡授权终端机，只要将客人结账的信用卡在终端机上刷一次，把入住时取得的授权号码输入，直接进行离线交易，并核对持卡人签名即可。使用这种结账方式，酒店收银部门能第一时间取得金额。

（3）如客人改变原入住时决定的付款方式，要求改用信用卡支付，则应按客人入住时的信用卡验卡程序做，然后按信用卡结账的程序处理。验卡程序如下：

①是否属酒店受理的信用卡。

②辨别信用卡的真伪，检查信用卡的整体状况是否完整无缺，有无任何挖补、涂改的痕迹；检查防伪反光标记的状况；检查信用卡号码是否有改动的痕迹。

③确认信用卡的有效期。

④查阅黑名单。

⑤人民币信用卡应先让客人在签购单上签名，外汇信用卡通过 POS 机查止付。

（三）挂账（City ledger）

酒店出于促销和方便客人的需要，会允许一些大公司、旅行社为其客人的消费采用转账方式支付。这种支付方式可以简化客人抵离店手续，同时可以促使这些大公司、旅行社为酒店带来更多的客源。采取转账方式的前提条件是酒店要对对方的信用情况、财务情况有详细的了解，然后以合同的方式给予法律上的支持。只有酒店财务信用部允许的单位和个人才能挂账，一般客人不允许挂账。

1. 旅行社挂账

旅行社挂账（Travel agent account）的客人可以分为团体客人和散客，其中，散客又有持旅行社传单（Travel voucher）和不持旅行社传单之分。旅行社传单由旅行社签发，客人持此单到酒店办理入住手续，届时由接待员收回作为转账凭证，旅行社只负责持旅行社传单客人的房费，其他费用由客人自付。

团队客人的账单分两种：一种是杂费账单（Incidental account），如电话费、洗衣费等，由客人自行支付；另一种是旅行社挂账账单，也称主账单（Master account），一般包括房费和餐费，这种账单必须由陪同人员签字确认，同时旅行社账单对客人是保密的，然后收银员最后将主账单、团队确认单、预订单订在一起挂账。

2. 公司账

收银员根据客人要求为客人建立两张账单，一张是由公司结算的主账单（Corporate account），一张是由客人自付且须在离店前对清的杂费账单，住客必须在公司结算的主账单上签字，以示确认，然后收银员将主账单及公司预订单订在一起挂账。

四、快速结账服务

酒店退房时间为中午 12 时前，客人退房结账较为集中，以致前厅收款处客人拥挤，收银员工作较为繁忙。为避免此种现象的出现及为了方便客人，国外的一些酒店为客人提供快速结账服务，大致分为两种模式：

（1）客人房内结账。这种酒店的计算机管理系统具有客人房内结账功能，酒店利用客房内的电视机，将其与酒店的计算机管理系统连接，客人就能在离店的前一天晚上根据服务指南中的说明启动房内结账系统，开始结账。在离店的当天早上，客人就可以在电视机屏幕上看到最后的账单情况，并提前通知收银员准备账单，这样就加快了结账的速度。如果住客使用信用卡结账，就不必到前厅收款处办理结账手续；如果客人用现金付款，则必须到前厅收款处结账，因为付现金的客人还没有与酒店建立信用关系，故计算机管理系统的控制程序不允许现金付款的客人采取房内结账。

（2）客人"快速结账委托书"结账。对于有良好信用的客人，使用信用卡结账的酒店为其提供快速结账服务：客人在离店前一天填写好"快速结账委托书"（表 5-8），允许酒店在其离店时为其办理结账退房手续。住客可向前厅收款处索取"快速结账委托书"将其逐项填好后送至收款处，收银员则对其支付方式等进行核对。在客人

表5-8 快速结账委托书

×× 饭店		
早上好！为了使您能尽快踏上回程，我们可以为您提供快速结账服务	1. 请您仔细核对我们于今天早上三点钟编制好的账单复印件 2. 请在旁边填写好相关信息 3. 请您在离开饭店时将此委托单连同房间钥匙放在饭店总台旁边的快速结账箱内 4. 我们将在 24 小时之内将最终的账单快递或发邮件给您	请勿附上现金。感谢您选择我们饭店，期待着在此见到您。 您的房间号： 您的姓名： 离店时间： 您的签名： 如果您希望您的账单寄往另外的地址，请填写如下信息。 姓名： 公司： 地址：

离店当天早上，收银员将住客消费的大致数目告诉客人，这时客人也可能已经离店而未告知收银员。住客离店后，收银员在稍为清闲时替客人办理结账手续，并填制好信用卡签购单。

"快速结账委托书"上的客人签名，将被视作信用卡"签购单"上的签名，财务部凭信用卡签购单和"快速结账委托书"向银行/信用卡公司追款。为了方便客人备查，酒店最后将账单寄回客人。

五、外币兑换服务与管理

外币是指本国货币以外的其他国家和地区发行的货币，有纸币和铸币两种形式。我国涉外酒店（Tourist Hotel）的境外客人所占比例越来越大，为了方便住店客人，经中国银行授权，酒店设立外币兑换点，根据国家外汇管理局公布的外汇牌价，为住房客人代办外币兑换服务业务。

（一）我国收兑外币的种类

根据国家规定，目前可在中国银行或指定机构兑换的有我国香港特别行政区的香港元、澳门特别行政区的澳门元，外国货币有澳大利亚元、加拿大元、美元、英镑、日本元、新加坡元、瑞士法郎、马来西亚林吉特、菲律宾比索、泰国铢、欧元等。其中，欧元属欧洲货币同盟（EMU）的统一货币，主要有奥地利、比利时、芬兰、法国、德国、爱尔兰、意大利、卢森堡、荷兰、葡萄牙、希腊、西班牙等国家使用。

（二）外币兑换的服务规程

外币兑换的服务规程为：了解需要→清点鉴别→确认住客身份→填写水单→客人签名确认→支付款项。

1. 外币现钞兑换

（1）当客人前来办理外币兑换时，首先应询问其所持外币种类，看是否属于酒店的收兑范围。

（2）礼貌地告诉客人当天的汇率以及酒店一次兑换的限额。

（3）认真清点外币，并检验外币的真伪。

（4）请客人出示护照和房卡，确认其住客身份。

（5）填制"水单"（Foreign exchange voucher）：外币种类及数量、汇率、折算成人民币金额、客人姓名及房号等（表5-9）。

（6）客人在"水单"上签名，并核对房卡、护照与"水单"上的签字是否相符。

（7）清点人民币现金，将护照、现金及"水单"的第一联交给客人，并请客人检查清点。

需要注意的是：若客人用新版外币及从未兑换过的外币兑换人民币，应婉言谢绝客人。

表5-9 外汇兑换水单

×× 酒店　外汇兑换水单			
客人姓名： 房间号：			
外汇类别	账号	汇换率	人民币
客人签字： 出纳员签字：		总金额：	

2. 外汇旅行支票兑换

旅行支票（Traveler's cheque）是由银行或旅行社为方便国内外旅游者而发行的一种定额支票，是一种有价证券，也是汇款凭证，旅游者在国外可按规定手续向发行银行的国内外分支机构、代理行或约定的兑换点兑取现金或支付费用。

（1）了解客人所持旅行支票的币别、金额、支付范围，以及是否属于酒店的收兑范围，并告知是日估算价。

（2）必须与客人进行核对，对其真伪、挂失等情况进行识别，清点数额。

（3）请客人出示客房卡及护照，确认其住店客人身份，请客人在支票的指定复签位置当面复签，然后核对支票的初签与复签是否相符，支票上的签名与证件上的签名是否一致。

（4）填写"水单"：外币名称及金额、兑换率、应兑金额，有效证件（护照）

号码，国籍和支票号码等，填在"水单"相应栏目内。

（5）请客人在"水单"的指定位置上签名，并注明房号。

（6）按当天汇率准确换算，扣除贴息支付数额。

（7）订存支票。

六、贵重物品的寄存与保管

（一）贵重物品寄存与保管的设施设备

酒店在努力为客人提供优质服务的同时，还要保证客人的生命、财产安全。其中，贵重物品寄存与保管就是酒店为确保客人财产安全而采取的一项重要措施。

贵重物品保险箱（Safe deposit box）是酒店为住店客人免费提供临时存放有效贵重物品的一种专门设备。酒店提供的贵重物品保险箱目前大致分为两种：一种是酒店在前厅收款处或其附近的一间僻静的房间内配备贵重物品保险箱，由前厅收银员负责管理和对客服务。该保险箱是由一组小保险箱或小保险盒组成，每个小保险箱（盒）各两把钥匙，客人、前厅收银员各一把，只有两把钥匙同时使用才能打开。另一种是酒店除在前厅收款处设置有贵重物品保险箱外，同时在客房内配备一个小型保险箱（In-room safe deposit box）供住客使用，密码由客人自行设定，紧急万能密码由酒店大堂副理掌握。这种情况目前在我国较高档的星级酒店中较为普遍，其配备数量为客房数的 50% 以上。

为确保住客贵重物品的安全，酒店在入住登记表、房卡和服务指南（Service directory）中列出了专门的声明"如有贵重物品，请到前厅收款处保险箱内免费保管或存放在客房保险箱内。否则，如有遗失，酒店概不负责"的提示。当然，此种声明是否合理或合法有待进一步商榷。

本节主要说明前厅收款处保险箱的使用方法及程序。

（二）贵重物品保管箱的启用、中途开箱及退箱服务规程

1.贵重物品保管箱的启用服务规程

（1）弄清客人贵重物品的寄存要求。

（2）请客人出示房卡、钥匙，确认住客身份。

（3）请客人填写"保险箱使用登记卡"（注意提醒客人阅读登记卡的说明），请客人签名并检查核实。

（4）为客人选择适当规格的保险箱。在"保险箱使用登记卡"上填上箱号，并将箱号输入计算机客人房号中，当客人办理退房手续时，收银员提醒客人归还钥匙。

（5）打开保险箱。向客人说明保险箱的使用方法，特别是告诉客人保险箱只有两把钥匙同时使用才可打开。

（6）请客人存放物品，收银员后退不要直接观看。

（7）当着客人的面，锁上保险箱，并将其中一把钥匙交给客人，请客人妥善保管，另一把钥匙由收银员保管。

（8）填写"保险箱使用登记表"，填上日期、保险箱号、客人姓名、房号、开箱时间及经办人签名等；将"保险箱使用登记卡"按照保险箱的编号存放在专用的柜子里，柜子存放在前厅贵重物品间，收银员要保证保存资料的完整。贵重物品寄存程序如图5-2。

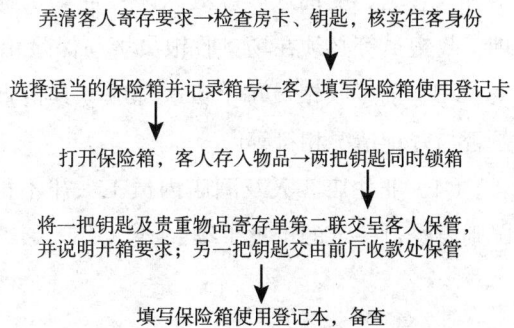

弄清客人寄存要求→检查房卡、钥匙，核实住客身份

选择适当的保险箱并记录箱号←客人填写保险箱使用登记卡

打开保险箱，客人存入物品→两把钥匙同时锁箱

将一把钥匙及贵重物品寄存单第二联交呈客人保管，并说明开箱要求；另一把钥匙交由前厅收款处保管

填写保险箱使用登记本，备查

图5-2　贵重物品寄存程序

2. 贵重物品保管箱中途开箱服务规程

（1）请客人出示房卡、保险箱钥匙，报出保险箱号，找出贵重物品寄存单，请客人逐项填写有关内容。

（2）核对客人签名，看是否与寄存单的签名式样笔迹相符，如无疑义，则开箱存取。

（3）开箱完毕，经办人在寄存单上签名，然后将之放回原处。

（4）最后在保险箱使用登记本上登记，备查。

3. 客人退还保险箱的服务规程

（1）客人提出要终止使用保险箱时，请客人出示房卡、保险箱钥匙，报出保险箱号，取出寄存单，请客人在终止使用保险箱栏中填上日期、时间，并签名。此单须保存一定时间。

（2）当客人取出贵重物品时，收银员彻底检查一次保险箱，看是否有遗漏，然后锁上保险箱，将交付客人使用的钥匙收回。

（3）收银员填写保险箱使用登记本，在备注栏中标明"退还"字样。

（三）贵重物品寄存与保管的注意事项

（1）客人每次使用保险箱，都必须出示房卡、保险箱钥匙，收银员都必须请客人填写开箱记录，如日期、时间、签名等要逐项填写并加以核对。

（2）如果客人丢失了保险箱钥匙，则应由大堂副理出面处理：大堂副理确认其身份；并请其填写开箱记录；向客人说明赔偿费用情况；填写"杂项附加费单"，请客人签名，交前厅收款处入账；通知工程人员到场撬锁，撬锁时，客人、大堂副理、收银员等必须在场。收银员填写保险箱使用登记本。

（3）前厅收银员每个班次都应认真检查保险箱使用情况、使用保险箱数、钥匙是否与登记情况相符等。

（4）非住店客人及酒店内员工一律不得使用保险箱（部门使用除外）。特殊情况则要经过一定的审批手续。

第三节 夜间审核与营业报表编制

为了维护客人、酒店的经济利益，统计酒店当日的营业收入情况，酒店在规定的时间（一般为 24:00）必须对当天的客账进行审核，夜审工作于是成了客账管理的一个重要环节。夜审工作由夜审员（Night Auditor）负责。

一、夜审的对象及工作步骤

（一）夜审的工作对象

夜审的工作对象是各收银点的收银员以及各营业部门交来的单据和报表等资料。通过对这些单据、报表的细致查对，纠正错误，追查责任，可以保证当天酒店收益的真实、正确、合理和合法。

（二）夜审工作步骤和内容

1. 检查前厅结账处收银工作

（1）检查收银台上有无各部门（主要指无计算机未联机的部门）送来的尚未输入计算机的单据，如果有，就把这些单据输入计算机，并按照房间号码进行归档。

（2）检查前厅收银员是否全部交来收银报表和账单。

（3）检查前厅收银员交来的每一张账单，查看房费和住客在酒店内的消费是否全部记入，转账和挂账是否符合制度规定等。

（4）将各类账单的金额与收银员收银报告中的有关项目进行核对，检查是否相符。

2. 核对客房出租单据

（1）打印整理出一份当天客房租用明细表（Room Occupancy Detail Sheet），内容包括房号、账号、客人姓名、房租、入住日期、离店日期、结算方式等（表5–10）。

表5–10 客房租用明细表

日期 Date 时间 Time

房号 Room	账号 Acc#	客人姓名 Guest Name	房费 Rate	入住日期 Arrival	离店日期 Departure	结算方式 Form of Payment	备注 Remarks

（2）核对客房租用明细表的内容与前台结账处各个房间账卡内的登记表、账单是否存在差错。

（3）确定并调整房态。

3. 房费过账

经过上述工作，确认无误后，指示计算机将新的一天房租自动记入各住客的客人分户账，或手工记入。房费过账后，编制一份房费过账表，并检查各个客房过入的房费及其服务费的数额是否正确。

4. 对当天客房收益进行试算

为确保计算机数据资料的正确无误，有必要在当天收益全部输入计算机后和当天收益最后结账前，对计算机里原数据资料进行一次全面的查验，这种查验称为"试算"。试算分 3 步进行；第一步，指令计算机编印当天客房收益的试算表，内容包括借方、贷方和余额三部分；第二步，把当天前厅收银员及各营业点交来的账单、报表按试算表中的项目分别加以结算汇总，然后分项检查试算表中的数额与账单、报表是否相符；第三步，将试算表的余额与住客明细账的余额进行核对。住客明细账所有住客账户的当日余额合计数必须等于试算表上最后一行的新余额，如果不等，则说明出现了问题，应立即检查。

5. 编制当天客房收益终结表

客房收益终结表（Final Balance）也称结账表。此表是当天全部收益活动的最后集中反映。此表一经编制出来，当天的收益活动便告结束，全部账项即告关闭。如果在打印终结表后再输入账据，就只能输到下一个新的工作日里，而不能输入刚刚结束的工作日里。

6. 编制借贷总结表

借贷总结表（Debit/Credit Summary）是根据客房收益终结表编制的，是列示当天客房收益分配到各个会计账户的总表，此表也称会计分录总结表。编制借贷总结表是夜审人员的最后一项工作（图 5-3）。

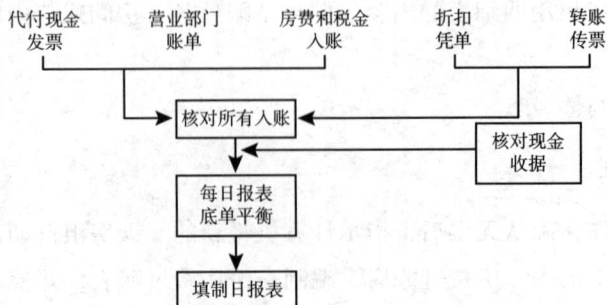

图5-3　夜间审计工作示意图

二、客房营业日报表的编制

营业日报表是全面反映本酒店当日客房营业情况的业务报表，一般由前厅收银处夜审人员负责编制，其中一份于次日清晨送往酒店总经理办公室，以便酒店总经理及时掌握营业总情况，另一份送交财务部门作为核对营业收入的依据。

（一）客房营业日报表的重要数据汇总

（1）统计当日出租的客房数、在店客人数及客房营业收入。根据客房状况资料，以楼层为单位，统计客人数及其用房数、散客用房的营业收入；统计免费房、内宾用房、空房、待修房以及职工用房的数量；统计在店团体客人的用房数、人数及租金收入。由这些数据可以统计出当日出租的客房数、在店客人数及客房营业收入。

（2）统计当日离抵店人数和用房数。根据客人离店的资料及"抵店客人名单"，统计出当日离店客人的人数、用房数；然后用下列方法来核对第一步骤中汇总的当日出租的客房数与在店客人数。

当日出租客房数＝昨天出租的客房数－当日离店的客人用房数＋当日抵店的客人用房数

当日在店客人数＝昨天在店客人数－当日离店的客人数＋当日抵店的客人数

（3）与财务部的夜审人员核对当天的客房营业收入。包括核对散客租金收入、团体租金收入、当天房价变更的统计结果。

（4）计算当日客房出租率及当日的实际平均房价。这两个重要数据分别从出租的客房数量及出租的效益两个方面简明、集中地反映当天的客房营业情况。有的酒店根据自身的特点，还要求统计团体用房率和散客的平均房价。

计算方法：

$$客房出租率 = \frac{已出租的客房数}{饭店可供出租的客房总数} \times 100\%$$

$$团体用房率 = \frac{团体客人的用房数}{已出租的客房数} \times 100\%$$

除上述数据外，国际酒店集团还要求统计出能表明每间可供出租房的产出指标，即 Rev/Par(Revenue Par Available Room，该指标的具体含义及作用详见第八章)。计算方法为：

$$Rev/Par = \frac{客房营业收入}{饭店可供出租房间数} \times 100\%$$

估算明日出租率的方法是，先根据预订资料及客房状况统计出明日抵店客人的用房数及明日离店客人的退房数，从而计算出明日预计出租的客房数及明日的客房出租率。

（二）客房营业日报表的编制

将汇总计算并经核对的数据填入或输入，制作客房营业日报表。

另外，客房营业日报表还有多种附表，制作客房营业日报表的附表是为了更深入、具体地说明客房营业日报表中的某一方面的情况。通常有 8 种附表：在店团队统计表，免费客人一览表，房租折扣表，取消预订客人名单，未抵店的预订客人名单，未经预订、直接抵店的客人名单，预期离店客人名单，待修房报告（表5–11 ）。

表5–11 客房营业日报表

楼层	固定客房数								客房收入（散客）	住店客人数						项目种类	房间数	人数
	出租客房				空房	待修房	职工用房	小计		散客		团队		内宾	小计			
	散客	团队	内宾	免费						外	华	外	华					
3																昨日在店		
4																		
5																今日离店		
6																		
7																今日到店		
8																		
9																今日总数		
10																		
11																空 房		
12																		

续表

楼层	固定客房数								客房收入（散客）	住店客人数						项目种类	房间数	人数
	出租客房				空房	待修房	职工用房	小计		散客		团队		内宾	小计			
	散客	团队	内宾	免费						外	华	外	华					
13																待修房		
14																		
15																职工用房		
16																		
17																总客房数		
18																		
19																实际可用房数		
20																		
21																出租率		
22																		
23																团队用房率		
24																		
25																团队平均房价		
26																		
27																实际平均房价		
28																		
29																预订空房		
30																		
31																明日来店		
32																		
33																明日离店		
34																		
35																明日出租率		
36																		
37																		

续表

楼层	固定客房数								客房收入（散客）	住店客人数						项目种类	房间数	人数
	出租客房				空房	待修房	职工用房	小计		散客		团队		内宾	小计			
	散客	团队	内宾	免费						外	华	外	华					
出租套间	套				团队收入					送： 总经理室＿＿＿＿　　　财务部＿＿＿＿ 当值经理＿＿＿＿　　　前厅部＿＿＿＿								
	间				房费变更	＋												
						－												
					客房总收入													
	人				其中内宾收入					制表人＿＿＿＿　　　复核人＿＿＿＿								

本章小结

　　客账管理是前厅管理工作的重要一环，既要做到客人满意，又要维护酒店的经济利益，要做到健全客账管理体系、账户清楚以及转账迅速准确。客人离店时酒店提供的服务质量的高低决定着客人下次是否光临。首先，要做好客人离店结账的各项准备工作；其次，要严格遵守客人结账的服务规程。为保障住客贵重物品的安全，必须严格按照程序向客人提供贵重物品保管服务。夜审是为了维护客人和酒店经济利益，酒店对当天的客账进行审核的工作，是客账管理的重要组成部分。

？ 复习与思考

一、问答题

1. 什么是"一次性结账服务"？

2. 怎样防止客人"漏账""逃账"？

3. 客账管理的要求是什么？

4. 住客贵重物品的保管及使用程序是什么？

5. 客房营业日报表有哪些主要数据？分别起何作用？

6. 前台收款处客账控制主要有哪些环节？

7. 结账付款的方式主要有哪几大类？

8. 什么是"外币兑换服务"？

二、案例讨论题

小冰箱收费的失误

一天晚上 7:15，总台收到住在 608 房间的客人刘华要结账的通知，他告诉服务员说他第二天的时间非常紧，担心会误了飞往上海的航班，因为下午他要赶到浦东去参加一个重要的会议，希望收银处明天早点把他的账单打出来，让服务员送到他房间来，他看后就可以直接付款了，以使他利用这段时间收拾行李，节约时间。

第二天早上 8:30，服务员陈聪连把打出的账单送到了 608 房间。刘华一看，发现有 80 元的费用出自他房间的小冰箱里的饮品，而那个小冰箱他压根儿就没打开过。他跟陈聪连说这个账单有误。陈聪连微笑礼貌地请求刘华跟她一起到收银处去检核并更正。

到了收银台，刘华把账单指给收银员看，收银员回答说："请稍等，先生。我去找我的主管。"说罢，转身去找她的主管了。几分钟后，她同另一位女士一起赶到了收银台，那位女士自我介绍说她叫谭伊凤，是值班主管，并问刘华有什么事。显然刚才那位收银员并没有把情况向她讲清楚，刘华回答说："我的账单有误。"于是那位主管和收银员一起仔细地审查起计算机屏幕。

几分钟过去了，来结账的客人越来越多，并且有些客人开始不耐烦起来。她们俩经过一番小声嘀咕以后，谭伊凤对刘华说："对不起，请稍等，我去办公室把当班经理找来。"还没等刘华开口，她俩就走开了。又过了三四分钟，值班经理出来了，她也很有礼貌："您确定没使用过小冰箱？我们很少出现这方面的失误。"此时此刻的刘华又急又恼。主管让收银员从账单上扣掉 80 元，并感谢刘华光临本酒店，随即转身走了。

9:15 分，刘华拿着收据，提起行李，疾步穿过大厅，走出门外，他气呼呼地叫了辆出租车，让司机火速赶往机场。他计算着时间，觉得很可能会赶不上这次航班。若是这样，会给那位重要的客户带来很多不便。想到这里，他预感到今天将会是非常不愉快的一天。

案例讨论与思考：

1. 案例中酒店在哪些方面的工作没有做好？

2. 要避免案例中出现的问题可采取的措施有哪些？

三、实训题

1. 角色扮演：

（1）主题：客人离店结账程序

（2）材料准备：圆珠笔、账单

（3）角色：前厅收银员、管家楼层服务员

2. 实地参观酒店，观察其团队客人、散客离店结账程序，并写出评析报告。

前厅部对客服务质量管理

第六章

学习意义　通过本章的学习，学生可以了解和明确以房务部门为核心的信息沟通及较好地处理客人投诉的意义，掌握客人投诉处理的基本程序和方法，把握前厅对客服务质量要素及评价标准等。

内容概述　本章主要介绍房务部门与酒店各部门沟通协调的主要内容与方法、房务部门的内部沟通及客人投诉的处理、前厅对客服务质量要素的建立与评价等内容。

学习目标

知识目标

1 了解房务部门与酒店各部门沟通协调的主要内容和基本方法。

2 掌握客人投诉处理的基本程序和方法。

3 了解前厅对客服务质量要素的构成。

能力目标

1 会分析房务部门沟通不畅的原因。

2 能分析客人投诉的原因。

3 掌握前厅对客服务质量评价标准。

客人投诉的处理

某酒店前厅部经理去见一位因酒店叫早失误而耽误飞机的客人。之前由于总台员工没能很好地处理，使得客人非常生气。下面是他们之间的对话：

经理：您好，先生，首先我代表酒店向您表示歉意，耽误了您宝贵的时间，您看我现在可以帮您做些什么来弥补我们的过失呢？

客人：你们应该赔偿我的损失。

经理：我们肯定会认真研究您的要求，并按照惯例处理好此事，同时我们还会严肃处理有过失的员工，另外，您看是否要我们赶紧为您联系下一班的机票，以尽量减少您的损失呢？

客人：好吧，你们尽快帮我解决机票，但我仍然希望知道酒店给我什么样的补偿。你们刚才那位员工服务太差，他不具备在这样的酒店工作的素质。

经理：谢谢您对酒店的评价，酒店业人员流动很快，尽管做了很多培训，但仍然不足，希望您能够多多谅解。我想这样，请我们的值班经理陪您到咖啡厅稍坐片刻，我马上为您去安排机票的事情，并请示酒店如何给您经济补偿，我很快就回来。

客人：好，谢谢。

案 例 思 考

从经理成功地处理客人投诉的过程中，我们可以得到怎样的启示？

第一节　房务部门的沟通管理

一、房务部门沟通的原理

（一）沟通的含义

管理学中的沟通，是指相关岗位之间信息传递和反馈的过程。有效的沟通包括信息发送者把信息全部传递出去和信息接收者及时、准确、充分地获取全部信息并在必要时反馈信息两个方面。

房务部门的沟通管理包括房务部门内部信息沟通和房务部门与其他部门间的信息传递与沟通两个方面。前者如预订处与接待处的信息传递、预订接待部门与礼宾部的信息传递、接待处与结账处的信息传递等，后者如前厅部与销售部、财务部、餐饮部的信息传递沟通等。

（二）沟通的目的

沟通的目的主要是通过传递信息，使对方获取信息并反馈意见，进而达成双方协调一致的行动。

房务部门的高效运营和对客服务整体质量的提高，离不开房务部门内部的有效沟通和与其他部门的横向沟通协作。酒店是一个多部门、多功能，为社会提供综合性服务的企业，其对客服务是一个整体，各部门之间只有做到协调一致、和谐统一，才能实现酒店的总体目标。缺少任何一个环节或任何一个环节出现问题，都会影响到酒店对客服务工作的效率和产品的质量。沟通是一种以酒店的决策目标为基本出发点的管理活动，通过对不同业务部门的调整、联络等活动，使酒店各部门之间、员工之间、酒店与客人之间、酒店与社会公众之间和谐一致，充分发挥各部门的工作潜能，以达到酒店的经营目标。

（三）沟通的基本方式

（1）会议。会议是一种面对面的最明朗、最直接的联系和交流方法。酒店内举行的各种类型的会议，也是上下级之间、各部门之间、各班组之间信息沟通传递的有效手段。如由前厅部经理召集的部门例会、晨会；前厅部各工种举行的班前会和班后会等。当然，会议的次数和时间都应以不影响酒店的正常业务运行为准。会议的预案、所需材料、会议通知、会议记录及会后工作总结，都是酒店重要的工作信息，必须妥善保存。

（2）报表和报告。报表和报告，既是酒店内部各项工作衔接的手段，也是酒店内部沟通和传递信息的方法。其中包括：各种营业统计报表、营业情况分析报表、内部运作报表等；报告则包括：按组织机构管理层次逐级呈交的季度、月度工作报告。报表和报告可以使酒店的经营状况一目了然，可以使管理者掌握基层工种和班组的员工思想、管理水平。

（3）口头或书面通知、通告与备忘录。口头或书面通知、通告与备忘录是最简单也是最常用的沟通方法之一。它能通知有关事项、提供有关信息、提示当日工作要点，包括：工作指示、接待通知单、请示、汇报、建议、批示等。

（4）交班日记与记事本。交班日记与记事本，是酒店对客服务过程中各班组相互沟通、联系的纽带，主要用来记录本班组工作中发生的问题、尚未完成而需下一班组继续处理的事宜等。酒店各部门、各环节、各班组均须建立此制度，以确保信息传递渠道畅通、迅速有效。

（5）报纸、杂志和内部简报。许多酒店都发现员工们对酒店状况，尤其是切身利益有影响的问题特别关心，因此特别编印真实而具体的有关本酒店状况的酒店刊物发给员工阅读。这种方法可以有效调动员工关心酒店、参与民主管理的积极性。酒店刊物通常采用店报形式，也有店刊、内部简报等。店报以月报形式为多，主要登载酒店的要闻、宣传酒店的服务理念和宗旨、发表员工的习作。

（6）计算机系统。在信息技术飞速发展的今天，计算机系统早已成为酒店信息传递、沟通、协调的重要手段。计算机系统在信息统计的精确性、处理的高效性、传递的即时性、范围的全球性方面有着无与伦比的优势。前厅部日常工作中大量使用的有客房预订系统、客房销售系统、查询系统、账务系统以及综合分析系统等。

二、房务部门沟通实务

（一）前厅部与客房部的沟通与协调

许多酒店的前厅部与客房部同属于房务部。这两个部门被看作不可分割的整体，因为它们之间的联系最密切，信息沟通也最频繁。因此，这两个部门之间保持良好的沟通具有非常重要的意义。

（1）及时通报客人入住、结账离店、延期退房、押金不足等情况。

（2）每天在规定的时间前把必要的客人信息以书面方式通知客房部，如：一周客情预测表、贵宾接待通知单、次日预计抵店客人名单、团队会议接待单、住店客人名单等。如前厅部计算机已与客房部计算机联网，则上述资料可以根据不同酒店计算机系统的不同，不传递或少传递。

（3）团队会议客人抵达前，要发送团队会议分房表，以对客房进行准备和控制。

（4）发送特殊要求通知单给客房部，以便做好准备，满足客人的个性化要求。

（5）发送换房及房价变更通知单给客房部，使其了解用房变动情况。

（6）发送客房状况报告、客房状况差异表等，或双方在计算机上直接核对差异，以协调好前厅柜台客房销售（柜台销售属前厅部）与客房管理（客房部职责）的关系。

（7）大堂副理等前厅部人员应根据酒店的授权，参与客房卫生及维修保养状况的检查。

（8）客房部应及时将住客遗留物品情况通知总台，以方便客人找回物品。

（9）客房部应根据电话总机房的要求，派服务员探视对叫早无反应的客房。

（10）客房部应及时向总台通报客房的异常情况，如双锁客房、紧急维修、在外过夜等。

（11）客房部应安排服务员协助行李员完成行李的运送、收集等服务。

（12）前厅部与客房部员工应相互接受交叉培训，以加强了解、促进沟通。

（二）房务部门与销售部的沟通与协调

前厅部与销售部都对酒店的客房销售工作负有责任。销售部不但对眼前的客房销售负有责任，更重要的是对酒店长期的、整体的销售，尤其是对团队、会议的客房销售负责，所以不少酒店将负责接待团队客人的团队联络员隶属于销售部。前厅部对零星散客，尤其是当天的客房销售工作负有更直接的责任。前厅部与销售部之间必须加强信息沟通，避免由于部门利益或个人利益竞相杀价，损害酒店整体利益，特别是在节假日用房紧张时期，更应该根据酒店政策做好沟通协调工作，只有这样才能圆满完成客房销售及接待任务。

（1）进行来年客房销售预测前，双方磋商并研究决定酒店团队、会议客人与散客的接待比例。

（2）讨论酒店实行超额预订，一旦发生已预订客人入住时酒店无房的情况时酒店所能采取的补救措施。

（3）接待处以书面形式向营销部通报有关客情信息。如下达每周客情预测表、旅游团及会议团用房分配表、次日预计抵店客人一览表、次日预计离店客人一览表、贵宾接待通知单、房价及预订情况分析表、客源分析表等表格。

（4）营销部把已获批准的各种预订合同复印件及酒店有关房价规定的文件转前厅部妥善保存并执行。

（5）营销部应将旅游团和会议团的详细预订情况以书面形式报送预订处，以预留客房。

（6）营销部应将旅游团和会议团的用房变动情况及日程安排情况通报总台，以便前厅部做出相应的变更及解答客人的问题。

（三）房务部门与财务部的沟通与协调

为了保证对客服务的质量及客房销售的经济效益，前厅部应加强与财务部（包括前台收款处）之间的信息沟通。

（1）前厅部与财务部应就信用限额、预付款、超时房费的收取以及结账后再次发生费用等情况进行有效的沟通，以防止漏账及逃账。

（2）接待处在客人入住后，应立即递交已经制作的散客账单、入住登记表的第一联及刷好卡号（最好签过名）的信用卡签购单等给前厅收款处，以便及时、准确地为客人建立账户，累计客账。

（3）接待处在客人入住后，应立即递交已制作的团队主账单，供前厅收款处签收并累计客账。

（4）相互通报客情信息（如抵、离店，延期退房等），以便及时、准确地收取营业款并正确显示客房状况。

（5）接待处应把住客的换房信息（涉及房费的变化）及时、准确地以书面形式通知前厅收款处，以便及时准确地为客人累计客账。

（6）双方应就每天的客房营业情况进行仔细核对，尽量做到准确无误。

（四）房务部门与餐饮部的沟通与协调

"食""宿"是住店客人最基本的需求，也是酒店的两大主要收入来源。前厅部必须重视与餐饮部的信息沟通。

（1）接待工作。①书面通知房内的布置要求，如在房内放置水果、点心等。②发放团队客人的用餐券。③每日送交"在店贵宾/团队会议人员表""在店客人名单"和"预期离店客人名单"。

（2）预订工作。①每月送交"客情预报表"。②每日送交"客情预测表"和"贵宾接待通知单"。③书面通知餐饮部预订客人的用餐要求及房内鲜花、水果篮布置的特殊要求以做好准备工作。

（3）问讯工作。①每日从餐饮部的宴会预订组取得"宴会/会议活动安排表"。②向客人散发餐饮活动宣传材料。③随时掌握餐饮部各营业点的服务内容、服务时间、服务特色及最新收费标准的变动情况等。

（4）大厅服务。更新每日宴会/会议、饮食推广活动的布告牌，协助餐饮部进行促销，解答客人问讯、发放餐饮推销宣传材料等。

（5）电话总机。随时掌握餐饮部各营业点的服务内容、服务时间及收费标准的变动情况。

（五）房务部门与总经理办公室的沟通与协调

由于前厅部与总经理办公室的工作联系较多，所以不少酒店前台的位置靠近总经理办公室。前厅部除了应向总经理请示汇报对客服务过程中的重大事件外，还应与总经理办公室沟通以下信息：

（1）转交邮件、留言、信件等。

（2）了解当天值班经理的姓名及去向，以便有事及时通知值班经理。

（3）定期呈报客情预测等资料及报表，如每月递交"房价及预订情况分析表""客源分析表""客源地理分布表"。

（4）报告已预订客房的贵宾情况，递交贵宾接待规格审批表及房租折扣申报表等，供总经理审阅批准。

（5）通报每天的客情信息及客房营业情况，如每日递交"在店贵宾／团队表""预期离店客人名单""客房营业日报表""营业情况对照表"。

（6）与营销部配合，草拟酒店的客房营销政策（房价的制定与修改，如信用政策、免费政策、折扣政策、订金政策、预付款政策等），呈报总经理室审批，并就执行过程中存在的问题进行沟通、协调。

（六）房务部门与其他部门的沟通

（1）与人事部、培训部沟通、协调，开展前厅部新员工的录用和岗前培训工作。

（2）与安全部、工程部的沟通与协调，处理物品遗失及酒店施工干扰客人的问题。

（3）及时向康乐部传递信息，满足客人的健身需求。

（4）出现突发事件时的相互沟通。

第二节　客人关系管理

一、正确认识客人，提供针对性服务

前厅服务人员需要与各种不同类型的客人打交道，因此，应具备察言观色的能力，能迅速从客人的举止、谈吐、神态中判断出客人的情绪与要求，然后，在注意自己的表情与言谈的同时，根据客人的特征，提供针对性的服务。前厅服务人员应在日常工作中重视培养自己待人处世的技巧。一名优秀的前厅服务人员在接待服务工作中要迅速、正确地理解客人，处理事情通情达理，有智有谋，并且善于自我约束。

为了能向客人提供针对性的服务，服务人员必须了解不同类型的客人的基本需求。

（一）客人类型与针对性服务

酒店的客人基本上可以分为三大类：公务型客人、旅游型客人和贵宾。

（1）公务型客人。公务型客人包括商人、前来参加会议的客人、长驻专家及具有公事目的的各种代表团。公务型客人要求酒店的设施能达到家庭式的舒适及办公机构般的服务效率。他们的住房不仅是休息、睡觉的场所，而且是工作、学习的地方，因此要求房内隔音良好、光线充足、备有写字台与直拨电话。除此之外，他们还希望酒店有一个完善的商务服务中心，能为他们提供传真、复印、秘书、打字及商业信息等服务；希望前厅服务人员能快速为他们办理预订客房业务以及进店、离店手续；希望酒店能为他们提供叫早服务、预订出租车服务、房内用餐服务、快速洗衣及干洗熨烫服务以及信用卡结账服务。他们还希望酒店有较完善的会议设施、宴请场所以及康乐健身场地。如果酒店不能全面地提供上述各项服务，则服务人员的好客、热情以及高效率的面对面服务或许能够给设施的不足以一定程度的弥补。

（2）旅游型客人。旅游型客人包括前来本地区旅游、探亲、度假的散客及团队客人。他们去附近的旅游点游览，把酒店作为落脚的基地。在大部分酒店内，旅游型客人占很大的比例，他们的需求与公务型客人的需求同样重要，应当引起重视。他们希望居住面临优美景色的房间，住店期间希望能品尝当地的风味佳肴，希望了解当地的风俗人情，希望购买当地的土特产及手工艺纪念品；希望酒店的前台能为他们提供介绍旅游点情况的材料，各种交通工具时刻表以及购物指南；希望前厅服务员能为他们介绍娱乐场所的特点，当地餐馆的经营特色、天气预报，还能为他们解决行李搬运问题及代订机票、车票和各种文娱活动票。

（3）贵宾。对于贵宾，酒店在接待规格上要给予比较高的待遇。政府邀请的贵宾身份均很高，前厅服务人员不但要搞好服务工作，而且要注意客情保密。还有一些商务型的贵宾，他们可能是一家航空公司或大旅行社的总裁，也可能是一名国际会议或奖励旅游组织机构的代表，他们在酒店所受到的待遇对酒店今后的客源影响很大，贵宾接待服务工作的质量与酒店的声誉和经营有很大的关系。酒店可以把接待贵宾的过程看作最高接待水平的展示。

（二）客人个性与针对性服务

同类型的客人还具有不同的个性。了解了各种类型客人的共性后，还需进一步了解客人的个性，掌握为不同个性的客人提供服务时应该注意的问题。

（1）交际型客人。交际型客人热情、健谈，有时甚至过于热情。他们也许会请酒店人员外出或一起用餐。在为此类客人服务时，应保持镇静与幽默，根据酒店的规章制度，有策略地回答客人的需求，必要时可寻求领导的帮助。

（2）急躁型客人。不管服务人员多么繁忙，急躁型客人坚持要求立即提供服务。如果客人的要求是偶然的，服务人员可尽量提前为他服务。但满足此类客人的要求，对其他客人来说是不公平的，因此，服务人员要设法走捷径，尽快把他们安顿下来，但应该注意态度和方式方法。

（3）闲聊型客人。对于喋喋不休的客人，前厅服务人员要关心、体谅，注意礼貌。在适当的时候向他们表示歉意，因为其他客人需要得到服务。

（4）抱怨型客人。客人即使自己做错了事，也会把责任推给酒店。当此类客人抱怨时，前厅服务人员应注意倾听，致以歉意，然后设法使问题得到解决。注意对此类客人要热情，绝不能与之争辩。

（5）易变型客人。客人在做出选择前不断地改变主意。接待此类客人，应注意保持耐心与礼貌，应留给客人充足的时间做决定。还应根据客人的特点提供带有引导性的建议。

（6）胆怯型客人。应注意觉察此类客人的要求，否则很难了解他们真正的想法，因为他们不轻易表示自己的不满，应努力向此类客人提供最好的服务。

（7）要求型客人。应设法了解此类客人的真正需求，提供他们急需的服务。在接待服务中要能忍耐，有礼貌，绝不能发脾气。

（8）敌意型客人。敌意型客人似乎对一切都怀有敌意，很难使他们高兴。前厅服务人员与此类客人打交道时应注意容忍，要热情地为他们提供最好的服务，设法缓和局势，取悦客人。

（9）吵闹型客人。客人在公共场所大叫大嚷，希望引起大家的注意，成为中心人物。面对这种情况，前厅服务人员应立即设法制止，以免影响他人。与此类客人打交道时应尊重他们，小声地与他们讲话，尽量避免冲突。

（10）友善型客人。从表情上可以发现，客人很乐意来酒店住宿。对酒店某些服务不周的疏忽之处能予以谅解。大部分客人均属于此类型。应该为他们提供最好的服务。

（11）特殊型客人。此类客人的喜好与大部分人有明显的区别。例如，对于客房的色调喜欢强烈的对比色。前厅服务人员很难满足他们的全部要求。接待此类客人时应耐心、礼貌，尽可能满足他们的一部分要求。如果此类客人的要求处理得比较恰当，下次他们还会光临。

（12）价格敏感型客人。客人把房价与估计成本比较，抱怨房价太贵。前厅服务人员应以良好的服务态度、有效的销售技巧，向他们说明客房的特点及客人能得到的利益。对此类客人应该耐心，但不能随意降价。

（13）儿童客人。儿童也是酒店的客人，服务时既要耐心，又要小心。儿童过分的吵闹会影响其他客人，所以必要时应礼貌地提醒他们的父母。前厅服务人员应避免与客人的孩子嬉闹、玩耍，以免影响正常的工作秩序以及引起孩子父母的不满。

酒店大部分客人是友善的、易于合作的。即使小部分客人比较特殊，这对酒店及员工来说，也是一个迎接挑战的机会。如果客人对酒店的接待服务工作感到满意，酒店不但会获得可观的经济效益，还会赢得良好的声誉。

二、掌握与客人沟通的环节

（一）第一印象

第一印象是持久的印象。大多数客人是从前厅服务人员的对客服务中获得对酒店的第一印象。客人从预订员回复的质量与时间，与话务员、预订员通话时听到的语音、语调，以及从迎宾员、行李员、前台接待员的服务态度、工作效率中所获得的印象，都形成了对酒店的第一印象。客人抵店时受到的接待服务，使他对酒店服务质量有了或肯定或否定的基调。当客人进入大厅时，衣着得体的前厅服务人员应从容镇定地以亲切热情的态度、真诚的微笑欢迎客人的光临，努力使客人对酒店产生良好的第一印象。

要使客人产生良好的第一印象，服务人员必须注意仪容仪表、个人卫生及保持微笑。

前厅服务人员必须注意着装及个人卫生。如果前厅服务人员的工作制服裁剪不合体，肮脏破烂，皱皱巴巴，头发蓬乱，沾满头屑，指甲不净，长袜抽丝，满鞋尘土，身有异味，则将给客人留下糟糕的印象。客人从服务人员的着装及个人卫生的状况中，可以想象出酒店的管理水平及服务质量。保持个人卫生与着装的整洁是对客关系中最基本的要求。由于前厅服务人员与各阶层人士广泛接触，他们的穿着打扮必须符合大部分人都能接受的审美标准。例如不准留胡子、梳怪发型，不得浓妆艳抹，不准滥用香水、乱戴饰物。酒店应明文规定这些方面的具体要求，并把应达到的标准拍成照片，公布在员工过道或员工餐厅内，以便服务人员自觉对照检查。

"微笑"是搞好酒店招待服务工作的一大法宝。前厅服务人员向客人提供服务时，第一个动作应该是微笑。微笑表示欢迎客人的到来，表示愿意为客人提供服务。当前厅服务人员把光临酒店的客人看作贵宾而不是工作的障碍时，他们的微笑就会是真诚的、发自内心的。微笑在对客关系中能起到很大的作用。即使服务人员在工作中出现了一些小的差错，客人也会因与满怀诚意的酒店员工之间有着良好的关系而能够原谅他们一时的过失。

要使接待服务工作获得成功，前厅服务人员必须注意给客人留下良好的第一印象。

（二）言谈举止

为了使客人对酒店的良好的第一印象得以持续下去，前厅服务人员必须注意言谈举止方面的礼貌礼节。

（1）注意倾听。为了使提供的服务具有针对性，必须注意倾听客人的要求。在倾听过程中要注意"视觉接触"（eye-contact），望着客人的眼睛，不能漫不经心地左顾右盼，甚至无礼地打断客人的谈话。在交谈过程中，大多数人会注视对方的脸部，前厅服务人员必须十分注意自己的脸部表情，因为脸部表情反映着你的感受，客人能从服务人员的脸部表情中感受到反应。在倾听客人谈话过程中，应恰当地给予必要的呼应，把客人谈话的重点记录下来。谈话结束时应重复客人谈话的要点。

（2）使用礼貌语言。客人走近柜台，前台服务人员应以亲切悦耳的语音、语调，正确的礼貌用语主动招呼客人。无论中外来宾都应一视同仁，以礼相待。前厅管理人员应根据操作程序，把对客服务的礼貌用语编成教材。在日常的对客服务中，应不断强化服务人员礼貌用语的意识，这是一项很艰巨的工作。另外，前厅服务人员还应注意纠正自己不良的口语习惯并避免使用酒店的专业用语或当地的方言。还应注意不能与客人过分亲密。

（3）用姓名称呼客人。用姓名称呼客人与微笑待客一样是招待服务工作取得成功的又一法宝。用姓名称呼远离家门的客人，客人的感受是难以用语言来表达的。为了能正确地用姓名称呼客人，前厅服务人员在第一次听到客人名字时要集中注意力记住他，最好把名字记录下来，以便了解客人名字的发音、拼写或字型。耳目并用，有助于较快地记住客人的姓名。可以将客人的姓名与客人的长相、职业或其他特征联系起来记忆。了解客人的姓名后，在与客人交谈中应有意识地重复客人的姓名，强化记忆。前厅服务人员应十分注重培养自己这方面的技能。

（4）姿态。前厅服务人员在客人来往频繁的场所——大厅工作，就像演员在舞台上表演，必须注意自己的姿态。应该做到热情好客，从容镇静，举止大方，风度翩翩，从不表现出懒散笨拙的样子。站立时的姿态应不靠不倚，不背朝客人，不窃窃私语。行走时步子应轻快有力，不垂头丧气、耷拉着脑袋。与客人交谈时，更应注意自己的姿态，因为正确的姿态有助于与客人的沟通。

（5）电话礼节。电话通话，别人看不到我们，只听到声音，因此服务人员的语音语调要友好热情，发音咬字要清楚，讲话速度要适中，绝不能给对方以生硬、冷淡、不耐烦的感觉。

拓展阅读　🔍详情

接听电话应注意的细节

1. 接电话时应注意的细节

（1）电话铃一响，立即用左手拿起听筒。如此时正在与客人交谈中，可请客人稍等，先接电话。

（2）可用愉快的语气根据不同的时间，使用正确的问候语向来话人问好，然后报出部门的名称。绝不能用"喂"称呼对方。在通话过程中，不得提高噪音，不喊叫。

（3）如对方未通报姓名，可婉转地说："请问贵姓？"

（4）注意倾听对方的谈话内容，将要点记录下来。电话机旁应放置供记录用的笔、记录本或便条。应用左手拿听筒，右手记录，注意姿态。

（5）通话结束，应重复重点，以免差错。记录通话日期、时间、对方的姓名。

（6）对拨错号的电话也应以礼相待。

（7）在接听电话时，如另一个电话的铃声响了，应请对方稍等，然后去接听第二个电话。对第二个电话的处理方法是：或者请对方稍等，或者请对方留下电话号码。应尽快继续接听第一个电话，第一个电话接听完了，应立即接听那个正等候的电话。

2. 打电话时应注意的细节

（1）通话前，做好准备。

（2）简单问候后，报出单位、部门的名称及本人姓名。

（3）简洁而又清楚地讲述事情。

（4）重要的地方要重复一下。

（5）请其他人通话时，要问清对方姓名。

（6）电话中断，应立即再拨。

三、大堂值班经理与客户关系主任的角色

大堂值班经理与客户关系主任（Guest Relations Manager）在对客关系中同样扮演了重要的角色。

（1）大堂值班经理的角色。工作于酒店大厅的大堂值班经理是酒店管理机构的代表之一，在与客人的直接接触中起着重要的作用。大堂值班经理一般隶属前厅部，对前厅部经理负责。但在一些豪华的大型酒店，他／她隶属驻店经理（Resident Manager）。担任这个职位的人员应受过良好的教育，有较丰富的酒店实际工作经验，知识面广，善于社交，对国家及本酒店的政策充分了解，语言表达力强，工作有高度的自觉性和责任感，观察分析能力强，处理问题和接受客人投诉既有原则性又有灵活性。另外，端正的仪表及良好的风度也是胜任这项工作的重要条件。

（2）客户关系主任的角色。客户关系主任或客人关系员（Guest Relations Officer，GRO）是高星级酒店为增进与客人的双向沟通、加强与客人联络、改善酒店与客人关系而设立的，旨在通过GRO随时服务于客人，主动征询客人意见，进一步了解客人需求，获得更多的反馈信息，从而改善酒店服务，使之更符合市场需求。胜任此职务人选的条件与大堂值班经理类似。

第三节　客史档案管理

客史档案（Guest History Record）是针对不同客人的特点及住店情况，在酒店接待过程中形成的具有查考利用价值并按一定制度归档存查的一种专业档案。客史档案既是促进酒店销售的重要工具，也是酒店改善经营管理和接待服务工作的一项必要措施。

一、客史档案的作用

客史档案是酒店档案的重要组成部分，在酒店的经营管理中起着不可忽视的重要作用。

首先，有助于与客人建立良好关系，更好地提供针对性服务。通过客史档案，酒店可以更全面地掌握客人信息，提前对接待回头客做好准备，提供更完善的服务。其次，有助于减少客人投诉，提高服务质量。通过客史档案，酒店可以详细了解有关客人投诉的情况，并对投诉资料进行系统分析、总结，避免类似投诉的再次发生。再次，是酒店进行客源市场预测、制定营销策略的重要依据。客史档案也是酒店进行客源市场预测、制定相应的营销策略的重要依据。对酒店扩大客源市场，提高客房出租率和经济效益都起着重要作用。

二、客史档案的类型与内容

（一）客人个人档案

客人个人情况档案主要包括以下内容：

（1）客人的个人情况。包括客人的姓名、国籍、地址、电话号码、单位名称、出生日期、婚姻状况、性别、职务、同行人数等。由此，酒店可以分析客源的基本情况，例如客源市场的动向及客源构成等。

（2）客人的消费情况。包括客人租用客房种类、房价、折扣、每天费用支出的数额、付款方式，所接受的服务种类及酒店从客人处获得的营业收入。由此，酒店可以了解每位客人的支付能力及信用程度，同时可以获得有关客人对服务设施的要求、喜好、倾向、接受程度方面的信息。

（3）客人的入住情况。包括客人入住的季节和月份、住宿时间、预订方式及预订渠道等，这些信息可以帮助酒店拓宽客源渠道，利于酒店改进广告和促销工作。

（4）客人的特殊信息。包括客人的旅行目的、个人爱好、生活习惯、宗教信仰、特殊要求、接待规格、客人对酒店的意见和建议、特殊事件以及客人的签名等。这些信息可以帮助酒店提供有针对性的服务，改进服务质量。

（5）客人的投诉资料。包括客人在住店期间所发生的投诉种类、投诉原因、投诉处理情况及客人对投诉的满意程度等。这些信息有助于酒店对某些薄弱环节提高重视，避免今后发生类似事件。

（二）宴会客史档案

宴会客史的内容包括举行宴会、酒会、招待会的团体或个人的姓名，负责宴会安排者的姓名、地址及电话号码；每次宴会的详细情况记录，包括宴会日期、类别、出席人数、收费标准、宴会地点、宴会布置要求、额外服务、特殊情况、宴会后出席者的评估等。

（三）团队客史档案

团队客史档案的基本内容可以分为团队基本情况、组织单位基本情况和团队组织负责人基本情况三个方面。其中团队基本情况要素为：团队名称、来店次数、累计人数、平均留店时间、人均消费水平、具体要求（包括对会务、用餐、娱乐、客房等几个方面的具体要求）、对酒店意见及评价、优惠价格、酒店接待者、是否为协议单位等。组织单位基本情况为：单位名称、单位地址、单位联系电话、单位简介、单位域名、单位负责人等。

三、客史档案的建立

（一）建立渠道

（1）总服务台。在总服务台收集的客人信息主要通过客人的预订资料、入住登记单、账单以及对退房客人的问候式意见征询来完成。

（2）大堂副理。通过客人投诉及处理结果的记载资料、客人意见征求书以及走访客人、与客人交谈沟通获取信息。

（3）客房、餐饮、娱乐等前台服务部门。通过员工在为客人提供服务时获得的信息、管理人员与客人交流时对客人意见的记录以及客人的账单与预订单建立客人的消费档案。

（4）其他渠道。酒店还可以通过会员俱乐部申请登记表、贵宾卡申请登记表、金卡客人登记表等方式进行散客信息收集。

（二）建立方法

（1）档案卡。建立客史资料档案卡是最常见的方法。档案卡可采用不同的颜色来代表不同的内容与含义，卡片也应按照一定特点和规律的系统排列方式自上而下地存放，并设立字序指引卡，标明字母顺序，方便查找。

（2）计算机。随着计算机在酒店内的广泛应用，给客史档案的建立和使用提供了极大的方便。不仅扩大了客人的信息量，而且可以随时更改、修正及补充。需要时通过计算机可以随时调用资料，查找迅速方便。

四、客史档案的归档及整理

客史档案的管理应贯彻集中化和计算机化原则，并配有完善的反馈及更新机制。在办公自动化程度较好的酒店，客史档案归档整理具体流程可以分收集者、部门文员、酒店客史档案管理中心三级。先由各收集区域将信息每日传递给各部门文员，由文员汇总、整理后再传递给酒店客史档案管理中心，由管理中心统一设立酒店内部计算机信息查询台供各部门随时查阅。但为了及时对客户意见做出反应，必要时各信息收集区域应在第一时间内将信息传递给相应部门、相应区域的基层管理者。

客史档案的管理还应制定完善的反馈及更新机制，注重信息的及时性与准确性，重视日常检查，及时加添客人信息或者去除无用的信息。

第四节　客人投诉管理

一、正确认识客人投诉

酒店是一个复杂的整体运作系统，客人对服务的需求又是多种多样的。同一位客人，由于心情不同，对同一家酒店在不同时间的相同标准的服务感受和评价是不一样的；客人入住酒店的星级、位置不同，或两次入住同一家酒店所享受的房价不同，对同一项服务的要求也不同。因此无论酒店经营得多么出色，设备设施多么先进、完善，都不可能百分之百地让客人满意，客人投诉是不可能完全避免的。酒店投诉管理的目的和宗旨，在于如何减少客人的投诉，如何妥善处理投诉，如何使客人投诉造成的损失降到最低限度，最终使客人对投诉的处理结果感到满意。

（一）客人投诉的含义

投诉，是指客人对酒店的设备、服务等产生不满时，以书面或口头方式向酒店提出的意见或建议。提出投诉的客人称为投诉者，酒店往往由大堂助理受理客人的投诉。

（二）客人投诉的类型

1. 按投诉的来源及方式区分

根据投诉来源及方式，投诉可以分为电话投诉、书信投诉、传真投诉、找大堂副理当面投诉、在服务现场当面投诉、客人意见表上客人反映的较严重的问题、各部门收集的客人较尖锐的意见7类。

2. 按投诉的途径和渠道区分

（1）直接向酒店投诉。这类客人认为：是酒店令自己不满，是酒店未能满足自己的要求和愿望。因此，直接向酒店投诉，能尽量争取挽回自己的损失。

（2）向旅行代理商投诉。选择这类投诉渠道的，往往是那些由旅行代理商（例如旅行社）介绍而来的客人。投诉内容往往与酒店服务态度、服务设施的齐全、配套情况及消费环境有关。在这些客人看来，与其向酒店投诉，不如向旅行代理商投诉对自己有利，前者不仅费时，而且往往是徒劳的。

（3）向消费者协会一类的社会团体投诉。希望依靠社会组织的力量迫使酒店以积极的态度去解决目前的问题。

（4）向工商局、旅游局、旅游质检所等有关政府部门投诉。

（5）用法律诉讼方式起诉酒店。

（6）向电视台、电台、报纸、杂志等媒体反映酒店存在的问题，利用社会舆论向酒店施加压力。

站在维护酒店声誉的角度去看待客人投诉，不难发现，客人直接向酒店投诉是对酒店声誉影响最小的一种方式，也是酒店应努力控制的一个方面，设置大堂副理这个岗位，目的就是为客人提供一个固定、方便，并能有效解决问题的投诉场所。从保证酒店长远利益的角度出发，酒店接受客人投诉，能有效控制损害酒店声誉的信息在社会上传播，防止给公众产生不良印象。客人直接向酒店投诉，不管其动机、原因如何，都给酒店提供了一个及时做出补救和保全酒店声誉的机会。

（三）客人投诉的原因

就酒店服务而言，容易被客人投诉的原因和环节是多方面的，既有酒店方面的原因，也有客人方面的原因。

1. 酒店原因造成的投诉种类

（1）有关设备设施的投诉。此类投诉主要是指：酒店的消费环境、消费场所、设备设施未能满足客人的要求，如酒店空调、音响系统使用不正常、不配套，水、电、气供应不到位，电梯控制失灵等。

（2）有关服务与管理的投诉。此类投诉主要是指：管理人员督导不力，部门间缺乏沟通和协作精神而出现的违约现象；员工专业水平低、业务不熟练、一问三不知、工作不负责，会议服务不按要求配备所需设备、岗位责任混乱、事先预订的客房不能兑现、酒店未实现给予优惠的承诺、住客在房间内受到骚扰、服务效率低、叫早服务不准时以及客人账目合计错误等。

（3）有关服务态度的投诉。此类投诉主要是指：酒店服务人员服务态度不佳，冷冰冰的面孔、无礼粗暴的语言、嘲笑戏弄的行为、过分的热情或不负责任的答复等。

（4）对酒店产品质量的投诉。此类投诉主要是指：客房有异味或有蚊、蝇、蚂蚁，寝具、食具、食品不洁，食品变质、口味不佳等，服务员服务方式欠妥或行为不检，有违反有关规定的现象（如进入客房不敲门、向客人索要小费、不按操作规程工作等）。

（5）其他特殊原因造成的投诉。

2. 客人原因造成的投诉种类

（1）对酒店的期望值过高。当客人感到酒店相关服务或服务设施、项目未达到相应标准，不能体现出"物有所值"，与期望值相差太远时，便会产生失望，进而引发投诉。

（2）对规定的理解与酒店相悖。客人的需求及价值观念不同，对事物的看法及衡量标准也不一致。部分客人对相关规定的理解与酒店有分歧，产生不同的看法、感受，甚至误解，因而导致投诉。

（3）希望通过投诉满足苛求。少数客人住店经验及投诉经验非常丰富，熟知酒店的弱点及相关的法律规定，利用酒店管理与服务中存在的不足和酒店不愿把不良影响扩大的顾忌，力图通过投诉迫使酒店给予他们较大的折扣，答应他们比较苛刻的条件。

（4）心绪不佳、借题宣泄。因非酒店原因产生不满，而在酒店内借题宣泄或借题发挥，故意寻衅滋事，导致对服务的投诉。

（四）客人投诉产生的消极作用

客人在服务环境或公众场合投诉，会影响酒店的声誉和形象，这是对酒店最不利的消极因素。对酒店来说，争取和维护良好形象是一件很不容易的事，如果对客人投诉的态度及处理方式不当，客人因不满而离去，真正受损失的是酒店；同时，有些客人并不轻易投诉，当受到不公正待遇后，便把不满压在心底，但他们会拒绝再次光顾，并向其他亲友、同事宣泄，影响酒店的对外形象和声誉。

（五）客人投诉产生的积极作用

客人来自四面八方，不乏有一些见多识广、阅历丰富的人。客人从他们的角度对酒店服务工作提出宝贵的批评意见，帮助酒店发现工作中的不足和差距，有利于酒店不断改进和完善服务工作。所以，客人的投诉是酒店完善服务工作的一种信息来源，尤其是一些善意的投诉（如对服务项目、服务设施，以及物品配备方面的意见和建议等）是酒店所希望的。同时，通过投诉的处理，加强酒店同客人之间的沟通，进一步了解市场需求，有利于提高企业竞争力，争取更多客源。因此，对客人的投诉，酒店应将其看作发现自身服务及管理中的漏洞，改进和提高服务质量的重要途径。

事实上，投诉产生后，引起客人投诉的原因并不重要，关键是服务人员怎样看待客人的投诉，采取怎样的态度来面对投诉，用怎样的方法来解决客人的投诉问题。成功的酒店善于把投诉的消极影响转化为积极影响，通过处理投诉来促使自身不断提高工作质量，以防止投诉的再次发生。正确认识客人的投诉行为，就是不仅要看到投诉的消极影响，更重要的是把握投诉所隐含的对酒店的有利因素，变被动为主动，化消极为积极。总之，正确认识客人的投诉，是使投诉得到妥善处理，为酒店挽回声誉，使客人满意而归的基础。

所以，酒店对客人的投诉要采取积极、欢迎的态度，无论客人出于何种原因进行投诉，酒店方面都要理解客人的心理，绝不能与其争辩或不理不睬；要充分重视、设身处地为客人着想，及时调查，弄清事实，纠正错误，改善关系，真诚地帮助客人，尽可能地令其满意，只有这样才可能消除客人的怨恨与不满，重新赢得好感及信任，改善客人对酒店的不良印象。

二、客人投诉心理与性格分析

（一）客人投诉心理分析

当客人在酒店消费过程中遇到不满、抱怨或遗憾时，会有不同的反应，可能投诉，也可能不投诉，这与客人的心理因素有关。

1. 不愿投诉的客人心理

（1）不习惯。有些客人由于对高档服务环境规范不够了解而不投诉，而有些客人则由于不习惯表达自己意见而不提出投诉。

（2）不愿意。有些客人由于宽宏大量、善于理解他人而不提出投诉，生活方式为粗线条型的客人通常也不愿意为小事投诉。

（3）不相信。部分客人会自认倒霉，认为投诉解决不了什么问题而不投诉。

（4）怕麻烦。部分客人会因时间紧迫或不愿多事而不投诉。

2. 采取投诉的客人心理

（1）善意投诉的客人。他们真情关心、热诚建议，生活态度严谨认真。他们见多识广，想张扬自己的观点，且有一定知识基础。他们想挽回损失、保全面子，自我保护意识强，了解服务规范。

（2）恶意投诉的客人。他们借题发挥，自控性不强或个性太强。他们无理取闹、无端生事，情绪不稳定、素质较低。他们有意敲诈，存心不良，另有他图。

（二）客人投诉性格分析

（1）理智型客人投诉。理智型客人下榻酒店，如果受到冷遇或粗鲁的言行、不礼貌的服务，会产生不满、气愤的情绪，但他们不会动情，更不会因此而发怒。此时的情绪显得比较压抑，他们力求以理智的态度、平和的语气和准确清晰的表达，向受理投诉者陈述事情的经过以及自己的看法和要求。理智型客人很容易打交道，出现问题，只要你作为酒店服务人员或管理人员对他们表示同情，并能立即采取必要的改进措施，他们会发出感谢之语。因为，这类客人多数受过良好的教育，既通情达理又会在发生问题时表现出冷静和理智，所以对他们的问题比较容易处理。为此，酒店应该注意向理智型客人提供最佳服务，争取他们的再次光临，他们是酒店的主要客人。

（2）失望型客人投诉。失望型客人在遇到他们事先预订的服务项目，如电话预订客房，因酒店某些部门的粗心服务而被忘却、失约，或当客人所付出的费用与所得到的服务产品质量不成正比，未能体现"物有所值"时，会出现失望、不满的情绪或发脾气。失望型客人的情绪起伏较大，时而愤怒、时而遗憾，时而厉声质问、时而摇头叹息，对酒店或事件深深失望，对自己遭受的损失痛心不已。这类客人投诉的内容多是自以为无法忍受的，或是希望通过投诉达到某种程度补偿的。处理这类客人投诉的有效办法便是让他们消气、息怒，耐心听取他们的批评意见。

（3）发怒型客人投诉。发怒型客人投诉很容易识别，在他受到不热情、不周到的服务时，或在受到冷遇，碰到个别服务员粗鲁言行时，发怒型客人很难抑制自己的情绪，往往在产生不满的那一刻就会发出较高的骂声，言谈不加修饰，不留余地，动作有力、迅速，不停地做手势以及快速地移动脚步，并急于向其他酒店人员讲清道理，寻求理解，对支吾其词、拖拉应付的工作作风深恶痛绝，希望能干脆利落地解决问题，并要酒店承认过失。对这类客人的投诉，首先要使他们息怒、消气，耐心地听取他们的批评意见。

三、处理客人投诉的基本原则与程序

（一）处理客人投诉的基本原则

（1）真心诚意地帮助客人解决问题。客人投诉，说明酒店的管理及服务工作尚有漏洞，说明客人的某些需求尚未被重视。前厅服务人员应理解客人的心情，同情客人的处境，设身处地地站在客人的立场上，努力识别及满足他们的真正需求，满怀诚意地帮助他们解决问题。只有这样，才能赢得客人的信任与好感，才能有助于问题的解决。

（2）决不与客人争辩。当客人怒气冲冲地前来投诉时，首先应该让客人把话讲完，然后对他们的遭遇表示歉意，还应感谢他们对酒店的关心。当客人情绪激动时，前厅服务人员更应注意礼貌，绝不能与客人争辩。如果不给客人一个投诉的机会，与客人逞强好胜，表面上看来服务人员似乎得胜了，但实际上却输了。因为，当客人被证明犯了错误时，他下次再也不会光临这家酒店了。因此，前厅服务人员应设法平息客人的怒气，请管理人员前来接待客人，解决问题。

（3）不损害酒店的利益。前厅人员对客人的投诉进行解答时，必须注意合乎逻辑，不推卸责任，不随意贬低他人或其他部门。因为采取这种做法，实际上会使酒店各个部门处于一个相互矛盾的地位，一方面，希望酒店某部门的过失能得到客人的谅解，另一方面却在指责酒店的另一个组成部分。其次，除了客人的物品遗失或损坏外，退款或减少收费不是解决问题的最有效方法。对于大部分客人的投诉，酒店是通过提供面对面的额外服务，以及对客人的关心、体谅、照顾来得到解决的。

（二）处理客人投诉的基本程序

1. 快速处理法

快速处理法主要针对较为理性的投诉，其主要步骤为：

（1）聆听：认真聆听客人的投诉内容，也可以通过提问方式来弄清症结。聆听时应集中注意力，节约对话时间。在客人投诉时不能反驳客人意见，不应与客人争辩。同时，在听取客人意见时应认真做好记录。

（2）表示抱歉、同情。当客人讲述完毕，应立即表示抱歉及同情。设身处地对事情进行考虑分析，对客人感受表示理解，运用适当的语言和行动给予客人安慰。

（3）快速行动。对事情迅速展开认真调查，把将要采取的措施和所需时间告诉客人并征得客人同意，快速采取行动，为客人解决问题。要尽量避免请客人提解决方案的现象。如果客人投诉的处理超出自己权限，应立即向上级报告；如的确属于暂时不能解决的投诉，要耐心向客人解释，取得客人谅解。

（4）将事情处理情况尽快通知客人，听取客人意见。事后将结果尽快通知客人，并听取客人对处理结果的意见。

（5）对客人表示感谢。投诉处理完毕后，应就客人对酒店的关心向客人表示感谢，欢迎客人对酒店提出意见及建议。

（6）记录存档。最后，应将客人投诉的整个过程写成报告，并记录存档，利于以后工作的完善及预先控制。

2. 绅士处理法

绅士处理法主要针对情绪激动的客人提出的发泄类投诉，其主要步骤为：

（1）改变投诉处理地点，隔离当事人。发泄类投诉的客人往往情绪激动，而且多在公众场合，大庭广众之下。所以，对待这类投诉，首先应立即改变处理地点，请客人到办公室或其他休息室听取意见，而且应隔离当事人，不宜造成双方当事人当场对质场面。

（2）上饮料、毛巾，安抚客人情绪。在情绪激动的情况下，客人难免缺乏理智，这对问题处理不利。所以，转移处理地点后，应为客人适时送上饮料、茶水或毛巾，尽量安抚客人情绪，使客人平静下来。

（3）沿用快速处理法的步骤。在客人情绪趋于平缓、冷静后，可沿用上述快速处理法的步骤进行处理。

四、客人投诉的防范措施

对于酒店来说，尽管客人投诉在一定程度上会给酒店的发展带来一定有利的契机，但毕竟也表明酒店产品和服务在供给上存在问题。如果客人投诉量过大，就会降低和损害酒店的声誉，从而影响酒店的经营活动及经营效益，因此酒店在实践中需要注意容易发生投诉的环节，并采取相应的措施。

（1）加强同客人的沟通。通过加强同客人的沟通来扩大了解投诉的渠道，最大限度地掌握客人的满意程度，控制客人投诉势态的发展，增强改进工作的主动性。例如，让各级管理人员亲自询问客人意见，以获取更详细的信息；在前台及客房提供"客人意见表"，收集客人书面的投诉及建议；定期进行市场调查及新客源、丢失客源调查等。

（2）注重改善服务质量。通过对日常工作的监督控制，加强服务人员思想、业务及技能的教育培训,增强其礼貌修养和工作责任心,改进其服务态度,增强其服务意识和协作观念,最终提高服务质量和工作效率;同时,要加强专门培训,提高员工应对客人投诉的艺术和技巧。

（3）加强设备、设施的管理。要建立完善的管理体制,制订出具体的有关设备设施的管理、维修、保养以及控制酒店产品出品质量的方案、计划;同时,要不断提高工程维修人员及负责产品出品人员的技术、技能水准,保证维修质量,加强对酒店产品出品的质量控制,实行定期的监督和检查。

（4）搞好酒店的安全控制。所谓酒店安全控制,即做好酒店内部各部位的消防、治安监督、控制工作,制定严格的规章和责任制度,采用各种控制手段,避免火灾的发生,维护好酒店的治安环境,保障在店客人人身及财物安全。

（5）建立客人投诉档案。通过大堂副理日志等形式记载投诉的情况,并定期由专人整理,形成酒店全面质量管理的依据,以便做好总结,改进日后的工作,防止此类投诉的再度发生。

五、正确理解"客人永远是对的"

评判一件投诉处理结果的好坏,站在不同的角度,其标准是不同的;往往是客人对其结果满意而酒店却承受了重大的损失,反之亦然。因此,处理投诉的结果理想与不理想,主要视双方的满意程度而定。应该说投诉的处理没有固定的模式和方法,而应根据不同对象、不同时间、不同地点、不同内容、不同程度等采取恰如其分的措施和解决办法,力争达到双方都能接受的程度。

在酒店服务行业有一种约定俗成的说法是"客人永远是对的"。这是酒店的服务宗旨,是服务观念需要达到的一种境界。但是,在具体处理客人的投诉时,不应机械地、教条地去理解执行,还须认真分析、判断是非。一方面要为客人排忧解难,为客人的利益着想;另一方面又不可在未弄清事实之前或不是酒店过错的情况下,盲目承认客人对具体事实的陈述,讨好客人,轻易表态,给酒店造成声誉和经济上的损失。一般情况下,在一些非原则性或非重大问题上,若酒店与客人之间产生纠纷,酒店还是应该礼让三分,主动而又积极地改善与客人的关系。"客人总是对的"强调的是一种无条件为客人服务的思想,对其的正确理解可以包括以下方面:

（1）一般情况下,无理取闹、无中生有的客人很少。

（2）客人是上帝，是酒店的衣食父母。

（3）"客人总是对的"并不意味着"员工总是错的"，而是要求在非原则或非重大问题上员工把"对"让给客人。

（4）酒店管理人员同样必须尊重员工，理解员工，教育培训员工学会自我保护和灵活处理相关问题。

六、前厅服务质量要素与评价

前厅部作为酒店运行的神经中枢，其服务质量直接关系到客人对酒店的整体评价，这也是人们往往将前厅看作酒店门面的一个重要原因。在此，我们结合前面几章的内容和第一章中提到的客人循环图，归纳出以下前厅服务质量要素供读者参考，同时，借助笔者参与的一些高星级酒店暗访中关于前厅对客服务部分的评价加深对前厅服务质量要素的理解。

（一）酒店前厅服务质量要素

（1）酒店大门口环境清洁、美观。

（2）酒店门卫热情礼貌。

（3）员工服装整洁。

（4）员工仪容仪表规范（可适当修饰）。

（5）酒店大堂清洁、卫生、美观。

（6）大堂设施维修保养状况良好。

（7）大堂采光、照明及整体气氛良好。

（8）预订质量及准确程度高。

（9）办理入住手续效率高。

（10）前台服务人员服务规范、促销技巧高。

（11）前台服务人员服务态度良好。

（12）行李服务质量高、效性强。

（13）客人投诉处理及时、投诉档案完备。

（14）所有服务人员对客人需求的响应及对客人需求有预见能力。

（15）离店结账快速、准确。

（16）电话服务亲切有效。

（17）安全意识强。

（18）有完备的培训制度和相关培训计划。

（二）前厅对客服务质量暗访标准

表6-1　房间预订评分表

1. 总机

最高分	应 有 表 现	是否达标	得分	实际表现描述
	总机在铃响3声之内被接听			
	员工正确使用问候语（如"早上好"），同时报出酒店名称，语音清晰、态度亲切			
	没有令人不愉快的背景噪声			
	转接电话正确、及时（如铃声超过5响没人接听，应转回总机）			
	熟练掌握岗位英语或岗位专业用语，员工在转接电话前有礼貌用语（如"请稍等"）			

子项目：应得分：＿＿＿分　实得分：＿＿＿分　得分率：

2. 预订

最高分	应 有 表 现	是否达标	得分	实际表现描述
	铃响3声之内被接听			
	员工使用问候语（如"早上好"），同时报出部门名称			
	确认客人抵离时间			
	语音清晰、态度亲切			
	熟悉酒店产品，正确描述房型差异			
	说明房价及所含内容			
	提供预订号码或预订姓名			
	询问客人联系方式			
	说明酒店入住的有关规定			
	通话结束前重复确认预订的所有细节			
	有令人舒适的告别语			
	预订过程没有令人不愉快的服务体验			
	实时网络预订，界面友好，及时确认	优		
		良		
		中		
		差		

子项目：应得分：＿＿＿分　实得分：＿＿＿分　得分率：

项目总分：应得分：＿＿＿分　实得分：＿＿＿分　得分率：

表6-2　抵店接待评分表

1. 礼宾服务

最高分	应 有 表 现	是否达标	得分	实际表现描述
	有员工在门口热情友好地问候客人			
	为客人拉开车门或指引客人进入酒店			
	帮助客人搬运行李，勤快主动			
	及时将行李送入房内，放在行李架上，并向客人致意			
	礼宾员乐于助人，及时响应客人合理需求			
	熟悉酒店各项产品信息			
	熟悉酒店周边环境			
	礼宾员的总体评价	优		
		良		
		中		
		差		

子项目：应得分：＿＿＿分　实得分：＿＿＿分　得分率：

2. 入住登记

最高分	应 有 表 现	是否达标	得分	实际表现描述
	总服务台位置合理，24 时小时提供接待服务			
	客人在 10 秒中内得到总台员工及时接待			
	有欢迎微笑和问候语，说话清晰			
	与客人有眼神交流			
	与客人确认预订信息			
	对话中用姓氏称呼客人			
	与客人确认离店日期			
	要求客人出示护照 / 身份证			
	询问是否需要贵重物品寄存服务并解释相关规定			
	主动介绍酒店早餐厅（或其他主要营业场所）的位置和营业时间			
	指示客房 / 电梯方向，或招呼行李员为客人服务，祝愿客人入住愉快			
	登记入住手续无差错			
	办理住店手续时间 5 分钟内 5 分，5~10 分钟内 0 分，10 分钟后扣 5 分			
	接待员的总体评价	优		
		良		
		中		
		差		

子项目：应得分：＿＿＿分　实得分：＿＿＿分　得分率：

项目总分：应得分：＿＿＿分　实得分：＿＿＿分　得分率：

表6-3 离店评分表

1. 结账服务

最高分	应 有 表 现	是否达标	得分	实际表现描述
	客人在10秒中内得到总台员工及时接待			
	有欢迎微笑和问候语，说话清晰			
	与客人有眼神交流			
	确认客人房间号和姓名，对话中用姓氏称呼客人			
	应询问客人是否用过客房小酒吧食品			
	确认客人所有消费，出示详细账单			
	收费正确无差错			
	账单条目清晰，被整齐折叠装入信封递交客人			
	征求客人意见			
	向客人致谢并邀请再次光临			
	办理离店手续时间（分钟） 5分钟内5分，5~10分钟内0分，超过10分钟扣5分			
	结账时没有不愉快的服务体验			

子项目：应得分：____分 实得分：____分 得分率：

2. 礼宾服务

最高分	应有表现	是否达标	得分	实际表现描述
	行李部铃响3声之内接听电话，问候客人，并报出部门名称			
	与客人确认房间号、行李件数、收取时间，并按客人要求时间到达房间			
	按门铃或轻敲房门，礼貌问候客人，与客人确认行李件数，把行李搬运到指定地点等候			
	客人离店时，行李员态度友好，主动致意问候			
	协助客人将行李放入车辆中，与客人确认行李件数			
	为客人拉开车门/大门，有令人愉快的告别用语			
	员工制服穿戴整齐，精神饱满			
	离店时没有不愉快的服务体验	优		
		良		
		中		
		差		

子项目：应得分：____分 实得分：____分 得分率：

项目总分：应得分：____分 实得分：____分 得分率：

本章小结

房务部门加强与酒店其他部门的沟通是保证房务部门自身和酒店各部门正常运行和发挥作用的重要保证，房务部门应当运用多种形式与各部门进行沟通与协调。投诉是最令酒店管理者头痛的一件事，酒店管理者应把处理好投诉当成事关酒店生死存亡的大事，认真处理、积极预防，把投诉造成的损失和不利影响降到最低点。

前厅对客服务被称为酒店的门面，把握对客服务质量要素及评价标准成为前厅运行质量的重点之一。

? 复习与思考

一、问答题

1. 酒店房务部门与营销部的主要沟通内容有哪些？
2. 酒店房务部门与餐饮部的主要沟通内容有哪些？
3. 对房务部员工而言，会议是不是最可行的沟通方式？为什么？
4. 为什么说投诉是一件好事？
5. 酒店服务中经常发生的客人投诉类型有哪些？导致这些投诉的原因是什么？
6. 处理投诉时为什么要对客人的投诉进行记录？
7. 处理投诉的基本原则是什么？
8. 正确处理投诉的程序如何？
9. 如何理解"客人永远是对的"？
10. 前厅对客服务质量要素有哪些？具体如何评价？

二、案例讨论题

叫早服务的投诉

一天早晨 9 点，上海某酒店大堂黄副理接到住在 806 房间的客人的投诉电话：

"你们饭店怎么搞的,我要求叫早服务,可到了时间,你们却不叫醒我,误了我乘飞机——"不等黄副理回答,对方就"啪嗒"一声挂了电话,听得出,客人非常气愤。黄副理立即查询当日806房的叫醒记录,记录上确有早晨6点半叫早服务要求,根据叫早仪器记录和总机接线员回忆,6点半时确为806房客人提供过叫早服务,当时客人曾应答过,黄副理了解清楚情况断定,责任不在酒店,但黄副理仍主动与806房客人联系。

"孔先生,您好!我是大堂副理,首先对您误了乘飞机而造成的麻烦表示理解。"黄副理接着把了解的情况向客人作了解释。但客人仍怒气冲冲地说:"你们酒店总是有责任的,为什么不反复叫上几次呢?你们应当赔偿我的损失!"

"孔先生,请先息怒,现在我们当务之急是想办法把你送到要去的地方,请告诉我,您去哪儿,最迟必须什么时候到达。"黄副理的真诚使客人冷静下来,告诉他明天早晨要参加西安的一个商贸洽谈会,所以今天一定要赶到西安。黄副理马上请酒店代售机票处更改下午去西安的机票,而代售处下午西安的机票已售完。黄副理又打电话托他在机场工作的朋友,请务必想办法更改一张下午去西安的机票,后来又派专车去机场更改机票。

孔先生接到更改的机票后,才坦诚自己今晨确实是接过叫早电话,但应答后又睡着了,责任在自己,对黄副理表示歉意。

案例讨论与思考:

1. 黄副理处理此事的成功之处有哪些?

2. 酒店今后应该从哪些方面避免出现此类情况?

三、实训题

实地考察一家酒店的前厅区域,观察前厅各岗位服务运转情况,并根据本章提到的服务质量要素对这家酒店进行评价,与同学比较讨论你们观察的不同酒店。

第七章

客房价格管理

学习意义　在商品经济中，任何商品和劳务都是有价格的，对酒店客房产品定价是市场经营活动的重要内容。然而，房价的制定又是一个复杂的过程，况且，对已有的房价在实施中的控制与调整都涉及方方面面，因而，价格决策既是最主要的决策之一，也是最难制定的决策之一。

内容概述　本章主要介绍客房定价原理及定价方法，在客房定价中应了解的定价策略与技巧，在价格实施过程中应掌握的控制与调整方法等内容。

学习目标

知识目标

1 了解房价的基本类型。
2 掌握定价的基本方法。
3 了解客房定价的基本程序。

能力目标

1 能理解客房定价的基本原理。
2 能灵活运用各类定价的策略与技巧。
3 掌握客房价格实施中的控制与调整方法。

印度洋海啸与海南房价

印度洋海啸事件后，东南亚海岛游消费群的部分分流使当年春节海南游价格迅速"上蹿"。记者从相关旅行社了解到，春节海南五星级酒店房价上涨到每晚 2500 ~ 3500 元，平均涨幅是淡季价格的 4 倍，预计春节期间海南高星级酒店房价最高每晚可能突破 1 万元。酒店和机票的升价，直接导致春节海南双飞团队游价格上涨超过 100%。但火车团价格预计仅比平时涨二成左右。广东中旅营运总监叶汉平告诉记者，海南游得到了因海啸事件而分流的客源，其市场价格因此"水涨船高"。据了解，海南游涨价原因无非就是酒店和机票价格的上涨。以亚龙湾为例，现在五星级酒店房价为 500 元一晚，四星级酒店房价为 450 元一晚，而春节期间五星级酒店房价涨到 2500 ~ 3500 元一晚。此外，由于今年（2005年）飞海南航班的增加，酒店资源变得相对紧俏，预计今年（2005 年）春节海南最高房价每晚可能突破 1 万元。

酒店价格在春节的"突飞猛进"，加上飞海南团体机票春节升价超过 50%，旅行社表示，正常价格在 1200 元左右的海南 4 天双飞团，春节会涨到 2500 元左右，涨幅超过 1 倍；而现在 1200 多元的三亚 3 天五星自由行，春节视所订酒店不同，价格预计在 3000 ~ 7000 元不等。双飞团涨价厉害，但推出火车团海南游的广东铁青就表示，计划在年三十至初三连续开行 3 趟海南"包列"，价格涨幅在二成左右。

——资料来源：新快报，2005—01—07.

结合案例思考制定客房价格及控制客房价格时应该综合考虑哪些因素。

第一节　客房价格概述

价格决策对现代酒店房务管理具有十分重要的意义。因价格不仅是涉及客房经营收入的主要变量，而且是影响消费者购买客房产品的主要因素。根据客房产品的特点、成本及市场状况，制定合理的客房价格，是房务管理的主要任务之一。

一、客房价格的种类

（一）客房的基本类型

1. 按房间内床的设置划分

（1）单人间（single room）：房内设单人床1张。

（2）双人间（twin room）：房内设单人床2张，也称为标准间（standard room）。

（3）大床间（double room）：房内设双人床1张。

（4）三人间（triple room）：房内设单人床3张。

2. 按房间布置的等级划分

（1）标准间（standard room）：带卫生间的双人间。

（2）商务间（business room）：面积一般比标准间略大，设有标准的办公桌、充足的照明设施，有些还带传真机、计算机接口专线等。

（3）豪华间（deluxe room）：面积大于标准间，房内设施设备及客用品比标准间高档。

（4）普通套间（standard suite）：设有客厅，卧室为两间相通的客房。

（5）豪华套间（deluxe suite）：设备设施豪华齐全，一般房间及卫生间均在两间以上，有些还有会议室、书房。

（6）总统套间（presidential suite）：面积比豪华套间大，设有两间主人卧室及豪华浴室，还有客厅、餐厅、厨房、书房、侍从房等。它在酒店内独一无二。

3. 按房间位置划分

（1）内景房（inside room）：窗户朝向酒店内院的客房。

（2）外景房（outside room）：窗户向街道、公园、大海、湖泊的客房。

（3）角房（corner room）：位于走廊、过道尽头的客房。

（4）连通房（connecting room）：相邻的两间客房，隔壁中间有门。

（二）客房价格的基本类型

酒店客房的市场交易价格，可以分为下列四种基本类型：

1. 公布房价

公布房价就是在酒店价目表上公布的各种类型客房的现行价格，也称基本价格、门市价或散客价。根据不同的计价方式，公布房价又可以分为下列五种类型：

（1）欧式计价（EP）。指酒店的客房价格仅包括房租，不含餐食费用。在通常情况下，只要酒店未向客人作特别说明的报价，均为欧式计价形式。

（2）美式计价（AP）。指酒店的客房价格包括房租以及一日早、午、晚三餐的费用。美式计价形式一度被几乎所有的度假酒店采用，但随着交通的发展，旅客的流动性增强，美式计价形式逐渐被淘汰，目前只有少数地处偏远地区的度假酒店沿用此种形式。

（3）修正美式计价（MP）。指酒店的客房价格包括房租和早餐以及午餐或晚餐的费用。修正美式计价形式也称"半包餐"计价，它既可以使客人有较大的自由安排白天的活动，又能为酒店带来一定的效益。

（4）欧陆式计价（CP）。指酒店的客房价格包括房租及一份简单的早餐——咖啡、面包及果汁。欧陆式计价形式也称"床位连早餐"报价，此类报价形式较多地被不设餐厅的汽车旅馆所采用。

（5）百慕大计价（BP）。指酒店的客房价格包括房租及一顿丰盛的西式早餐。这种计价形式对商务旅客具有较大的吸引力。

2. 追加房价

追加房价是在公布价格的基础上，根据客人的住宿情况另外加收的房费。通常有以下几种情况：

（1）白天租用价（Day Charge）。客人退房超过了规定时间，酒店将向客人收取白天租用费。许多酒店规定，客人在 12 时以后、18 时以前退房，加收半天房费；在 18 时以后退房，加收一天房费。

（2）加床费（Rate For Extra Bed）。酒店对需要在房内临时加床的客人加收的一种房费。

（3）深夜房价（Midnight Charge）。客人在凌晨抵店，酒店将向客人收一天或半天房费。

（4）保留房价（Hold Room Charge）。住客短期外出旅行，但需继续保留所住客房的，或预订客人因特殊情况未能及时抵店的，酒店通常要求客人支付为其保留客房的房费，但一般不再加收服务费。

3. 特别房价

特别房价是根据酒店的经营方针或其他理由，对公布价格做出各种折让的价格。酒店日常采用的折让价格有：

（1）团队价（Group Rate）。团队价是酒店为团队客人提供的数量折扣，其目的在于吸引大批量的客人，从而售出大批量的客房。

（2）家庭租用价（Family Plan Rate）。酒店为携带孩子的父母所提供的折扣价格，例如给予未满 6 周岁儿童免费提供婴儿小床等，以刺激家庭旅游者。

（3）小包价（Package Plan Rate）。酒店为有特殊要求的客人提供的一揽子报价，通常包括房费及餐费、游览费、交通费等项目的费用，以方便客人做预算。

（4）折扣价（Discount Rate）。酒店向常客（Regular Guest）或长住客（Long-staying Guest）或有特殊身份的客人提供的优惠价格。

（5）免费价（Complimentary Rate）。酒店在互惠互利原则下，给予与酒店有双边关系的客人免费招待待遇。免费的范围既可以包括餐费，也可以仅限房费。

4. 合同房价

合同房价或称批发房价，是酒店给予中间商的优惠价。中间商销售酒店的客房要获取销售利润，为此与酒店确定散客和团队客人的优惠价，使他们在销售酒店产品后有足够的毛利支付销售费用从而获得利润。根据中间商的批发量和付款条件，酒店给予不同的数量折扣和付款条件折扣。

二、客房价格特点

客房产品自身的特性导致了客房价格有着与普通商品不同的特点。

（1）使用价值的共享性。人们外出旅行就要住宿，就要购买客房商品。从这一意义上讲，客房是人们投宿活动的物质承担者，是满足其生存的基本条件。如果客人要求有舒适感或豪华感，就可以购买更高价格的高档次客房，因为它可以满足客人更高层次的精神享受需要。客房产品具有满足客人生存需要、享受需要和发展需要的共同性，这一特点决定了客房商品价格应具有多样性。

（2）客房商品不可储存性。客房商品的服务价值在规定的时间内不出售，当天的效用就自然失去，客房当天的服务价值也永远不会实现。客房作为综合性的商品，其基本内涵就是服务，客人消费服务过程与服务员利用客房各种设备为住客服务的过程是统一的，即在时间上是不可分离的。客房商品的价值随时间而消逝。

（3）客房价格的易受影响性。客房出租受季节、气候、环境与疾病、战争与恐怖活动及节假日等众多因素的影响，表现为出租率在时间上具有明显的阶段性差异。特别是观光型酒店和度假型酒店的客房出租率在时间上呈明显的季节差别，不论商务型消费者还是会议型消费者都会在出游时机上有所选择。

（4）高比例的固定成本。现代酒店客房建筑成本高，一次性投入很大，而经营过程中的阶段性服务耗费相对较少，客房经营中的固定成本比重大。考虑到客房固定成本的负担，在确定客房价格时，必须衡量所定房价能够实现保本点的最低出租率，从而决定客房价格一定要有一个最低价格限度。

三、客房价格的构成

在商品经济中，任何商品和劳务都有价格。酒店客房产品定价，是市场经营活动中的重要内容。酒店应根据产品特点、成本和市场状况，制定合理的客房价格，客房价格是由客房的成本和利润所构成的。

（一）客房成本分类

（1）固定成本。固定成本是在一定业务范围内不随业务量增减的相对固定成本。无论销售量上升还是下降，固定成本总是不变的。如酒店建筑费用、设备折旧、贷款利息、企业管理费、办公费、差旅费、管理人员的工资等都是固定成本。

（2）变动成本。变动成本是指在一定范围内随销售量的增减而成正比例增减的那部分成本。如原材料、工人的计件工资、食品成本、客房的低值易耗品等。

（3）半变动成本。除了固定成本和变动成本外，酒店还有一种兼有固定成本和变动成本的半变动成本，这类成本虽然也随着销售量的升降而增减，但增减与销售量的增减不完全成比例，如燃料和动力费等。

（二）采购成本对酒店收入的影响

采购一直是酒店经营中成本控制的一个核心部分，大量供应商及社会小贩在酒店采购中扮演着重要的角色。随着电子商务的日渐普及，越来越多的美国酒店使用互联网来进行日常采购活动。现在，不仅是大大小小的各类供应商纷纷设立自己的网站，开通网上直接交易，吸引酒店采购生意，而且近来有些全新的网站将这些酒店供应商作为自己的客人，向他们提供一站即全的全方位电子商务供应服务。有人经几年跟踪分析发现，美国酒店业用于客房用品的采购额大大高于餐厅用品的采购额。当酒店的营业额增长缓慢时，酒店当然会将盈利的焦点集中在成本控制上。对于那些想争取酒店采购生意的小贩和供应商来说，今后几年，自己出售的物品的质量与服务仍然十分重要，但是要想保证生意的持续发展，降低成本才是关键，才能受到酒店的青睐。

（三）客房利润

客房利润 = 营业收入 –（成本 + 费用 + 各种税收）。

营业收入是指酒店企业在某一时期内，通过提供服务、出售商品或从事其他经营活动所取得的货币收入。它包括出租客房、提供餐饮、出售商品、代办手续及其他服务项目所得的全部收入。对于酒店企业而言，客房和餐饮是其主营业务收入，而其他则属于附属业务收入。

第二节　客房定价原理

一、客房价格制定的影响因素

制定房价是酒店自主的经营活动，酒店可以自由地选择定价目标。但是由于宏观的市场环境和微观的酒店内部条件的制约，使得定价自由度受到一定的限制，合理制定价格应综合考虑影响房价的各种宏观、微观因素。

（一）影响客房价格的宏观因素

（1）市场环境。竞争对手价格影响。竞争对手的价格是酒店制定房价时的重要参考依据。因为在定价过程中，首先要调查本地区同等级、同档次具有同等竞争力酒店的房价，做到"知己知彼"。

（2）国际形势和国家政策。国际国内形势对制定房价有重要影响，如全球或区域经济的发展速度减缓、政治局势的动荡、国家或地区间的战争等都会导致旅游业大幅度滑坡，引起酒店客房价格的波动，像美军占领伊拉克使得当地大多数酒店都被迫停业，客人的人身安全难以保证。当然，制定房价虽然是酒店的自主经营活动，但没有任何国家允许本国酒店100％地自由定价和自由竞争，政府总要以各种方式来干预企业价格的制定，以维护国家的利益，保护本地市场。我国为保护旅游业的健康发展，防止不正当竞争，对各等级酒店规定了最高和最低限制房价。当然，随着市场化的发展，政府对酒店房价的干预将逐步减弱。

（3）汇率变动。汇率是指两国货币之间的比价，即用一国货币单位来表示另一国货币单位的价格。在其他因素不变时，汇率变动会直接影响酒店房费的外汇收入水平。

（二）影响客房价格的微观因素

（1）投资成本。投资成本是影响客房定价的基本要素。酒店必须在一定时期内，用营业收入抵偿投资成本，并获得较好的收益。尽管酒店的营业项目很多，如餐饮、娱乐、商场等，但是客房收入通常占到酒店总收入的一半以上，投资成本的抵偿主要依靠客房收入。所以，客房价格的制定要考虑对投资成本的偿付问题。

（2）非营业部门费用分摊。非营业部门主要指酒店的财务部、人力资源部、工程部、公共安全及其他行政管理保障部门。这些部门在正常的运转中要消耗一定费用，这部分费用支出也要分摊到包括客房在内的各盈利部门的商品销售价格中去。为此，客房价格也要能够抵偿非营业部门的部分费用支出。

（3）非营利性服务的支出。酒店的一些服务项目不是直接营利的，如楼层卫生、客房设备维修等。但这些服务是酒店维持服务水平和经营活动顺利进行所必不可少的，是要投入一定的人力、物力的，这些也需要客房收入予以偿付。在制定客房价格时需要考虑这一点。另外，酒店要为一些特殊客人提供优惠甚至免费住宿，由此导致的客房服务成本增加也要由正常房价来补偿。

（4）服务等级标准。酒店服务等级标准不同，客房销售价格水平也明显不同。一般来说，等级越高建筑造价越高，设备越先进，服务项目越齐全，即服务质量高，酒店客房价格也要高些，反之亦然。客人对服务质量的看法往往和价格有一定联系，客人愿意支付的价格是根据他们对某项服务的价值来判断的。对一定质量水准的服务，客人愿意支付的价格是有限度的，如果过高，客人就不会购买；如果过低，酒店就无法赢利，而且客人会产生低价劣质的印象。

（5）酒店所处地区和位置。酒店的地理位置不同，交通条件不同，能够满足客人的精神和物质需要的程度也就不同。"商业酒店之父"斯塔特勒说："对任何酒店来说，取得成功的三个根本因素是地点、地点、地点。"可见，地理位置对于酒店经营非常重要。位于市中心区、繁华商业区，距离机场、火车站比较近，交通便利的酒店，其房价的制定或调整的条件就会有利一些，而位于市郊，远离繁华商业区，交通条件、地理位置等较差的酒店，虽然地价便宜，经营成本低，但由于其对客人的吸引力差，因此房价会相应低一些。

二、客房定价的基本原理

制定酒店客房价格的基本原理是：客房价格一般以供给价格为下限，以需求价格为上限，实际市场成交价格受市场竞争的影响在上、下限之间波动，在特殊时期可能低于供给价格的下限。

（一）客房产品的价值决定供给价格

价格是价值的货币表现，价值取决于生产产品的社会必要劳动时间。这一基本理论也适用于客房产品，就是说客房价格是由客房产品的价值决定的，是由生产客房产品的社会必要劳动时间决定的。创造客房产品价值的劳动体现在客房产品的设计、建造、装潢、布置和日常服务的过程中。豪华酒店与一般酒店的客房，在其设施的配套与完善程度、舒适与先进程度上差距很大，所花费的必要劳动时间差异明显，因而价格有较大的差别。此外，客房价格水平还体现着酒店服务人员所提供的服务劳动的质量水平。热情周到的高质量客房服务反映着服务员的业务素质较高，付出了更多更复杂的劳动，理应得到较高的报酬。

客房产品的价值决定客房的供给价格，这是客房价格的下限。低于这一下限，酒店经营者所付出的社会必要劳动就得不到合理的补偿，产品的再生产就难以继续。另一方面，由于酒店经营者的经营水平和经营状况不同，其个别劳动时间或者低于社会必要劳动时间，或者高于社会必要劳动时间。按照社会必要劳动时间决定价值量从而决定供给价格的规律，可以反映出不同酒店经营者的经营水平和经营状况，从而保护好的，淘汰差的，促使酒店经营者不断改善经营管理，降低消耗，提高酒店的经济效益。

（二）消费者的支付能力决定需求价格

需求价格是指在一定时期内消费者对一定量的产品愿意和能够支付的价格，它表现为消费者的需求程度和支付能力。需求价格是客房价格的上限，超过上限即超过客人的意愿和支付能力，再有特色的客房产品也将失去吸引力。

（三）市场竞争决定市场成交价格

客房产品的市场成交价格，是指酒店客房的经营者和酒店客房的需求者都愿意接受的实际交易价格。这是由市场竞争状况决定的。供给者之间竞争的结果，使市场成交价格在较低的价位上实现；需求者之间竞争的结果，使市场成交价格在较高的价位上实现。因此，当酒店客房供过于求时，客房价格只能体现酒店经营者的生存目标即较低的供给价格；当酒店客房供不应求时，客房价格可以体现酒店经营者利润最大化目标。客房产品的市场成交价格，可以分为五种，如图 7-1 所示。

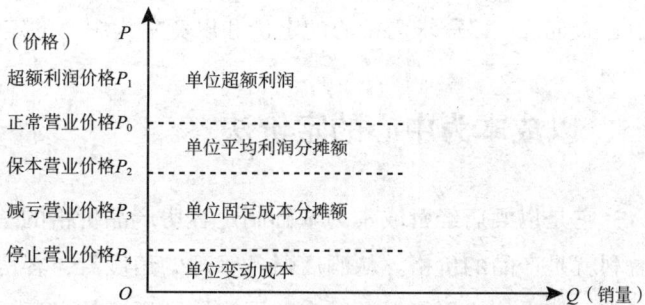

图7-1　市场成交价格类型

（1）成交价格 P_0 等于单位总成本加单位平均利润分摊额，故称 P_0 为客房正常营业价格。

（2）成交价格 P_1 高于单位总成本加单位平均利润分摊额，两者的差额（P_1-P_0）即是超额利润，故称 P_1 为客房超额利润价格。

（3）成交价格 P_2 等于单位总成本（单位固定成本加单位变动成本），故称 P_2 为客房保本营业价格。

（4）成交价格 P_3 高于单位变动成本，低于单位总成本，这时虽处于亏损状态，但酒店经营者还可以继续经营，以收回已经支出的部分固定成本，故称 P_3 为客房减亏营业价格。

（5）成交价格 P_4 等于单位变动成本。这时边际利润为零，酒店经营者必须停止营业，故称 P_4 为客房停止营业价格。

第三节　客房价格制定的方法

影响酒店客房定价的主要因素是产品成本、需求与市场竞争。酒店在定价时，通常考虑其中至少一个以上因素。因此，酒店客房定价的基本方法不外乎以成本为中心的定价、以需求为中心的定价和以竞争为中心的定价三种类型。

一、以成本为中心的定价法

它是以酒店经营成本为基础制定客房产品价格的一种方法，以产品成本加企业盈利就是产品的价格。从酒店财务管理的角度看，客房产品价格的确定应以成本为基础，如果价格不能保证成本的回收，则酒店的经营活动将无法长期维持。以成本为中心的定价法主要有如下几种：

1. 建筑成本定价法

建筑成本定价法也称"千分之一定价法"，它是国际上比较通用的一种根据酒店建筑总成本来制定客房价格的方法。其计算公式为：

$$客房价格 = \frac{酒店建造总成本}{酒店客房数} = \frac{1}{1000}$$

酒店建造总成本包括建筑材料费用、各种设施设备费用、内装修及各种用具费用、所需的各种技术费用、人员培训费用、建造中的资金利息等。

例如，某酒店建造总成本为 1 亿美元，客房总数为 800 间，用建筑成本定价法可确定其平均房价。其计算公式为：

$$平均房价 = \frac{100000000（美元）}{800（间）} = \frac{1}{1000}（天）=125（美元/间天）$$

使用此定价法必须明确此定价法的假设条件及其局限性：首先，千分之一定价法计算出来的房价是客房平均价格，实际每间客房的价格可以有差别。其次，千分之一定价法假定酒店的食品、饮料等营业部门能够提供一定数额的利润，这些利润能够支付酒店的日常营业费用。再次，千分之一定价法假定酒店的客房出租率应维持在 60% 左右。

千分之一定价法的实际经济含义是：如果各种假设成立，则经过 5 年左右的经营，酒店建造总成本应该通过客房的销售额得到回收。

2. 盈亏平衡定价法

盈亏平衡定价法是指酒店在既定的固定成本、变动成本和客房产品估计销量的条件下，实现销售收入与总成本相等的客房价格，也就是酒店不赔不赚时的客房产品价格。其计算公式为：

$$客房价格 = \frac{每间客房日费用额}{1- 税率}$$

其中，每间客房日费用额包括客房固定费用分摊额和变动费用部分。

客房固定费用日分摊额可依据不同类型客房的使用面积进行分摊：

$$每平方米使用面积日固定费用 = \frac{全年客房固定费用总额}{房客总使用面积 × 年日历天数 × 出租率}$$

客房变动费用总额可以按客房间数进行分摊：

$$每间客房日变动费用 = \frac{全年客房变动总费用}{客房数 × 年日历天数 × 出租率}$$

每间客房日费用额＝客房使用面积 × 每平方米使用面积日固定费用＋每间客房日变动费用

例如，某酒店有客房 280 间，其中标准间 250 间，每间 25m²；双套间 20 套，每套 48m²；三套间 10 套，每套 68m²。假设保本出租率为 50%，客房全年预计总费用为 1000 万元，其中固定费用 830 万元，变动费用 170 万元，营业税率 5%，则：

$$每平方米使用面积日固定费用 = \frac{8300000}{(250 \times 25 + 20 \times 48 + 10 \times 68) \times 365 \times 50\%}$$
$$= 5.8（元）$$

$$每间（套）日变动费用 = \frac{170000}{(250 + 20 + 10) \times 365 \times 5\%} = 33.3（元）$$

$$标准间房价 = \frac{25 \times 5.8 + 33.3}{1 - 5\%} = 188（元）$$

$$双套间房价 = \frac{48 \times 5.8 + 33.3}{1 - 5\%} = 328（元）$$

$$三套间房价 = \frac{68 \times 5.8 + 33.3}{1 - 5\%} = 450（元）$$

酒店确定上述价格后，可以根据具体情况予以调整。若以该价格出租，当出租率高于 50% 时，酒店可获得盈利。若提高价格，在出租率不变的情况下也可获得盈利。同时，客房销售结构的变化也会影响平均房价和最终的盈利水平。因此，盈亏平衡定价法常被用作对酒店各种定价方案进行比较和选择的依据。

3. 成本加成定价法

成本加成定价法也称"成本基数法"。其定价方法是按客房产品的成本加上若干百分比的加成额进行定价。即：

$$客房价格 = 每间客房总成本 \times (1 + 加成率)$$

按照这种定价方法，酒店客房价格可分三步确定：首先，估算单位客房产品每天的变动成本。其次，估算单位客房产品每天的固定成本。再次，单位变动成本加上单位固定成本就可以获得单位产品的全部成本，全部成本加上成本加成额，就可以获得客房价格。

例如，某酒店有标准客房 500 间，出租率预计为 80%，全年客房固定成本总额为 4380 万元，客房单位变动成本为 100 元，预期加成率为 20%，营业税率为 5%。则有：

$$客房单位固定成本 = \frac{43800000（元）}{500（间）\times 365（天）\times 80\%（出租率）} = 300（元/间天）$$

$$客房价格 = \frac{（单位变动成本 + 单位固定成本）\times （1+加成率）}{1-营业税率}$$

$$= \frac{[100（元）+300（元）]\times（1+20\%）}{1-5\%} = 505（元/间天）$$

　　成本加成定价法的缺陷在于没有充分考虑需求与市场竞争状况。固定成本的分摊不仅与固定成本总额有关，而且与预期的销售数量有关。一般销售量越少，分摊到单位产品的固定成本就越多。倘若竞争对手以更低的价格吸引消费者，那么，以成本加成定价法所定的产品价格就会失去竞争力。

　　这种方法的优点在于：其一，获取产品成本信息比较方便，可简化定价过程；其二，这种定价使消费者感到比较公平；其三，可以保证经营者通过产品的出售获得预期利润。

4. 目标收益定价法

　　目标收益定价法也是一种以成本为中心的定价法，它的出发点是通过定价来达到一定的目标利润，以期在一定时期内全部收回投资。其基本步骤如下：

　　（1）确定目标收益额（或投资回报率）。

　　（2）确定目标利润额，计算公式为：

$$目标利润额 = 总投资额 \times 目标收益率$$

　　（3）预测总成本，包括固定成本和变动成本。

　　（4）确定预期销售量。

　　（5）确定产品价格，计算公式为：

$$客房价格 = \frac{总成本 + 目标利润额}{预期销售量}$$

　　例如，某酒店有客房 200 间，投资总额为 6680 万元，全年总成本为 1000 万元，投资回报率为 20%，预期出租率为 80%。则有：

$$客房价格 = \frac{10000000+（66800000 \times 20\%）}{200（间）\times 365（天）\times 80\%（出租率）} = 400（元/间天）$$

美国酒店协会创造了一种类似于目标收益定价法的客房定价法，称为赫伯特公式法（Hubbart Formula），它以目标收益率作为定价的出发点，预测酒店经营的各项收入的费用，测算出客房的平均价格。

二、以需求为中心的定价法

以成本为中心的定价法有一个共同缺点，即忽视了市场需求和竞争因素，完全站在企业角度去考虑问题。以需求为中心的定价法是以市场导向观念为指导，从客人的需要出发，认为商品的价格主要应根据客人对商品的需求程度和对商品价值的认同程度来决定。以需求为中心的定价法主要有如下几种：

（一）理解价值定价法

理解价值定价法认为，一种商品的价格、质量及服务水平等在客人心目中都有一个特定的位置。当商品价格和客人的认识理解水平大体一致时，客人才会接受这种价格；反之，如果定价超过了客人对商品的认识，客人是不会接受这个价格的。客房销售不出去，酒店的目的也无法达到。酒店客房商品的价值不仅取决于该商品对满足客人某种欲望的客观物质属性，而且取决于客人的主观感受和评价。理解价值法通常采用的方法有以下三种：

（1）直觉评定法。邀请客人或中间商等，对酒店的客房产品进行直觉价值评价，以决定产品价格。比如，某酒店除了拥有与竞争者酒店相同的标准客房外，还具有地理位置优越、环境清洁卫生、安全可靠、服务员体贴热情等产品特点，为此根据直觉评定法，我们可得标准房价为：

$$
\begin{array}{ll}
& \text{竞争对手价格 200 元} \\
+ & \text{地理位置优越 10 元} \\
+ & \text{环境清洁卫生 10 元} \\
+ & \text{服务员体贴热情 15 元} \\
\hline
= & \text{标准客房价格 235 元}
\end{array}
$$

（2）相对评定法。首先对多家酒店的客房产品进行评分，再按分数的相对比例和现行平均市场价格计算出客房产品的理解价格。比如，将 100 分按适当比例分配给不同的酒店，假定有甲、乙、丙 3 家酒店，经过综合测评每家得分分别为 42 分、33 分、25 分，这 3 家酒店的客人愿意支付的平均房价为 200 元，则每家酒店的房价分别为：

$$甲酒店房价 = 200 \times 42/33 = 255（元）$$
$$乙酒店房价 = 200 \times 33/33 = 200（元）$$
$$丙酒店房价 = 200 \times 25/33 = 152（元）$$

（3）特征评定法。要求消费者按各家酒店客房产品的可感知性、可靠性、反应性、保证性及移情性 5 个特征对自己的相对重要性来评定各家酒店产品的直觉价值等级。每个特征的相对优劣程度分配总分为 100 分，并按每个特征对消费者的相对重要性分配 100 分，每个特征的得分用重要性权数加权，求出全部特征相对优劣程度的总得分，详见表 7-1。

表7-1　客房产品特征直觉价值等级

特　殊	重要性（%）	优势相对分数			特征得分		
		甲酒店	乙酒店	丙酒店	甲酒店	乙酒店	丙酒店
客房设施	25	40	40	20	10	10	5.0
服务质量	30	50	25	25	15	7.5	7.5
服务手段	15	33	33	33	5.0	5.0	5.0
客房安全	15	45	35	20	6.7	5.2	3.0
情感满足	15	33	33	33	5.0	5.0	5.0
	100				41.7	32.7	25.5

从表中可见，甲、乙、丙 3 家酒店产品直觉价值总分分别为 41.7 分、32.7 分、25.5 分，如果市场平均房价为 200 元，则结果与第二种方法基本相同。

（二）区分需求定价法

区分需求定价法是指在客房产品成本相同或差别不大的情况下，根据不同客人对同一客房产品的不同需求来制定差别价格。主要有：

（1）同一客房产品对不同类型客人的差别定价。如同一酒店的客房价格，对散客、团队客人、家庭客人可以有一定的差异。

（2）同一客房产品在不同位置的差别定价。如同一类型的客房，由于所在楼层的高低、不同的朝向和采光以及室外景观的不同，可以制定不同的房价。同样星级的酒店，接近交通线路或旅游景点或商业中心的，其客房价格可以定得高一些。尽管有些同一类型的客房其实际成本几乎是一样的，只是因为客人对不同位置客房的偏好程度不同，其客房价格也可能有所不同。

（3）同一客房产品在不同销售时间的差别定价。在我国，大部分酒店的销售有一定的季节性。酒店可以根据不同的销售时间，规定不同的客房价格。如淡、旺季价格的不同，周末与平时的价格不同。

（4）同一客房产品在增加微小服务时的差别定价。客房增加若干服务项目后的价格要高些，如每天送一束鲜花可以提高价格。

实施区分需求定价法应当注意几点；一是价格的平均水平不应低于运用成本加成法制定的价格水平；二是需求市场必须能够被细分，并且在不同的细分市场上能够反映出不同的需求程度；三是分割市场和控制市场的费用不能超过采用区分需求定价法所能增加的营业收入；四是差别定价不能引起客人的反感，要符合客人的效用价值评估。

（三）声望定价法

某些酒店企业有意识地把某些客房产品的价格定得很高，以此来提高客房产品和酒店企业的档次与声望，这种定价法称作声望定价法。这种定价法的依据在于：客人经常把价格的高低看作产品质量的标志。同时，有一部分客人把购买高价产品作为提高自己声望的一种手段，如由公司付费的奖励旅游者、高级商务旅游者与行政管理人员的旅游需求就是这样。

因此，在有客人把价格的高低看成客房产品质量高低的标志、把到某一价格较高的酒店住宿看作表明自己的地位身份时，酒店经营者就无论如何不能把价格定得过低。有时，即使本酒店的价格高于当地所有其他酒店的价格也是可行的。一些高星级酒店常有一套或几套价格很贵的客房，如总统套房、豪华套房，以此来提高整个酒店的档次与声望。即使制定低价的酒店也必须分析目标市场客人所愿支付的最低价格，避免因价格定得过低而引起客人对酒店服务质量的怀疑。

（四）分级定等定价法

许多酒店营销专家认为，消费者不大会感觉到价格上的细微差别，消费者对各种牌号和花色的商品的需求曲线应当是阶梯形的（图7-2）。因此，可以把商品分为几档，每档定一个价格。这样标价可以使消费者感到各种价格反映了产品质量的差别，并可简化他们选购产品的过程。

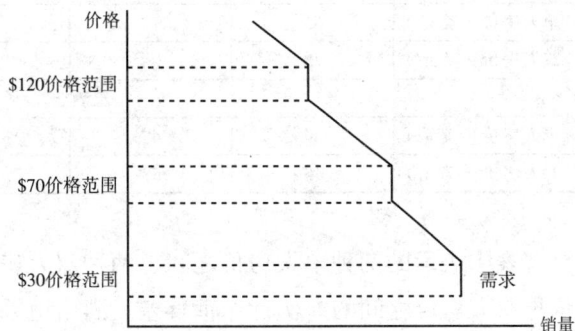

图7-2 分级定等定价法

酒店常采用这种定价法来确定房价结构。酒店对客房分级定等，制定不同的价格，可以吸引对房价有不同需求的不同客人。

分级定等时，等级不宜过多。一般来说，300 间客房以下的酒店常有 3 种房价，300 间客房以上的酒店常有较多不同类型和大小的客房，而新酒店里的房间其大小往往差不多。因此，老酒店的房价等级比新酒店多，大酒店的房价等级比小酒店多。

房价的分布应当和统计学中的钟型正态分布差不多。由 5 种房价组成的价格结构为：40%的客房价格为平均房价，20%的客房价格应当高于平均房价，另外 20%的客房价格应低于平均房价，其余 10%应是最高房价的客房，10%是最低房价的客房。由 3 种房价组成的房价结构中，价格应按客房总数的 20%、60%、20%分布。把占客房总数 60%的房间价格定为平均价格，这样的房价结构可使酒店处于有利的竞争地位。一个酒店可以把最低房价定得比竞争对手低，而同时又制定高于竞争对手的最高房价，这样的房价结构更能满足不同客人的需求。

要使这种房价结构取得成功，各种等级的客房面积、家具、位置、方向应有明显的区别，以便使客人相信，这些不同等级的房价是合理的。

分级定等定价时，档次的差别应适当，不宜太大也不宜过小。确定各种等级房价之间的差价，主要有两种方法，一为固定差价法，二为百分比差价法。表 7-2 中列出了两个酒店的房价。

表7-2　房价结构

甲酒店				
单人房价（美元）	65	78	94	113	136
双人房价（美元）	78	94	113	136	163
乙酒店				
单人房价（美元）	39	47	55		
双人房价（美元）	45	53	61		

　　表中表示的两种单人房价之间、两种双人房价之间的差额称作水平差，单人房价与双人房价之间的差额称作垂直差。酒店甲采用百分比差价法定价，其水平差与垂直差都是20%。酒店乙采用固定差价法定价，其水平差都是8美元，垂直差都是6美元。固定差价法是酒店制定房价结构的传统做法，国际上许多酒店现仍采用这种做法。但固定差价法不及百分比差价法有利，如果每两种邻近的房价相差一定的百分比，较低的几种房价之间的差价就比较小，而较高的几种房价之间的差价就比较大。在激烈竞争的市场环境中，使用百分比差价法的酒店可以制定与竞争对手同样低甚至比竞争对手更低的房价，以保持自己的竞争力；同时，其较高的几种房价可以比竞争对手更高，以便酒店取得更高的收益。由于较低的几种房价之间的差价不大，希望房价低廉的客人在无法租到最低房价的客房时有可能选择价格略高的客房。高价客房之间的差价虽然较大，但那些愿住价格昂贵客房的客人一般对价格的高低不会过于计较。

　　在国际酒店业，垂直差有不断缩小的趋势。对酒店来说，每间客房中多住一个人或两个人，所需的额外费用是很小的。有些酒店经营者认为，双人房价应当比单人房价高1/3左右，但不少酒店的双人房价只比单人房价高10%~20%，这对那些与配偶一起进行公务旅行的客人和家庭更具吸引力。

三、以竞争为中心的定价法

　　如果酒店行业的竞争异常激烈，酒店在定价时就会把竞争因素放在首位，这样就形成了不同的以竞争为中心的定价法。

　　（1）随行就市定价法。这种定价法主要有两种形式：第一是以酒店业的平均水平或习惯定价水平作为酒店的定价标准。在酒店成本难以估算、竞争者的反应难以确定时，酒店会感到"随行就市"是唯一的也是最明智的选择。因为这种定价法反映了行业中所有企业的集体智慧，这样定价既能获得合理的收益，也能减少因价格竞争带来的风险。第二是追随"领袖企业"价格，酒店定价不依据自己的成本和需求状况，而是与"领袖企业"保持相应的价格水准，目的是保证收益和减少风险。

（2）边际效益定价法。根据盈亏平衡原理，当产品销量如下式时：

$$Q_0 = \frac{F}{P - C_V}$$

则达到盈亏平衡（Q_0 为保本点销量，F 为固定成本，P 为单价，C_v 为单位变动成本）。式中分母 $P-C_v$ 表示产品单价减去单位产品变动成本的余额，称作边际效益或边际收入，其作用是补偿单位固定成本。当产销量达到盈亏平衡点时，$Q_0 \times (P-C_V)=F$，说明全部固定成本已补偿完毕，因而企业收支平衡；当 $Q_0 \times (P-C_V) > F$ 时，说明企业有盈余；由于边际效益 $= P-C_v$，即 $P = C_v +$ 边际效益，因此，只要 $P-C_v > 0$，即边际效益大于零时，每多出售一间客房，就能对固定成本有所补偿。这样，在竞争激烈、客房出租率较低时，酒店可以把 $P-C_v$ 作为定价原则。

例如，某酒店客房单位固定成本为 400 元，单位变动成本为 100 元，公布房价为 720 元。时值销售淡季，客房出租率只达 35%。某客户要求以公布房价 50% 折扣预订客房。从表面上看，客房单位总成本为：400（元）+ 100（元）=500（元），如按公布房价 50% 折扣，即以 360 元出售，酒店要亏损 140 元。但进一步分析成本结构，就会发现每间客房每天变动成本仅为 100 元，如按 360 元出售，酒店可以获得 260 元边际效益。在客房出租率较低时，按 $P-C_v$ 定价原则进行分析，接受客人要求比不接受客人要求有利。

由此可见，采取边际效益定价法可以减少损失，保住市场，争取扭转局势的时机。边际效益定价法也规定了客房价格的最低限，即房价不能低于单位产品的变动成本。

第四节　客房价格制定的策略与步骤

定价策略是酒店在特定的经营环境中，为实现其定价目标所采取的定价方针和价格竞争方式，具体表现为对各种定价方法的有效选择。定价策略与定价方法两者相辅相成，共同为实现定价目标服务。定价策略决定定价方法的选择，定价方法影响定价策略的落实。没有明确的定价策略，定价方法的选择和调整会变得僵化，从而难以准确把握竞争时机，实现定价目标。因此，研究和制定有效的客房定价策略，是实现客房定价目标的重要环节。

一、不同产品生命周期的定价策略

酒店的房价政策不是一成不变的。客房产品在不同的生命周期阶段上具有不同的市场特征和产品特征，客房产品价格也应有相应的调整，如图7-3所示。

（一）介绍期的定价策略

客房产品开发完毕到投入市场的初始阶段为产品介绍期。在这一阶段产品本身尚不完善，销售额低，单位成本高。在这一阶段，常用的定价策略有：

（1）低价占领策略。即以相对低廉的价格，力求在较短的时间内让更多的客人接受新产品，从而获得尽可能大的市场占有率的定价策略。这种定价策略有利于尽快打开销路、缩短介绍期，争取产品迅速成熟完善；同时，可以阻止竞争者进入市场参与竞争。但这种定价策略不利于尽快收回投资，影响后期降价销售。

（2）高价定价策略。又称撇油定价策略或取脂定价策略，是指把新产品的价位

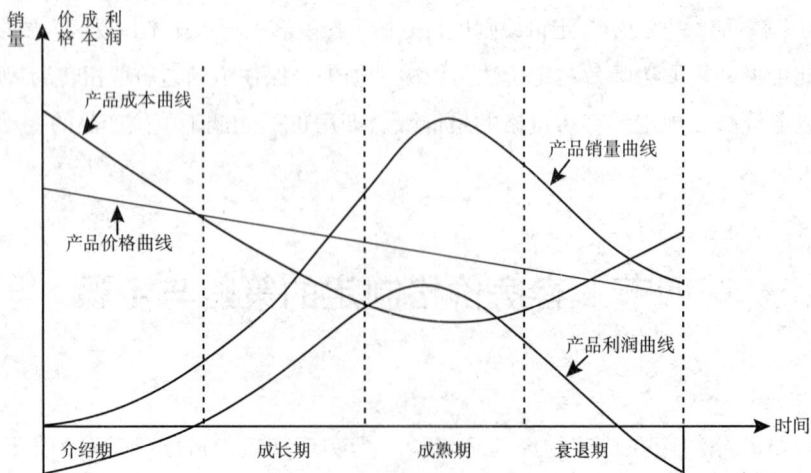

图7-3　产品生命周期特征

定得很高，以便在短期内获取厚利的定价策略。这种定价策略如果成功，可以迅速收回投资，也可以为后期降价竞争创造条件。但这种策略的风险较大，如果客人不接受高价，则会因销量少而难以尽快收回投资。这种定价策略比较适用于有鲜明特色且其他酒店在短期内难以仿制或开发的新产品的酒店。

（二）成长期的定价策略

客房产品在成长期其销售量迅速增加，单位产品成本明显下降，企业利润逐渐增大，市场上同类产品开始出现并有增多的趋势。这一阶段可选择的定价策略有：

（1）稳定价格策略。即保持价格相对稳定，把着眼点放在促销上，通过强有力的促销，组织较多的客源完成较多的销量，从而实现利润最大化。

（2）渗透定价策略。在市场需求增多的情况下，以较低的价格迅速渗透扩展市场，从而较大地提高市场占有率。

（三）成熟期的定价策略

这一阶段市场需求从迅速增长转入缓慢增长，达到高峰后缓慢下降，产品趋于成熟，成本降到最低点，客人对产品及其价格有较充分的了解。这一阶段常常选择富有竞争性的定价策略，即用相对降价或绝对降价的方法来抵制竞争对手。采用绝对低价策略时，要把握好降价的条件、时机和降价幅度；采用相对低价策略时，要辅之以服务质量的提高。

（四）衰退期的定价策略

当市场需求从缓慢下降转向加速下降，产品成本又有上升趋势时，客房产品进入衰退期。这时的定价策略有：

（1）驱逐价格策略。即以尽可能低的价格将竞争者挤出市场，以争取客源的策略。此时的产品价格甚至可以低到仅比变动成本略高的程度，因为此时酒店的固定成本已经收回，高于变动成本的余额便是对酒店的贡献。也就是说，驱逐价格策略的低价以变动成本为最低界限。

（2）维持价格策略。即维持原来的价格，开拓新的产品和市场来维持销售量的策略。这样做既可以使产品在客人心目中的地位不至于急剧变化，又可以使酒店继续有一定的经济收益。

二、客房价格制定的具体步骤

客房价格制定的具体步骤由图 7-4 中 6 个环节组成。

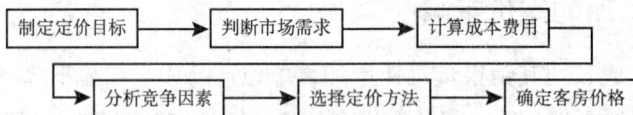

```
制定定价目标 ──→ 判断市场需求 ──→ 计算成本费用
     │
     └──→ 分析竞争因素 ──→ 选择定价方法 ──→ 确定客房价格
```

图7-4　客房定价程序

（一）定价目标的制定

定价目标指酒店经营者所制定的价格在酒店经营过程中所起的作用。确定定价目标最重要的原则，是要使定价目标和整个酒店的经营目标相一致。

酒店的定价目标可以分为三种：

1. 利润导向定价目标

利润导向定价目标具体又可以分成以下几种：

（1）目标收益率。根据目标收益率确定定价目标是最普通的利润导向定价目标，这种目标可以是获取占营业额一定百分比的收益；获得一定的投资收益率；也可以是获得一定数额的利润。目标收益率较适用于大型酒店。规定一定的目标收益率，便于酒店内部的各级经营人员和员工控制和管理各个部门的经营。

（2）追求最高利润。采取这种定价目标的酒店为数最多。追求最高利润并不等于追求最高价格，而是追求长期的最高总利润。为了实现这一目标，有些酒店可以在短期内采取低价薄利的策略争取客人。

（3）获得满意利润。由于酒店经营活动中不确定因素的存在，受主客观条件的制约，企业的最大利润目标难以实现。因此，许多酒店以获取满意利润为目标，规定在将来一段时间内实现一定的利润额或利润增长率，以确保企业的长期生存和发展。

2. 营业额导向定价目标

采取营业额导向定价目标的酒店强调的是要实现某一营业额，获取某一市场的占有率，而并不明确规定要实现的利润的数额，具体又可以分成如下几种：

（1）增加营业收入。许多酒店经营者的定价目标是在保证一定利润水平的前提下谋求营业收入的最大化。这些经营者认为，在激烈的市场竞争中，增加营业收入最重要；只要总利润不低于企业所能接受的最低水平，就可以尽量压低价格以增加销售量。但由于这种定价目标忽视了利润等因素，高额的营业收入并不一定能保证利润额相应增长，因此不能作为企业长期定价目标。

（2）保持或增加市场份额。对酒店经营者来说，保持与本企业规模和声望相适应的市场份额显得特别重要。由于经营者较易估量本酒店的市场份额而不易衡量最大利润是否实现，因此，有些经营者愿意强调市场份额，并以此作为定价目标。由于合理的规模生产可以降低成本，有些酒店经营者就设法增加市场份额，以便获取更大的利润。

3. 保持现状定价目标

采取保持现状定价目标的酒店较少。一般说来，以保持现状为定价目标的经营者希望减少亏损的风险，他们的思想比较保守。

（1）应付或避免竞争。这些酒店制定价格的主要依据是对市场起决定性影响的竞争者的价格。这些酒店的价格不一定与竞争对手的价格相一致，它们可以根据实际情况制定出比竞争者稍低或略高一点的价格。在成本或需求发生变化时，只要竞争者维持原价，这些酒店也维持原价；而在竞争者改变价格时，这些酒店也调整价格。

（2）非价格竞争。以非价格竞争为定价目标的酒店，强调通过产品、促销、渠道等方面的活动，避免与竞争对手进行价格竞争。这种定价策略似乎保守，但实质上却可能是酒店强有力的营销策略的组成部分。

（二）市场需求判断

在社会购买力一定的条件下，价格的变化会直接影响市场的需求量。客房价格提高，市场需求下降；反之，客房价格降低，市场需求增加。如果消费者的需求、购买愿望和销售环境不变，那么，价格的变化与需求量的变化就成反比。在图7-5中，D是需求直线，它表明客房产品价格降低可以刺激市场需求量的增加。但是，市场需求量也会受到营销组合因素中某些因素的影响，如改进产品质量、加强促销、完善销售渠道等都会影响市场的需求量，会使市场需求量从Q_1变为Q_2。也就是

价格

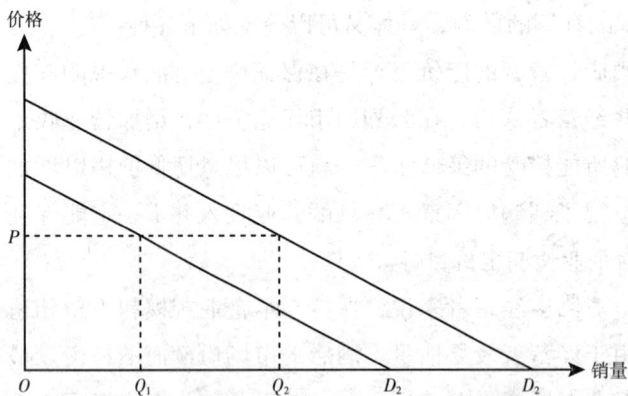

图7-5　产品价格与需求量关系

价格

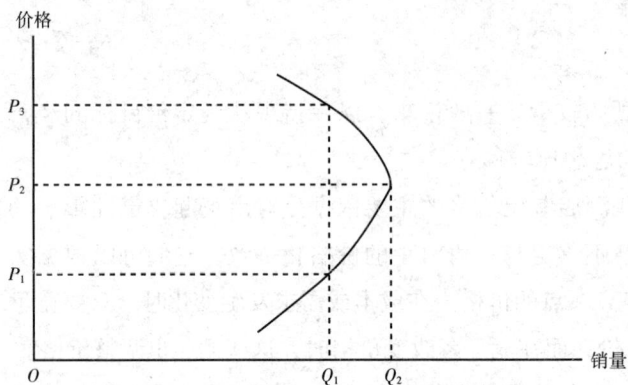

图7-6　某些高档产品价格与需求量关系

说，在价格（P）不变的情况下，企业可以出售更多数量的产品。

但是，也有些优质产品或可给购买者带来某种声望的产品，则在高价时销售量更大。如图7-6所示，当价格从 P_1 增至 P_2 时，市场对这类产品的需求量从 Q_1 增至 Q_2。然而，如果价格继续上升，市场需求便会下降。

消费者的态度、营销组合因素中一些因素的变化，或酒店无法控制的环境因素的变化，都会影响市场需求量。由于客房产品的市场需求量有很强的季节性，客房产品销售必须适应这种季节性，应分别制定淡旺季价格，淡季价格应低些，旺季价格可高些。

（三）成本费用估算

在一般情况下，酒店要通过产品价格收回它的全部成本。酒店估算出来的产品成本就是价格的最低限。因为低于成本的价格势必会给酒店造成亏损。

酒店的客房成本可以分为固定成本和变动成本。客房固定成本是指在一定范围内不随销量增减而变化的成本。客房变动成本是指随销量增减而同比例变化的成本。一定销售水平的固定成本与变动成本之和就是总成本。酒店营销人员要想让制定的价格能收回这个总成本，必须搞清在短期和长期内成本与销量之间的关系。

（四）竞争因素分析

如果整个行业只有一家企业（垄断者），那么它所估计的产品需求曲线也就是整个市场需求。不过这种情况几乎是不存在的。在多数情况下，酒店要面对很多竞争者，他们都会对自己的定价作出相应的反应，这就增加了价格决策的难度和不确定性。但是只要存在竞争因素，酒店就要尽量掌握竞争对手的情况，以作为定价的参考：如果酒店客房产品在各方面与竞争对手产品相差无几，那么价格也要差不多，盲目地高于对手就可能失去市场；如果酒店产品明显优于对手，则自然可以选择高价策略。

（五）定价方法的选择

前面所讲的产品需求、企业成本和竞争因素是价格决策时所必须考虑的三大因素：客房产品成本决定了价格的最低限；产品本身的特点决定需求状况，从而确定了价格的最高限；竞争者的产品与价格又为定价提供了参考的基点。因此，酒店定价基本上都是从上述三大因素出发，根据具体情况侧重于其中某一因素，选择相应的定价方法。

（六）客房价格的确定

酒店通过上述方法制定的价格是酒店的基本价格。在经营过程中，酒店还要根据不同的市场销售情况、不同的产品特点，采用各种灵活的策略和技巧对基本价格做一些调整，以期最有效地实现酒店经营目标。调整后的价格就是客房产品的最后价格，至此，客房价格才算基本稳定。

第五节　客房价格的管理

在酒店管理中，客房价格的管理主要体现在客房价格的调整、控制，客房价格具体的折扣管理等方面。

一、客房价格的调整管理

在客房经营过程中，通货膨胀与汇率的升值将导致客房经营成本的增加，并引起价格上涨。但是过分的涨价可能引起客人的抱怨，尤其在市场竞争激烈时，涨价会使自己的客人流向竞争对手的酒店。因此，酒店对通货膨胀与汇率变动下的价格调整应有正确的对策。

（一）通货膨胀下的价格调整

通货膨胀是指因流通中的货币供应量超过需求量而产生的物价上涨现象，它使得单位货币的购买力下跌，酒店服务成本上升，实际收入下降。通货膨胀的影响波及全社会，由此带来的成本上升也不会是个别酒店的问题。但是，经营者采取的不同的对策会产生不同的结果。

通货膨胀可以通过物价指数来衡量。综合物价指数有许多形式，如社会零售物价指数、集市贸易消费品价格指数、批发物价指数、职工生活费用物价指数和工资指数等。当通货膨胀率达到 10% 以上时，酒店的经营成本会明显上升，如果酒店不采取相应的对策就可能导致经营亏损。一般而言，在通货膨胀条件下，酒店可以通过相应的价格调整，采取以下措施来克服其不利的影响。

（1）以现状为依据计算出因物价上涨而出现的亏损数额。为了准确测度通货膨胀的影响，可以通过以下办法测算通货膨胀状况。

其一，通过有关公式计算各有关物价指数，特别是全社会零售物价指数。综合物价指数计算公式为：

$$KP=\Sigma\left(P_i\times Q\right)/\Sigma\left(P_j\times Q\right)$$

式中：P_i 为报告期第 i 种产品或服务的价格，P_j 为基期价格，Q 为报告期某一产品或服务的销售数量。

物价指数除利用上式计算外，也可以通过查阅有关资料获得。由于各地市场供求情况不尽一致，因而物价指数也有差别。

在已知通胀率之后，可以按照政府公布的物价资料及银行存贷款利率变动表计算物价的上涨率，然后再分别算出酒店因物价上涨而产生的各项收支亏损数。

（2）以现状为依据，分别算出酒店各项收支占总收支的比率。

（3）按照物价上涨指数算出各项收支的上涨比率。如某酒店在计算期水电费上涨80%，而该项费用占全酒店支出的10%，于是，相应的上涨比率为8%。

（4）以加权平均法算出酒店所有开支应涨幅度。

（5）房价收入的调整比率，可以通过应涨幅度与酒店客房收入比率计算得出。

（6）将上涨前客房收入乘以应调比率并比较酒店因通胀出现的亏损。

（7）求出房价上涨额，加上原有房价，从而获得新的房价。

例如，酒店客房收入占60%，应涨幅度为35.5%（计算过程见表7-3），则酒店应调比率为：60%×35.5%=21.3%。倘若原有房价为200元，则新房价应为：

$$200 \times （1 + 21\%） = 242（元）$$

表7-3　酒店价格上涨幅度计算表

项　　目	收支百分比（%）	物价上涨率（%）	应涨幅度	物价上涨依据
餐饮原料	15	20	3	
员工工资	15	50	7.5	
员工伙食	5	20	1	地方统计为1.20
水电费用	10	80	8	
燃料费用	5	50	2.5	
设备费用	15	40	6	
土地费用	5	10	0.5	
利　息	20	30	6	银行公布
其　他	10	10	1	
合　计	100		35.5	

（二）需求价格弹性分析下的价格调整

低价薄利多销和高价厚利少销是酒店的两种定价原则。在不同的市场需求下，这两者都能帮助酒店实现客房经营利润最大化的目标。在既定的市场需求情况下，哪一种手段能使酒店客房经营利润最大化，需要根据需求价格弹性来进行客房价格的控制。

需求价格弹性是用来表示酒店客房产品的需求量对价格变化所作出的反应大小的一个指数。它通常用价格变动的百分率引起需求量变动的百分率来表示，这两个百分率的比值，称为弹性系数。

$$Ed=\frac{(Q_2-Q_1)(P_2+P_1)}{(Q_2+Q_1)(P_2-P_1)}$$

其中，P_1 为原来的价格，Q_1 为与 P_1 相应的需求量，P_2 为变动后的价格，Q_2 为与 P_2 相应的需求量，Ed 为需求价格弹性。如果：

（1）｜Ed｜＞1，就是说价格变动1%，需求量的变动大于1%，称为需求富于弹性。这时，酒店可以采取低价策略和调低价格策略，因为客房价格的下调将引起需求的明显增多，从而实现薄利多销，获取最大化利润；如果提价，将会减少销售总收入，利润也会随之降低。

（2）｜Ed｜＝1，就是说价格每提高（或降低）1%，需求量相应减少（或增加）1%，称为需求单元弹性。这时，销售总收入不受价格变动的影响。因为价格变化对销售收入的影响刚好被需求量的变化对销售收入的影响所抵消。结果是销售总收入，即产品的价格与需求量的乘积保持不变，故维持原价。

（3）｜Ed｜＜1，就是说价格变动1%所引起的需求量变动的百分率小于1%，称为需求缺乏弹性。这时，酒店可以采取高价策略和抬高价格策略，因为较高的价格并不对需求产生明显的影响，客房产品的销售量基本不变，而高价则有厚利，可实现利润最大化。反之，降价则会使销售总收入减少。

二、客房价格的控制管理

酒店各类房价通常是由酒店制定，前厅部、营销部来执行，因此，无论对制定者还是执行者，都涉及房价控制的问题。

（一）严格履行各种手续

不管是前厅总台接待员、领班、主管、部门经理，还是营销部各类人员，对于酒店制定的各类房价及相关政策，都要不折不扣地贯彻执行，严格按规定办事。

（1）明确各类免费房的报批、审批制度。

（2）明确各类折扣房价审批权限。

（3）明确哪些部门或人员负责对外签订房价合同。

（4）明确前厅预订员、总台接待员对于标准价下浮比例数及决定权，以吸引更多上门散客。

（5）明确各类优惠价的对象、优惠程度和优惠项目等。

（二）确定酒店折扣价、免费房范围

通常，酒店对折扣价及范围都有一定的规定，尤其是对免费房有严格的限制。常见的有：

（1）对酒店业务发展有极大帮助，或有可能给酒店带来一定客源的有关人员或公司等。

（2）经常入住本酒店的常客、长住客。

（3）签有协议的有关公司或单位。

（4）社会上知名度甚高的有关人士、集团公司的总裁、VIP 等。

（5）与本酒店关系较密切的同行、同系统的机构负责人或有关人员。

（三）房价调整要有足够的依据

就酒店客房价格而言，通常应相对稳定，因为这涉及酒店形象、信誉。但由于目前市场竞争激烈，酒店会为迎合市场变化，利用淡旺季或某种促销活动相应调整价格政策。无论降价还是提价，酒店经营管理者对于客户、竞争者、利弊都应作充分估计。

1. 调低价格

酒店遇到以下三种情况会考虑调低价格：一是供大于求，酒店尽管作了努力，试图改进产品质量，提高服务质量，加强促销力量等，但仍无效果；二是竞争对手频频压价，导致本酒店经营情况不佳；三是酒店本身想通过降价来不断增加市场份额，扩大销量，占领市场或确定自己的牢固地位等。

但调低价格前有些因素必须考虑：一是价格调低出租率可能会提高，但酒店营业收入不一定能增加或总销量可能根本没有增加；二是可能会引起酒店之间的价格战，如果其他酒店把价格调得更低又怎么办；三是成本、费用可能增加；四是价格调低之后，就不易恢复原来的价格。因此，如果要选用降低价格政策的话，必须进行全面分析，谨慎办事。

2. 调高价格

酒店可能在下述情况之一时采取价格调高策略：一是酒店产品供不应求；二是

酒店产品质量明显提高，如客房重新装潢，酒店改扩建或升级后；三是通货膨胀的因素。

调高价格可能会提高平均房价、增加经济效益，也可能会降低出租率、经济效益没增加，甚至还可能带来负效益，这些因素都是必须考虑的。

酒店限制房价必须根据本酒店客房近期出租率情况及其变化趋势，来店住宿各种客人人数以及他们对房价的需求和接受程度等情况而作决定。如根据预测，将来某个时期的客房出租率会很高，总经理、前厅部经理、营销部经理则有可能限制出租低价或特价的客房，那时，前台接待员就只能出租高价客房，不出租低价客房；不打折或少打折；不接受或少接受旅行团队等。

最终结果如何，酒店则应根据客房营业收入报表统计分析：出租率有没有降低，效益有没有上升。限制房价如果给酒店带来了好处，则说明限价是对的。

（四）把握客房产品生命周期规律

任何一种新产品都有一个介绍期、成长期、成熟期和衰退期的过程。酒店要保持价格稳定，利润稳步增长，必须遵循客房商品生命周期规律。

（1）介绍期。酒店试营业，客房打折为的是让客人接受。这时期可能没有什么利润。

（2）成长期。经过试营业，酒店、房价已被一部分客人接受，运转逐步正常，酒店进入正式营业。这时，房价可能略有上升，通过加强促销，扩大市场份额占有率，随着出租率提高而效益逐步上升。

（3）成熟期。这时，无论从酒店影响还是从客人接受程度，酒店客房销售量、住房率均达到最佳时候，利润也大幅度上升。

（4）衰退期。由于设施设备开始陈旧，或受其他新酒店影响，酒店产品认知度开始下降或被新开业酒店逐步替代。这时再要卖高价就不可能了，除非不断打折（有时打折还不一定能吸引客人）。

因此，如果要保持长盛不衰，在客房产品成熟期，酒店就要考虑更新改造、推陈出新，这样才能保持价格稳定或稳步提高。如果进入衰退期再作调整，那就为时已晚了。

（五）房价的控制是前厅部、营销部的共同职责

这两个部门是具体执行酒店房价政策的部门，酒店经营成果的好坏与这两部门

有着密切关系。因此，这两个部门要严把价格关，既要保持本酒店价格稳定，又要根据市场变化作出相应调整；既要积极争取客源，又不能盲目抬价、跌价。破坏房价的真实性，随意调整价格，都会给酒店带来很大损失，因此一定要慎之又慎。

究竟如何控制房价，就这两个部门而言，必须做到三条：一是市场信息要灵；二是其他各酒店的价格要了解清楚；三是本酒店客户反应要明白。这样，才能当好总经理参谋，才能承担起酒店所赋予的重任。

三、客房价格具体的折扣管理

客房的折扣策略是酒店为实现定价目标而采取的一种经营手段，是酒店在明码公布的客房价格的基础上，给予购买者一定比例的折扣或优惠。常见的折扣方法有以下几种：

（一）数量折扣

即根据购买酒店客房产品数量的多少实行一定比例的折扣。购买数量越多，折扣也就越大。具体还可以分为累进折扣和非累进折扣。

累进折扣是指在规定时间内同一购买者累进购买达到一定数量时可给予一定的折扣优惠。通常折扣随购买数量的增多而增大。这种方式有利于建立酒店与客人之间长期固定的合作关系，有利于稳定客源渠道，保证销售量的稳定增长。

非累进折扣是指规定购买者每次达到一定数量或金额时所给予的价格折扣，购买数量越多，折扣越大，它有利于鼓励和刺激购买者扩大购买量，同时减少交易成本。

数量折扣通常是指降低售价，但许多酒店并不一定降低售价，而是给予达到数量折扣要求的购买者一定数量的免费产品。如酒店常常会向组团的旅行社领队提供免费客房。酒店业常用的数量折扣方法有公司价、团体价、常住旅客价和会议价等。

公司价又称商业价格。有些公司与酒店建立长期的联系，这些公司保证在某一时期内租用该酒店一定数量的客房。作为交换条件，酒店则给予它们一定的折扣。如果旅行社保证在某酒店租用一定数量的客房，它们也能得到公司价。酒店是否给予客户公司价，应考虑到市场的竞争状况、市场需求情况和酒店自身的需要，国际上有些酒店公司向与本酒店公司建立业务关系的企业保证，公司所属酒店均按商定的价格收款，如果这些企业的客人到酒店时这种房价的客房已全售出，酒店将安排他们到较高房价的客房住宿，并仍收取原先预订的价格。这种安排实际上是另一种形式的商业价格。

团体价是为了使酒店更具有竞争能力而制定的。不论团体客人住哪一种客房，都付同样的房价。通常，酒店会根据不同季节或者一周内不同日期的情况制定不同的团体价格。

参加会议的客人通常付相同的房价。在可能时，酒店会把客房数量最多的房价定为团体价。在有 3 种房价的酒店里，给予参加会议的客人的各种客房数应按 2:6:2 的比例；在有 5 种房价的酒店里，则应按 1:2:4:2:1 的比例。酒店把整个会议看成一种特殊安排，参加会议的客人中有些人得到较好的客房，而另一些人只能住差一点的客房。大部分酒店力图按比例出售各类客房。如果在会议期间酒店客源不足而会议举办单位又要求较大折扣时，酒店很可能会同意按较低的房价、甚至团体价收费。

（二）季节折扣

根据酒店客房产品经营季节性波动较大的特点，在淡季给予客人价格折扣。这有利于酒店的设施和服务在淡季得到充分利用，有利于酒店的正常经营。

为了提高商务酒店周末的客房出租率和风景区度假型酒店淡季的客房出租率，不少酒店加强了淡季促销活动，吸引家庭旅游者来店居住就是其中一个组成部分。这些酒店制定了家庭房价，如周末度假特别房价、周末折扣房价等。为了招徕客人，这类房价比正常房价要低得多。但是，在制定这类家庭房价时，酒店经营者必须进行仔细的分析研究，只有在降低房价导致增加销量，从而增加的营业收入额高于所需变动成本时，这种价格才是可行的。

（三）现金折扣

为了鼓励客人以现金付款或提前付款，而给以现金付款的客人一定折扣的优惠，以加快酒店资金的周转，减少资金的占用成本。许多国外酒店采用赊销方法，客人如以现金付款或提前付款，酒店可以给予他们一定的折扣。酒店通常在交易条款中注明"1/10，净价 30"，即客人在成交后 10 天内付款的话，就可以得到 1% 的现金折扣，但最迟也必须在 30 天内付清全部欠款。

酒店在采用现金折扣时，要对以下方面做出决策：允许客人推迟付款的时间；

允许哪些客人赊购；对逾期未付款的客人应采取的措施；折扣的大小。

（四）同业折扣

指酒店给予旅游批发商和零售商的折扣，比如旅游目的地酒店给予旅行社的折扣房价和一定的佣金。同业折扣可以充分发挥中间商的销售职能作用，是稳定销售渠道的重要措施之一。

加强与旅行社的合作，是酒店经营活动的重要组成部分。酒店给予旅行社的折扣或佣金数额的高低，是决定这些旅行社是否向客人介绍某一酒店的重要标准之一。许多酒店制定了通过旅行社向客人进行推销的规划。酒店除了给予旅行社优先预订权外，还给予他们一定的佣金或折扣，具体做法各酒店有所不同。美国希尔顿国际旅馆公司给予旅行社批发商 15％的佣金，以便增加来店的商务旅行者人数。大部分酒店公司则规定：旅行社为客人每预订 15 间客房，该酒店公司就免费向旅行社提供一间客房。

全部代办包价旅游，可以由旅行社、航空公司组织，也可以由酒店组织共同实施。不同的酒店有不同的一揽子交易，但几乎所有的一揽子交易都是以大量销售为前提的。全部代办旅游的价格通常包括交通费和住宿费，有时还包括膳食费。酒店向旅行社收取净房价。但是，由于房价只是旅行社向客人收取费用中的一部分，因此，酒店不应把净房价数额告诉客人。

酒店实行折扣房价或佣金，必须在事前做出计划安排。由于折扣或佣金的实行，会使酒店的平均房价下降，因此，酒店经营者必须根据本酒店的经营目标来决定酒店的房价结构，并仔细研究采用哪些折扣或佣金方法。折扣房价一经确定，就应当在实际中执行。如果情况发生了变化，酒店经营者应重新审议房价，制定新的折扣政策。

本章小结

酒店对客房产品定价是市场经营活动的重要内容，不管酒店的经营目标是什么，最终都要靠产品的销售来实现，房价的制定是客房产品销售的前提。然而，房价的制定又是一个复杂的过程，根据产品的特点、成本及市场状况，制定科学合理的客房价格及房价实施过程中的调整与控制是房务管理的主要任务之一。

　　制定酒店客房价格的基本原理是：客房价格一般以供给价格为下限，以需求价格为上限，实际市场成交价格受市场竞争的影响在上、下限之间波动，在特殊时期可能低于供给价格的下限。

　　酒店客房定价的基本方法主要有下列三种：

　　（1）以成本为中心的定价法，包括：建筑成本定价法（也称"千分之一定价法"）、盈亏平衡定价法（也称"保本定价法"）、成本加成定价法（也称"成本基数定价法"）、目标收益定价法。

　　（2）以需求为中心的定价法，包括：理解价值定价法、区分需求定价法、声望定价法、分级定等定价法。

　　（3）以竞争为中心的定价法，包括：随行就市定价法、边际效益定价法。

　　客房定价的步骤由下列六个方面构成：制定定价目标→判断市场需求→结算成本费用→分析竞争因素→选择定价方法→确定客房价格。

　　定价策略与技巧是酒店在特定的经营环境中，为实现其定价目标所采取的定价方针和价格竞争方式，具体表现在对各种定价方法的有效选择上。定价策略和技巧与定价方法相辅相成，共同为实现定价目标服务，定价策略和技巧决定定价方法的选择，定价方法影响定价策略和技巧的落实，没有明确的定价策略与技巧，定价方法的选择和调整会变得僵化，从而难以把握竞争时机，实现定价目标。客房产品定价策略主要表现在：产品生命周期的定价策略，包括：介绍期的定价策略、成长期的定价策略、成熟期的定价策略、衰退期的定价策略。

　　客房价格的管理主要涉及客房价格的调整、控制、客房价格具体的折扣管理等方面。

❓ 复习与思考

一、问答题

1. 阐述客房定价的基本原理。

2. 客房产品的市场成交价格有哪几种？

3. 如何运用成本导向定价法确定房价？

4. 如何运用需求导向定价法确定房价？

5. 如何运用竞争导向定价法确定房价？

6. 如何根据客房产品生命周期的特点调整房价？

7. 如何运用系列产品的差别定价技巧？

8. 简述客房定价的基本步骤和房价的主要环节。

9. 客房产品的定价有哪些策略？

10. 在进行客房价格决策时必须考虑哪些因素？

二、案例讨论题

区分时段的弹性房价

老杰克与妻子计划同儿子帕尔默全家、女儿海伦全家共赴佛罗里达州的棕桐湾游玩、休假一周。由于父母与儿女分居美国东西海岸，故约好分别开车去下榻处卡尔迪饭店。

老杰克与妻子先到饭店，入住每天 120 美元的标准房。杰克在总台要求打折，服务员说："上午入住，我们收全价，不能打折扣，如您下午、晚上入住，将享受更便宜的价格。"杰克挑了一间朝向大海的房间，心想尽管多付了些钱，但天天可以眺望大海、沙滩、树林和晒日光浴的人群。同时，他又暗自祈祷，希望儿女们、年幼的孙辈们晚些抵店，以节省一些房钱。

女儿一家于下午 5 时到达，房价已降到 90 美元。

儿子一家来得最晚，总台上房价已降到 60 美元。帕尔默夫妇后来解释说，一清早就从纽约郊外长岛的住宅出发，本来可以在下午 4 时到达，但因中途汽车抛锚，请人用拖车拉到修车铺修了 4 个多小时，才于晚上 8 时到达。修理费花了 300 美元，这些损失却全从客房折扣中得到了补偿。

他们得意了没几天，就从其他游客那儿得知，晚间 11 时前后，只要还有空房，标准间房价仅 40 美元，套间、豪华房间也仅收一半的价钱，比周围的其他酒店便宜得多。

原来，该店实行弹性房价制，将全天 24 小时划分成不同的时间段，以上午 10 时前后为标准价（门市价），下午、傍晚、深夜分别推出较低的价格，以吸引那些犹豫不定、尚在选择之中的客人，显示出价格竞争上的优势。当然，第一天价低，后两天也享受同一价格。但三天以后，七天之内恢复原价。事实上，大多数游客一般住两三天，腾出空房后，仍能获得好价钱。

案例讨论与思考：

1. 该酒店实行的弹性房价制有哪些好处？

2. 案例中提到只要有空房，深夜入住标准间房价会低至 40 美元，这样的价格还会有盈利空间吗？

三、实训题

利用互联网分别搜索 3 家豪华酒店，搜集这 3 家酒店的房间种类及相应的房价价格，分析比较其价格差异的原因，并写成分析报告在课堂上交流。

客房销售预测与经营效益分析

学习意义 正如第一章所讲的那样，酒店前厅部的首要任务就是销售客房，为提高客房销售的准确性，同时也是为了给客人提供满意的房间，前厅部每年需要和营销部一起进行客房销售预测工作，预测的准确性为前厅部开展日常运行管理提供了重要参考。

内容概述 前厅客房销售的效果如何？是否达到酒店预期的目标？这需要通过对客房经营效益进行分析才能回答。本章通过对客房销售预测方法的介绍以及通过各种角度分析客房经营效益以使读者对前厅部运行对酒店经营效益的影响有更深入的了解。

学习目标

知识目标

1 了解客房销售预测的意义和基本方法。

2 掌握客房销售预测的主要内容。

3 了解评价客房经营效益的各种指标。

能力目标

1 会分析影响客房销售预测的各种因素。

2 会计算评价客房经营效益的各种指标。

3 会分析客房经营效益各指标的含义。

由经营数据看经营效益

下表是 3 家酒店客房的经营数据，假设 3 家酒店的客房数一样，星级档次也一样。

饭 店	平均房价（美元）	出租率（%）
A	107	100
B	149	75
C	189	50

案 例 思 考

如何评价上述 3 家酒店客房的经营效益？是看 3 家酒店的平均房价，还是看出租率？

第一节　客房销售预测

一、客房销售预测的作用

客房年度销售预测就是指对来年客房销售作详细的计划。这是酒店营销部与前厅部每年应考虑的首要问题，因为客房销售预测是费用支出、人力安排等项预算的基础。换句话说，制订年度工作计划的依据就是客房销售预测。

二、客房销售预测的内容

（一）影响销售预测准确性的因素分析

在对客房年度销售进行预测之前，前厅部应会同市场营销部对可能影响销售预测准确性的因素展开仔细分析。

1. 无限制市场需求分析

无限制市场需求分析是指如果酒店在不加选择、不设任何限制条件的情况下，客人对本酒店的产品与服务的有效需求。

研究无限制市场需求的目的是对市场的需求情况有个全面的认识，弄清市场的整体需求有多大，进而研究市场细分和市场组合，然后设定相应的限制条件，选择能给酒店带来最丰厚潜在利益的细分市场。在此基础上，酒店才能进一步预测每个细分市场的需求，然后确定将多少客房以什么价格卖给哪些细分市场和通过什么销售渠道进行出售，并适当设置限制条件，控制客房销售的进度和在各细分市场和销售渠道的销售情况，从而达到准确的预测。

2. 市场供求情况变化分析

客房销售预测还包括对酒店所处市场的供给因素变化的监控，如是否有新开业的酒店，现有酒店是否增加或减少客房数量，是否全部或部分客房停止销售以进行装修或升级改造，是否有酒店关门转行等。这些情况的变化会影响酒店市场的供给以及酒店市场竞争的环境。对上述情况，在预测时应该密切关注。

3. 竞争对手价格变化趋势分析

了解竞争对手的价格，包括如下关注点：必须清楚市场的价格领导者是谁，哪家酒店主导价格的变化，本酒店在市场价格中的位置；竞争对手遗忘的价格策略和变动趋势，如他们给公司协议客的折扣，各个销售渠道价格的增长率等；本地其他档次的酒店的价格情况和变化趋势。此外，还要了解本地总体社会经济发展的趋势和经济增长率等。

4. 市场需求变化的季节性分析和周期性分析

市场的季节性变化趋势是指在一定时期内（通常是较短的时期）研究对象围绕整体趋势上下波动的情况。通常表现为客房收入在不同月份的高低起伏。如低谷期、高峰期、上升期等。市场的季节性变化趋势也许出现在某年、某月、某星期，甚至是一星期中的某些天。

市场的周期性变化趋势是指在一定时期内（通常是一年）会重复出现的变动特

征。如酒店一年之中哪些月份是营业收入的低谷，哪些月份是营业收入的高峰，这种特征如果每年反复出现，那就成为周期性的变化规律了。

从宏观经济趋势来说，酒店客房销售预测人员要懂得本地社会经济发展的整体趋势、季节性变化及其变动周期，懂得现在是处于经济发展的哪个阶段，是衰退期、复苏期、稳定期还是高峰期。从微观的角度来看，要懂得本地旅游市场的整体发展趋势、季节性变化以及变动的周期。把握这些趋势，无疑对酒店客房销售预测有极大的帮助。

5. 影响本地旅游市场供求关系的重大事件的分析和预测

重大事件会影响市场的变动方向，使市场需求突然增加或减少。这些事件包括计划中的或者突发的事件，这些事件会涉及社会生活的方方面面，如政治、商业、文娱、宗教及其他社会活动。为了掌握这些事件，便于提醒自己将该因素纳入预测的考虑之中，酒店销售预测人员应当收集有关事件的信息，并在日历上做标记，提醒自己不要忘记。重大事件通常包括：

（1）节假日。如法定假日、宗教假日、民族文化节假日、地方特色的节假日等。它们大多会使市场需求增加，也可能使市场需求减少。这取决于酒店所在地区及酒店的性质，比如每年的国庆长假会使中国许多风景名胜区的旅游度假型酒店需求大增，而很多发达地区的商务型酒店的需求则会降低。

（2）地区性的大型行业会议或展览。如年度性的汽车展览、服装展览、电子产品展览、国际酒店用品展览等均会给酒店业带来很大的需求。新中国成立以来一年两次的中国进出口商品交易会（俗称"广交会"）给广州的酒店业带来了很大需求。2004 年，第 96 届广交会举办，当地酒店平时 600 元人民币的标准客房卖到了 250 美元，可见这种年度性的会展活动对酒店需求的巨大影响。当然，非年度性的盛会的举办同样会对酒店业需求带来强劲增长，如 2010 年上海世博会举办期间，海内外游客达到了 7000 万人次。据统计，上海几乎所有类型的酒店 2010 年的客房出租率、平均房价和客房收入及利润均成倍增长。这些年度性或非年度性的活动举办均是可以预期的，因此在进行客房销售预测时应充分考虑这些事件的影响。

（3）大型体育比赛和文娱表演。它们通常会使酒店的市场需求增加，例如奥运会、亚运会或其他地区性、区域性的大型体育比赛等。

（4）来自学校教学规律的事件。大学开学时，会有大批新生到校报到，很多非学校所在地的新生家长会送行到学校；放假前的毕业典礼会有很多学生家长和亲朋好友来参加；在中国还有一个独特的大事件会影响到酒店的需求，那就是一年一度的高考，随着很多中国家庭经济条件的改善，高考前已经有不少家长为子女复习迎考到酒店开房间，这种做法虽不值得提倡，但已经形成了一个实实在在的需求。这些现象都会增加酒店的市场需求。

（5）因恶劣天气引发的事件。恶劣的天气可能使酒店的需求增加或减少。恶劣天气会使人们减少外出旅游，从而减少酒店需求，但是恶劣天气也可能增加酒店的需求。例如，恶劣天气会使很多航班不能起飞，很多机组人员和乘客滞留；对机场酒店来说，恶劣天气反而会增加对酒店的需求。另外，如果邻近地区遭受恶劣天气影响，部分市场需求会转移到本地市场，从而使本地市场需求增加。虽然恶劣天气无法提前很久预知，但是有些规律性的气候现象仍可以为预测提供参考，如每年七八月份的台风对我国东南沿海产生的影响就可以在预测时作为一定的参考因素。

课堂思考

根据上述因素分析并结合自己的生活经历，谈谈还有哪些因素会增加或减少酒店的需求。

（二）客房销售预测的内容

在客房年度销售预测前，应仔细研究、分析所有资料，权衡出租率、平均房价与客房年度销售指标之间的关系，这是年度预测的关键性一步。为了使预测更正确、更客观，前厅部应与营销部、财务部反复讨论，商定来年客房出租率或平均房价的浮动百分比。全年的出租率、平均房价确定以后，通过计算很容易得到全年客房出租的间天数。接着根据淡旺季的差别，合理安排每个月份客房销售应达到的平均房价、出租率、间天数及客房营业收入总数。客房销售预算见表8-1。由于篇幅所限，表格中只列出了某酒店2004年销售预算中1～3月及第一季度的预算表格格式，其他月份及季度内容类似。

表8-1　客房销售预算表

某酒店客房销售2004年预算Budget 2004

房间数Hotel Total Unit：421

市场分类 MARKET SEGMENT	1月份 JAN				2月份 FEB				3月份 MAR				第一季度总计 TTL 1ST QTR			
	房夜数 R/N	出租率 %	平均房价 ADR	收入 REV	房夜数 R/N	出租率 %	平均房价 ADR	收入 REV	房夜数 R/N	出租率 %	平均房价 ADR	收入 REV	房夜数 R/N	出租率 %	平均房价 ADR	收入 REV
全价 Rack Rate	—	—	—	—	—	—	—	—	—	—	—	—	—	—	—	—
礼貌性折扣价 Courtesy Rate	—	—	—	—	—	—	—	—	—	—	—	—	—	—	—	—
季节促销价 Season Promo Rate	—	—	—	—	—	—	—	—	—	—	—	—	—	—	—	—
特殊公司 Corporate Special	—	—	—	—	—	—	—	—	—	—	—	—	—	—	—	—
A类公司 Corporate A	—	—	—	—	—	—	—	—	—	—	—	—	—	—	—	—
B类公司 Corporate B	—	—	—	—	—	—	—	—	—	—	—	—	—	—	—	—
业主公司 Owning Company	—	—	—	—	—	—	—	—	—	—	—	—	—	—	—	—
使馆及政府散客 Emb & Govt	—	—	—	—	—	—	—	—	—	—	—	—	—	—	—	—
批发散客 Wholesale FIT	—	—	—	—	—	—	—	—	—	—	—	—	—	—	—	—
预订中心散客 Bkg Center FIT	—	—	—	—	—	—	—	—	—	—	—	—	—	—	—	—

续表

市场分类 MARKET SEGMENT	1 月份 JAN				2 月份 FEB				3 月份 MAR				第一季度总计 TTL 1ST QTR			
	房夜数 R/N	出租率 %	平均房价 ADR	收入 REV	房夜数 R/N	出租率 %	平均房价 ADR	收入 REV	房夜数 R/N	出租率 %	平均房价 ADR	收入 REV	房夜数 R/N	出租率 %	平均房价 ADR	收入 REV
酒店包价 Hotel Package	—			—	—			—	—			—	—			—
其他包价 Other Package	—			—	—			—	—			—	—			—
同业优惠价 Hosp'ty Indus Rate	—			—	—			—	—			—	—			—
散客小计 Total fit	—			—	—			—	—			—	—			—
公司会议团 Corp Meeting Grp	—			—	—			—	—			—	—			—
会议、协会团体 Conv/Assoc Grp	—			—	—			—	—			—	—			—
奖励团队 Incentive Grp	—			—	—			—	—			—	—			—
旅行团队 Tour Grp	—			—	—			—	—			—	—			—
其他团队 Grp Others	—			—	—			—	—			—	—			—
机组人员 Airlines Crew	—			—	—			—	—			—	—			—
误机旅客团队 Delayed/ Layover	—			—	—			—	—			—	—			—

301

续表

市场分类 MARKET SEGMENT	1 月份 JAN				2 月份 FEB				3 月份 MAR				第一季度总计 TTL 1ST QTR			
	房夜数 R/N	出租率 %	平均房价 ADR	收入 REV	房夜数 R/N	出租率 %	平均房价 ADR	收入 REV	房夜数 R/N	出租率 %	平均房价 ADR	收入 REV	房夜数 R/N	出租率 %	平均房价 ADR	收入 REV
团队小计 TotalGroup	—	—	—	—	—	—	—	—	—	—	—	—	—	—	—	—
长住客 Long Staying	—	—	—	—	—	—	—	—	—	—	—	—	—	—	—	—
出租办公室 Office Units	—	—	—	—	—	—	—	—	—	—	—	—	—	—	—	—
日租 Day Use				—				—				—				—
总收入（免费，自用房除外）TTL REV OCC	—			—	—			—	—			—	—			—
免费房 Complimentary		—				—				—				—		
临时自用房 Temp House Use		—				—				—				—		
占用房间合计 OCC RM/全店平均房价 AHR	—		—	—	—		—	—	—		—	—	—		—	—
长期自用房 House Use—Perm						—								—		
总出租房数 Ttl Rms Occupied	—	—			—	—			—	—			—	—		

进行客房销售预测，除了掌握必要的基本知识外，更重要的是应具备正确的判断能力。正确的判断能力来源于工作经验，丰富的工作经验要靠日积月累的细心体会、分析、比较以及不停地对新事物进行研究。

第二节　客房经营效益分析

一、衡量客房经营效益的方法

根据衡量对象和时间的不同，可以将衡量客房经营效益的方法分为两种：纵向比较和横向比较。

（1）纵向比较。纵向比较是以过去某个时期的经营情况作为基点，能描绘相对于这个基点的变动情况。例如，将今年6月份本酒店客房出租率与去年6月份本酒店的客房出租率进行比较，或是将本周的平均房价同过去同月同周的平均房价进行比较，将今天的平均可供出租客房的收入与去年同日的平均可供出租客房的收入进行比较等。纵向比较有助于酒店把握经营情况变化的趋势，有利于查找变化的原因，采取相应的对策，提高经营管理水平。

（2）横向比较。横向比较是指把酒店经营管理的情况与特定的对象同期经营情况进行比较。这些特定的比较对象通常是酒店假想的竞争对手。例如，把本酒店去年平均房价以及客房出租率与本地5家竞争对手酒店同年的情况进行比较，把本月本酒店的客房出租率与某家竞争对手酒店的同月客房出租率进行比较等。横向比较能比较宏观和全面地反映本酒店在市场中的竞争能力和生存能力，有利于酒店制定中长期的发展战略。

无论横向比较还是纵向比较，常采用绝对值比较、比率比较和指数比较3种方式。例如，假设今年5月份本酒店的平均房价是1000元人民币，竞争对手是900元人民币，那么该月份本酒店平均房价比竞争对手高100元，这种比较是绝对值的比较。如果换算成比率，本酒店的平均房价比竞争对手高11.1%，这是比率比较。绝对值比较和比率比较能描绘出具体的局部差异和变动情况，但是不能描绘出整体的差异情况和本酒店在竞争圈子里的地位及变动。指数比较就能很好地满足这种需要。关于指数比较，参见本节第二部分内容的表述。

二、衡量客房经营效益的指标

从酒店客房经营效益的角度出发，衡量客房经营效益的指标有很多，最重要和最常用的指标是客房出租率、平均房价、每间可供出租客房产生的营业收入等。

（一）客房出租率

客房出租率（Room Occupancy Ratio）是表示酒店客房销售情况的重要指标。计算公式如下：

$$客房出租率 = \frac{已售客房数}{可出租客房数}$$

即酒店租出去的房间数占它拥有的可供出租房间总数的百分比。例如，如果山水酒店某日有 200 间客房可供出租，当日出租房间数为 180 间，则其客房出租率为90%。

通常酒店内部用房和免费提供给客人使用的客房不算在内，因为这些房间没有产生收入。可供出租的房间总数就是酒店设备设施完好，能出租给客人使用的房间总数，它通常不包括坏房。所谓坏房（Out of Order Room），是指有故障要维修而当天不能出租的房间。值得注意的是另有一种客房叫作故障房（Out of Service Room），这种房间因故障暂时停止出租，等待维修，维修工作当日能完成，则该房间变成当日即可以出租的客房，因此，故障房是应该算在可供出租房间总数里的。

（二）双人住房率

双人住房率（Double Occupancy Ratio）是指两人租用一间客房数与酒店已售客房数之间的比率。计算公式如下：

$$双人住房 = \frac{客人数 - 已售客房数}{已售客房数} \times 100\%$$

国际上许多酒店一个标准间两位客人住与单人住，其房价是不同的。因此，酒店注重双人住房率，是提高经济效益、增加客房收入的一种经营手段。同时，酒店管理者了解双人住房率对于预测餐饮的销售量、布件的需要量及分析酒店的平均房价都是十分有用的。由于国内酒店对于标准间入住一位客人还是两位客人，收费大多没有区别，因此，这个指标在国内运用不多。

（三）平均房价

平均房价（Average Daily Rate/ADR）是指酒店每出租一间客房所获得的平均客房收入。计算公式如下：

$$平均房价 = \frac{客房房费总收入}{已售客房数}$$

酒店的客房收入与出租的客房数量及房价密切相关，所以平均房价对于酒店经营管理者具有重要的参考价值。平均房价的高低受到许多因素的影响，如出租的客房类型、双人住房率、白天房价以及房价折扣等。通过分析平均房价，可以掌握前台销售人员向客人出租高价客房的工作业绩。假设山水酒店某日有 180 间客房被客人租用，获得 18000 元收入，那么其平均房价就等于 100 元人民币（18000/180=100）。

（四）客房收入率

客房收入率（Room Revenue Ratio）是指酒店每天的客房实际收入与潜在的最大客房收入之间的比率。计算公式如下：

$$客房收入率 = \frac{实际客房房费收入}{潜在最大房费收入} \times 100\%$$

潜在的最大客房收入是指酒店通过出租客房所能获得的最大房费收入。如某酒店共有 100 间标准客房，每间客房的公布房价是 100 元，则潜在的最大客房收入为：100×100 元 $= 10000$ 元。通过实际收入额同潜在的收入额的比较，既可以反映出客房销售收入增加的潜力，也可以反映出前台员工销售高价客房的工作业绩。

（五）每间可供出租客房产生的营业收入

Rev/PAR 是 Revenue Per Available Room 的缩写，即每间可供出租房产生的营业

收入或单位客房收入。计算公式如下：

$$Rev/PAR = 实际平均房价 \times 实际客房出租率$$

$$或客房实际营业收入 \div 酒店可供房总数$$

仍以前面的山水酒店为例，如果某日可供出租房间总数为 200 间，那么它的每间可供出租房产生的营业收入（Rev/PAR）为 18000/200=90 元。如果该酒店能将其每间可供出租客房产生的营业收入提高 10 元，那么它的客房总收入将提高 2000 元。可见每间可供出租客房产生的营业收入直接反映了单位产品（客房）的创收能力。由于酒店客房数量相对固定，可供出租的房间数目也相对固定，所以提高每间可供出租客房产生的营业收入是提高客房总收入的最重要途径。

（六）Rev/PAR 重要性的进一步分析

当前，Rev/PAR 普遍被各大国际酒店集团用来作为评价、衡量酒店经营状况的主要依据，也是当今酒店业收益管理研究的核心指标之一。这主要是因为：

从数学角度来看，Rev/PAR 等于客房出租率与平均房价的乘积，而且 Rev/PAR 与客房出租率及平均房价成正比。当客房出租率不变时，提高平均房价可以提高 Rev/PAR。当平均房价不变时，提高客房出租率能提高 Rev/PAR。当然，如果能同时提高客房出租率和平均房价，就能更大幅度地提高 Rev/PAR。不过，这样的情况在实际经营中并不多见，除非是市场需求大大高于供给的时候。

现实情况是，在大多数情况下，难以同时提高客房出租率和平均房价，因为价格与需求是成反比的。当客房价格升高时，市场需求通常会下降，租出去的客房的数量下降，导致客房出租率的下降，所以平均房价上升未必会提高 Rev/PAR。反之，在实践中如果大幅度提高客房出租率又很可能是通过降低平均房价换来的。此时，只有 Rev/PAR 很好地结合了平均房价和出租率，为我们提供了一个有效、简单的指标来分析酒店的经营状况。通过下面实例的分析，我们会对 Rev/PAR 的重要性有更进一步的认识。

某酒店共有 100 间客房，采用不同的价格策略会产生不同的经营效果，见表 8-2。

表8-2　某酒店不同价格情况下的经营效果

情形	平均房价（元）	出租客房总数（间）	客房出租率（%）	Rev/PAR（元）	客房总收入（元）
1	550	10	10	55	5500
2	450	40	40	180	18000
3	350	70	70	245	24500
4	288	85	85	245	24480
5	200	92	92	184	18400
6	110	100	100	110	12100

通过分析上述表格的数据，我们可以看出，如果只考虑平均房价的高低，第1种情况好像最好，因为它得到了最高的平均房价。第6种情况最差，因为它得到了最低的平均房价。但是当房价为550元时，酒店仅售出了10间客房，总收入比第6种情况少，所以谈不上好。如果只考虑出租率的高低，第6种情况得到100%的出租率，看上去最好，但是总收入只有12100元，第2种到第5种情况得到的收入都比它高。看来，仅客房出租率这个单一指标高也不能反映真实的经营状况。

可见，评价客房经营效益好坏，只考虑平均房价或客房出租率是不全面的。如果把两者结合起来考虑，就会得到比较准确的结论。由于Rev/PAR是两者综合作用的结果，所以它是用来评价客房经营效果的最佳标准。从表中可以看到，第3种情况的客房总收入达到最高，Rev/PAR也最高，因此，酒店应选择Rev/PAR最高时的平均房价与出租率组合。

课 堂 思 考

表中第3种和第4种情况都得到了245元的Rev/PAR和几乎相等的客房总收入，究竟哪种情况最好呢？如何来评价这样的情况？

三、客房经营状况的分析

（一）客房营业收入分析

影响客房营业收入的因素主要有客房出租率、公布房价和折扣率。客房出租率是影响客房营业收入的关键因素。一般来说，出租率越高，收入就越高。公布房价是对外的公开报价，但酒店对于不同的客人有时会给予不同的折扣，所以公布房价与平均折扣率相乘才是酒店实际收取的房价。在公布房价确定的情况下，平均折扣率越高，实际房价越低，收入也就越少；在平均折扣率确定的情况下，公布房价越高，实际房价越高，收入也就越多。客房营业收入表见 8-3。

表8-3　客房营业收入表

单位：元

项　　目	2005 年 10 月	2006 年 10 月	差　异
客房数	400	400	0
出租率	78%	80%	2%
公布房价	125	120	−5
折扣率	90%	95%	5%
实际房价	112.5	114	1.5
收　入	1088100	1130880	42780

从表 8-3 可以看出，该酒店 2006 年 10 月份客房营业收入 1130880 元，比 2005 年 10 月增加了 42780 元，增长率为 3.39%。若要进一步了解收入增加的因素及影响程度，则需要用因素分析法进行分析。

1. 出租率因素对收入的影响

400 间 ×31 天 ×（80% −78%）×125 元 / 间天 ×90% = 27900（元）

由于出租率提高，酒店 2006 年 10 月客房收入增加了 27900 元，占收入增加额的 65.21%。

2. 公布房价因素对收入的影响

400 间 ×31 天 ×80% ×（120 元 / 间 −125 元 / 间）×90% = −44640（元）

由于公布房价下降，客房收入减少了 44640 元。

3. 折扣率因素对收入的影响

$$400 \times 31 \text{天} \times 80\% \times 120 \text{元/间} \times (95\% - 90\%) = 59520 (\text{元})$$

由于折扣率下降，客房收入增加了 59520 元。

三项因素对客房收入的综合影响：

$$27900 + (-44640) + 59520 = 42780 (\text{元})$$

三项因素使客房收入比 2005 年 10 月增加了 42780 元。

从上面的分析可以看出，客房营业收入增加的主要原因是出租率提高和房价折扣率下降。因此，全面反映酒店客房经营情况不仅是客房出租率的高低，而且有赖于客房实际平均房价的高低。

（二）客房费用分析

客房费用分析，就是要分析客房经营费用变化的原因，采取相应的措施。这是加强客房经营管理，提高客房经济效益的重要手段。客房费用对照见表8-4。

表8-4 客房费用对照表

单位：元

项 目	2005 年 10 月费用	2006 年 10 月费用	差 异
工资	8000	8000	
福利费	880	880	
低值易耗品摊销	56500	57000	500
电话租金	4500	4500	
服务费及其他费用	3000	3000	
不变费用小计	72880	73380	500
消耗品	25000	24000	-1000
水 费	8000	9000	1000
电 费	18500	20000	1500
燃料费	16000	16600	600
维修费	7805	6993	-812
洗涤费	13000	11000	-2000
可变费用小计	88305	87593	-712
总 计	161185	160973	-212

从表 8-4 可以看出，该酒店客房部 2006 年 10 月费用比 2005 年 10 月费用减少 212 元，其中不变费用增加了 500 元，这是由于低值易耗品摊销费增加所致；可变费用减少 712 元，这是由于间天可变费用下降所致。间天可变费用的计算公式如下：

$$间天可变费用 = \frac{计算期客房可变费用总额}{客房数量 \times 计划期天数 \times 出租率}$$

该酒店 2005 年 10 月间天可变费用为 9.13 元，2006 年 10 月可变费用为 8.83 元。如果用因素分解来表示可变费用总额，则可以写成如下公式：

$$可变费用总额 = 客房数量 \times 计划期天数 \times 出租率 \times 间天可变费用$$

用因素分析法进行分析：

（1）出租率因素的影响。

$$400 \text{ 间} \times 31 \text{ 天} \times (80\% - 78\%) \times 9.13 \text{ 元} = 2264 （元）$$

由于出租率提高，可变费用总额增加了 2264 元。

（2）间天可变费用因素的影响。

$$400 \text{ 间} \times 31 \text{ 天} \times 80\% \times (8.83 - 9.13) = -2976 （元）$$

由于间天可变费用降低，可变费用总额减少了 2976 元。

两项因素使客房可变费用总额减少了 712 元。

在酒店经营中，对客房间天可变费用常有定额。若将两年间天费用进行比较，则可以发现经营管理中的问题或成绩。

（三）客房利润分析

客房利润是指在一定时期内房价收入扣除税金和费用以后的余额。其计算公式是：

$$客房利润 = 客房收入 - 税金 - 费用$$

在一般情况下，营业税率是不变的，所以税金是随着营业收入的变化而变化的。因此，影响因素分析，有必要将收入与费用进行分解，这样才能分别测定各项因素对利润的影响。分解后的客房利润公式是：

$$客房利润 = \sum \big[(某类客房可出租数量 \times 计划期天数 \times 出租率 \times 单位房价$$
$$\times (1-税率)) \big] - 不变费用总额 - \sum (某类客房可出租数量$$
$$\times 计划期天数 \times 出租率 \times 单位可变费用)$$

公式中的某类客房可出租的数量是指酒店拥有的不同档次的客房数量。如果该酒店的客房有多种类型且档次相差较大，那么应该分别计算各种类型客房的收入与支出，然后汇总成酒店的收入与支出。在分析利润时，可以按不同类型的客房进行分析计算，因为不同类型的客房房价不同，实际出租率也不同，只有分别计算其收入才更为精确。客房利润分析见表8-5。

表8-5　客房利润分析表

项　目	2005 年 10 月	2006 年 10 月	差　异
客房数量（间）	400	400	
出租率（%）	78	80	2
公布房价（元）	125	120	-5
房价折扣率（%）	90	95	5
税　率（%）	5	5	
不变费用总额（元）	72880	73380	500
单位可变费用	9.13	8.83	-0.3
利　润	872510	913363	40853

从表 8-5 中可以看出：

（1）出租率因素的影响。

$$\big[400\,间 \times 31\,天 \times (80\% - 78\%) \times 125\,元/间 \times 90\% \big] \times (1-5\%)$$
$$- \big[400\,间 \times 31\,天 \times (80\% - 78\%) \times 9.13\,元 \big] = 24241（元）$$

由于出租率提高，客房利润增加 24241 元。

（2）房价因素的影响。

$$400\,间 \times 31\,天 \times 80\% \times (120\,元/间 \times 95\% - 125\,元/间 \times 90\%) \times (1-5\%) = 14136（元）$$

由于房价提高，客房利润增加 14136 元。

（3）不变费用因素的影响。

由于不变费用增加，利润减少 500 元。

（4）单位可变费用因素的影响。

$$400\ 间\ \times 31\ 天\ \times 80\%\ \times\ （8.83\ 元\ –9.13\ 元）= –2976（元）$$

由于单位可变费用下降使利润增加 2976 元。

综合各项因素的影响，最终利润增加了 40853 元，即：

$$24241 + 14136 + （–500）+ 2976 = 40853（元）$$

从上面的分析可以看出，出租率提高和房价上升是使利润增加的主要原因，单位可变费用和不变费用的下降也使利润增加；反之，则客房经营利润就会下降。

（四）客房产品盈亏临界分析及最大利润分析

1. 盈亏临界分析与应用

盈亏临界分析也叫保本点分析法或量本利分析法，它是指酒店经营达到不赔不赚时应取得的营业收入的数量界限。在酒店客房经营过程中，成本、销量和利润之间存在着千变万化的关系，如当客房销售量一定时，利润状况如何？如果成本发生变化，为使利润不减少，销售额应如何变化？房价变化了会对利润产生什么影响，销售应作如何调整？等等。这些问题都可以运用盈亏临界分析方法加以解决。

（1）客房临界分析法的概念。在进行盈亏临界分析时，首先需要将成本按照其与销售量的关系划分为固定成本与变动成本。固定成本总额一般保持不变，变动成本总额却会随销售量的增减而变动。酒店所获得的客房营业收入扣减客房变动成本后的余额要先用来补偿固定成本，余额与固定成本相等的点即为盈亏临界点或保本点。

例如，某酒店客房部日固定费用 13000 元，出租客房间天变动费用为 20 元，房价为 150 元，该酒店有 258 间客房，则盈亏临界状况可以用表 8–6 表示。

表8-6 客房盈亏临界状况表

单位：元

客房租数	变动费用	固定费用	总费用	收 入	盈亏状况
1	20	13000	13020	150	亏损
20	400	13000	13400	3000	亏损
50	1000	13000	14000	7500	亏损
100	2000	13000	15000	15000	盈亏临界点

也就是说，当客房出租量达到 100 间时，总成本与总收入相等。那么，这 100 间便是盈亏临界点的客房出租量，收入 15000 元为盈亏临界点的营业收入。

除上述方法外，还可以采用绘制盈亏平衡图的方式进行。利用该图可以直观地看到销售量、成本与利润之间的变动关系（图 8-1）。

进行盈亏临界分析时，要明确边际贡献这一概念。边际贡献是指每增加一个单位销售所得到的销售收入扣除单位变动成本后的余额。边际贡献首先要用来补偿固定成本，其余额才能为酒店提供利润。当边际贡献与固定成本相等时，酒店经营活动就处于保本状态。如酒店的平均房价为 150 元，每间客房的变动成本为 30 元，则边际贡献为 120（150 ～ 30）元，这是用绝对数表示的边际贡献；如果把全部销售额看成 100%，已知变动成本率为 20%，则边际贡献率为 80%（1 ～ 20%），这是用相对数表示的边际贡献。

盈亏临界分析法一般公式为（不考虑税金）：

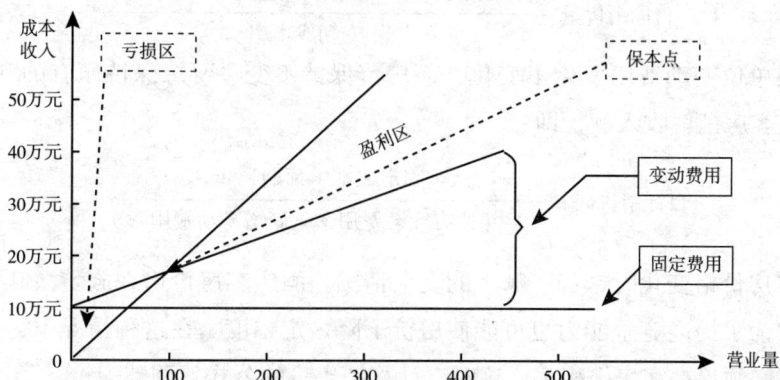

图8-1 盈亏平衡图

$$保本点销售量（额）= \frac{固定成本}{边际贡献}$$

如果边际贡献用绝对数表示，则计算的结果为保本点销售量，其公式为：

$$保本点销售量（额）= \frac{固定成本}{单位售价 - 单位变动成本}$$

如果边际贡献用相对数表示，则计算的结果为保本点销售额，其公式为：

$$保本点销售量（额）= \frac{固定成本}{边际贡献率}$$

（2）客房临界分析法的运用。盈亏临界分析法实际上是量本利分析法的一个特例。它是在利润为零的情况下研究销售量（额）与成本间的变动关系。酒店只有先保本才能有利润可赚，但保本并不是目的。在此基础上，我们再来分析在具有一定利润的前提下它们之间的变动关系。

它们之间的关系可以用下面的公式来表示，即：

$$目标销售量（额）= \frac{固定成本 + 预期利润}{边际贡献率}$$

①成本变动时销售量的变动情况。在客房销售价格不变的情况下，成本如果增加，那么酒店的利润就会下降。要想使利润不减少，就必须增加销售量（额）。如果成本的变化是由于固定成本增加了，那么计算销售量（额）的公式就要调整为：

$$目标销售量 = \frac{原有固定成本 + 新增固定成本 + 预期利润}{1 - 变动成本率}$$

如果单位变动费用发生了变化，而房价保持不变，要想保持原有的利润水平，必须提高客房销售收入额，即：

$$目标销售额 = \frac{固定成本 + 预期利润}{1 - （原有变动费用率 + 新增变动费用率）}$$

②客房价格变化时销售（额）的变动情况。酒店客房价格在旅游淡旺季是不同的，有时为了提高竞争能力也可能使房价下降一定幅度。在这种情况下，为不使利润下降就必须提高客房出租率。这时，计算销售量的公式就调整为：

$$目标销售额 = \frac{固定成本 + 预期利润}{原房价 \times (1-房价下降率) - 单位变动费用}$$

③为弥补亏损所必需的销售量的计算。例如，某酒店客房经营情况如下：固定费用 550000 元，变动费用 135000 元（每间 30 元），销售额为 675000 元（4500 间，房价 150 元），亏损 10000 元。

要消除亏损所必须达到的销售量为：

$$4500 + \frac{10000}{150-30} \quad 4583（间）$$

要消除亏损所必须达到的销售额为：

$$675000 + \frac{10000}{1-20\%} = 687500（元）$$

如果在消除亏损的基础上计划获利 20000 元，则：

$$所需销售量 = 45000 + \frac{10000+20000}{150-30} = 4750（间）$$

$$所需销售额 = 675000 + \frac{10000+20000}{1-20\%} = 712500（元）$$

2. 客房最大利润分析与应用

（1）客房最大利润分析法的概念。客房最大利润分析法又称为边际分析法，即引进边际收入和边际成本概念，通过比较边际收入与边际成本来分析酒店实现客房销售最大利润的方法。边际收入（MR）是指每增加一间客房而使客房总收入相应增加的部分，即增加单位客房产品销售而带来的客房营业收入。边际成本（MC）是指每增加销售一间客房而引起的客房总成本相应增加的部分，即增加单位客房产品销售而必须支出的成本情况。

①当 MR>MC 时，说明增加一间房的出售所增加的收入大于成本，因而能增加利润，从而使客房销售的总利润扩大。因此，当 MR>MC 时，可以继续增加客房销售量，以获取更多经济收益。

②当 MR<MC 时，说明增加一间客房的出租所增加的收入小于支出，即产生亏

损，从而会使客房销售的总利润减少。因此，当 MR<MC 时，酒店不应增加客房销售量，以保证一定的经济收益。

③当 MR＝MC 时，说明每增加一间客房的销售所增加的收入与支出相等，即增加单位客房产品销售的利润为零。在这种情况下，酒店客房销售的总利润既不会增加，也不会减少，因而是酒店实现客房销售最大利润时的销量。

（2）客房最大利润分析法的应用。经预测，某酒店 100 间客房在不同价格下的需求以及边际收入、边际成本资料如表 8-7 所示。

表8-7 最大利润分析数据表

单位：元

房价（Q）	销售量（X）	边际收入（MR）	边际成本（MC）	净利润（P）
800	1	800	120	680
760	2	720	120	1，280
720	3	640	160	1，760
680	4	560	160	2，160
640	5	480	200	2，440
600	6	400	200	2，640
560	7	320	240	2，720
520	8	240	240	3，920
480	9	160	280	2，600
440	10	80	280	2，400

由此可见，根据薄利多销的经营原则，在降低房价能够提高客房出租率，在增加客房销量的情况下，只要边际收入超过边际成本，则可以继续降价，以求得最佳的经济效果。换句话说，酒店可以让客房销售价格降低，以促使销售量增加，直到边际收入和边际成本相等为止。在上例中，当房价为 520 元时，边际收入与边际成本相等。这时有客房最大利润 3920 元。如果边际成本已经超过边际收入，再继续降低客房销售价格，尽管会继续增加销量，但会引起客房销售利润的下降。

（五）客房销售市场占有率分析

1. 几个概念

（1）市场份额（Market Share），也叫实际市场占有率，是指一个公司的产品或服务实际销售量（或销售收入）占该类产品或服务实际市场销售总量（或销售收入）的份额（比例）。市场份额越高，表示该公司的经营管理能力和竞争能力越强。

（2）应有市场份额（Market Fair Share），是指一个公司的产品销售量（或销售总收入）根据其生产能力在该类产品市场销售总量（或销售总收入）中应该占有的份额（比例），它等于该公司生产能力占市场总的生产能力的比例。应有市场份额越高，表示该公司生产能力越大，在市场中的重要性越高。

（3）市场渗透指数，是指一个公司的产品或服务的实际销售量、销售收入或销售价格与竞争对手的实际市场销售量、销售收入或销售价格的比值乘以 100%。市场渗透指数越高，表示该公司的经营管理能力和竞争能力越强，在竞争中处于领先地位。对于酒店客房销售市场而言，其市场渗透指数通常用客房出租率指数、平均房价指数和 Rev/PAR 指数来反映。

（4）客房出租率指数（Market Penetration Index，MPI）。MPI 是用来衡量、比较不同酒店出租率的工具。它的计算方法是用待评估酒店的出租率除以市场平均出租率水平。我们不仅应掌握 MPI 的计算方法，更重要的是要了解 MPI 对销售工作的指导意义。要了解 MPI 的平均水准是 1。换句话说，如果待评估酒店的 MPI 超过了 1，则说明该酒店的出租率已经超过市场平均水平；反之，则说明酒店的出租率出现了问题，低于市场平均水平。

（5）平均房价指数（Average Rate Index，ARI）。ARI 是用来衡量、比较酒店平均房价的工具。它的计算方法是用待评估酒店的平均房价除以市场平均房价。这里的"市场平均房价"是待评估酒店和其所有竞争对手汇总后的平均房价。计算方法为：各酒店的客房收入总和 ÷ 各酒店已出租房总和。我们不仅应掌握 ARI 的计算方法，更重要的是要了解 ARI 对销售工作的指导意义。要了解 ARI 的平均水准是 1。换句话说，如果待评估酒店的 ARI 超过了 1，则说明该酒店的平均房价已经超过市场平均水平；反之，则说明酒店的平均房价出现了问题，低于市场平均水平。

（6）收益指数（Revenue Generated Index，RGI）。RGI 是用来衡量、比较酒店收益 Rev/PAR 的工具，也是最有效的工具。目前各大酒店集团都是用这个指数来分析、判断旗下酒店的经营状况。其计算方法是：待评估酒店 Rev/PAR ÷ 市场 Rev/PAR。市场 Rev/PAR 是指待评估酒店和其竞争对手汇总后的 Rev/PAR。市场 Rev/PAR 的计算方法是：各酒店客房收入总和 ÷ 各酒店可卖房总和。我们不仅应掌握

RGI 的计算方法，更重要的是要了解 RGI 对销售工作的指导意义。要了解 RGI 的平均水准是 1。换句话说，如果待评估酒店的 RGI 超过了 1，则说明该酒店的每间可供销售客房产生的营业收入已经超过市场平均水平；反之，则说明该酒店的每间可供销售客房产生的营业收入出现了问题，低于市场平均水平。酒店的 RGI 在整个竞争市场中的排序，称之为 RGI 名次，当然，RGI 排名越靠前越好。

2. 实例分析

（1）市场占有率实例分析。假设某酒店是一家四星级酒店，共有 334 间可售客房，今年 4 月份出手了 7515 个间夜，获得客房收入 789075 元。另外有 4 家四星级酒店与该酒店互为竞争对手。这 5 家酒店共有 3500 间客房，同月这 5 家酒店共售出 74500 个间夜，获得客房总收入 8268503 元。下面分别计算该酒店和竞争对手的客房出租率、平均房价和每间可供出租客房产生的营业收入，然后再计算该酒店应有市场份额、实际市场份额等。结合计算结果，说明这些指标的含义。

①该酒店的情况

$$客房出租率 = \frac{7515}{334 \times 30} \times 100\% = 75\%$$

$$平均房价 = \frac{789075}{7515} = 105 \ 元$$

$$Rev/PAR = \frac{789075}{334 \times 30} = 105 \times 75\% = 78.75 \ 元$$

②该市场的情况

$$市场平均出租率 = \frac{已售客房总数}{可供出租客房总数} \times 100\% = \frac{74500}{3500 \times 30} \times 100\% = 71\%$$

$$市场平均房价 = \frac{市场客房总收入}{市场出租客房总数} \times 100\% = \frac{8268503}{74500} \times 100\% = 111 \ 元$$

$$Rev/PAR = \frac{市场客房总收入}{市场出租客房总数} \times 100\% = \frac{8268503}{3500 \times 30} \times 100\% = 78.75 \ 元$$

③该酒店客房应有市场占有率

$$应有市场占有率 = \frac{本酒店可供出租客房总数}{市场可供出租客房总数} \times 100\% = \frac{334}{3500} \times 100\% = 9.54\%$$

④该酒店客房实际市场占有率

$$客房销售实际占有率 = \frac{本酒店可供出租客房总数}{市场可供出租客房总数} \times 100\% = \frac{7515}{74500} \times 100\% = 10.09\%$$

通过上述计算可以看出，该酒店应有市场占有率为9.54%。这意味着如果整个市场在这个地区对四星级酒店的总需求为100间客房，该酒店要获得其中的9.54间才同它的生产能力相对应；如果整个市场在这个地区租用四星级酒店消费了100元，该酒店要获得其中的9.54元才同它的生产能力相称。

实际情况是，该酒店客房销售量方面的实际市场占有率比其应有市场占有率高，说明该酒店在竞争中把部分竞争对手应得的间夜数抢过来了。而该酒店客房总收入方面的实际市场占有率等于其应有市场占有率，说明该酒店在竞争中仅获得自己应有的份额。

课堂思考

如果对该酒店的市场渗透指数进行计算，根据计算结果该如何评价该酒店的表现呢？

（2）市场渗透指数实例分析。如前所述，对于酒店客房销售市场而言，其市场渗透指数通常用客房出租率指数、平均房价指数和Rev/PAR指数来反映，例题见表8-8。

表8-8　某市客房销售市场渗透指数数据

市场份额分析		可售房数（间）	实际售房数（间）	出租率（%）	平均房价（元）	客房收入（元）	Rev/PAR	MPI	ARI	RGI	RGI排名
本酒店	A酒店	300	225	75.00	550.00	123750	412.50	1.13	1.00	1.13	1
竞争对手酒店集合（假设5家酒店）	B酒店	300	195	65.00	550.00	107250	357.50	0.98	1.00	0.98	5
	C酒店	350	263	75.00	500.00	131500	375.71	1.13	0.91	1.03	3
	D酒店	500	250	50.00	650.00	162500	325.00	0.75	1.18	0.89	6
	E酒店	200	140	70.00	520.00	72800	364.00	1.05	0.95	0.99	4
	F酒店	200	160	80.00	500.00	80000	400.00	1.20	0.91	1.09	2
	总和	1850	1233	66.65	549.72	677800	366.38				

从表格中的数据来看，我们可以得出如下结论：

A 酒店的出租率不是最高（和 C 酒店并列第二，落后于 F 酒店），平均房价也不是最高（和 B 酒店并列第二，落后于 D 酒店）。但实际 A 酒店经营业绩最佳，其 RGI 排名第一。

C 酒店的 RGI 排名第三，其落后的原因是什么？通过分析其 MPI 可以看出，其实它的出租率不错，超过市场平均指标 13%，但问题出在它的 ARI 上面，只有 0.91，落后于市场平均指标 9%。因此，C 酒店要重点评估其价格体系和目标客源市场。

D 酒店的 RGI 排名第六，落后的原因又在哪里呢？通过分析其 ARI，发现它的平均房价指数很高，超过市场平均指标 18%；但是它的 MPI 非常差，只有 0.75，落后市场平均水平 25%。问题的根源在于客流量太少。而从 ARI 可以看出，其过高的价格指数很可能是导致客流量少的主要原因之一。D 酒店同样需要评估自己的销售策略、价格策略和目标市场的匹配程度。

四、前厅收益管理内容与方法

（一）前厅收益管理的基本内容

前厅部由于是酒店的信息汇集中心，各种客房经营数据、价格历史档案、各类房价的细分档案、各时期的各房类的入住率、各种客史资料等都集中在前厅部的资料库，有时就会产生将前厅作为收益管理系统的主阵地的误解。谈到酒店的客房收益管理，需要了解酒店房务收入的各项结构：一是协议客人房租收入，包括协议公司散客和团队客人、协议旅行社旅行团队收入、协议会议团客收入、协议长住房收入；二是网络公司和订房中心协议房租收入；三是前厅散客房租收入。第一、第二类房租收入基本上是由酒店营销部通过协议形式与相关企业签订的，这两类协议客人房租收入大体占到当期酒店房务总收入的 75% ~ 80% 左右，而第三类前厅散客房租收入则占到当期酒店房务总收入的 20% ~ 25% 左右。前厅的收益管理运作主要是对前厅散客这一部分的营销，如何有效地提高上门散客的房价，如何充分使用酒店和社会各种资源，增加上门散客的消费。

（二）前厅收益管理的实务操作

（1）对市场和顾客细分并进行需求预测。菲利普·科特勒和约翰·保文在其

《接待业和旅游市场营销》一书中指出："收益管理背后的概念是通过定价的差别来有效地管理收益和库存，而它的基础是被选择出来的细分市场的需求弹性。"每一家酒店都有自己的市场定位，但顾客的分类、来源渠道和消费特点仍有许多不同之处，不同类别的客人消费的需求、价格和消费特点也有很大的不同，因此其消费行为模式也不一样。科学地细分市场和客人，为酒店控制资源、提高收益提供准确的信息来源。在细分市场和客人信息的基础上，就能对不同类别的客人需求进行相对准确的预测，并采用不同的预售方法和价格差异化的控制，实行动态管理和边际收益管理，让资源的使用风险最小化，如果资源使用风险能做到最小化，则酒店收益的预期就可以乐观其成了。

（2）要调控好上门散客的入住比率。平均房价和平均入住率是影响酒店客房收益的两大因素。而上门散客的房租收入又对酒店的平均房价有重要影响。因此，应适度调控好协议客人和上门散客各自的入住比率才能达到酒店平均房价的最大值。在酒店中，一般协议客人房价要低于上门散客房价，而协议客人通常是由营销部洽谈联系，由于市场竞争激烈和酒店管理当局对营销部门的关注力度和工作压力加强，营销部门会不断地、千方百计地扩大协议客人的覆盖面并以此作为部门的工作业绩，随着营销部门协议客人覆盖面的增加，上门散客的入住率会一路走低。如果要保障酒店平均房价的最大值，就需要酒店当局出面加以协调，并根据市场情况和营销、前厅各自的房租收入历史资料进行分析，理清合适的前厅上门散客入住比率，才能防止前厅上门散客入住比率不断下滑的趋势。在实施前厅收益管理时，这个问题应引起酒店管理者的足够重视。

（3）动态的价格设定。价格是顾客最敏感的消费因素，是销售最直接的管理杠杆，是酒店赢利增减的主要手段。在供大于求、竞争激烈的市场态势下，几乎所有酒店都对价格管理由单一静态价格发展为多重价格、有市场竞争力的优化价格。动态价格包括了协议公司散客优惠价、旅游团队房价、会议团队房价、长住客房价、上门散客浮动价等。对于酒店来说，在制定动态价格时，最有参考价值的资料数据是同一地区相近星级的竞争对手酒店的分类房价。

本章小结

客房年度销售预测就是对来年客房销售作详细的计划。这是酒店营销部与前厅部每年应考虑的首要问题，因为客房销售预测是费用支出、人力安排等项预算的基础。

准确进行客房销售预测需要分析影响销售预测准确性的因素，这些因素包括：无限制市场需求分析、市场供求情况变化分析、竞争对手价格变化趋势分析、市场需求变化的季节性分析和周期性分析、影响本地酒店市场供求关系的重大事件的分析和预测。

客房销售预测的内容包括研究、分析所有资料，权衡出租率、平均房价。前厅部应与营销部、财务部反复讨论，商定来年客房出租率或平均房价的浮动百分比，得到全年客房出租的间天数，接着根据淡、旺季的差别，合理安排每个月份客房销售应达到的平均房价、出租率、间天数及客房营业收入总数。

衡量客房经营效益的方法分为两种：纵向比较和横向比较。纵向比较有助于酒店把握经营情况变化的趋势，有利于查找变化的原因，采取相应的对策，提高经营管理水平。横向比较能比较宏观和全面地反映本酒店在市场中的竞争和生存能力，有利于酒店制定中长期的发展战略。

衡量客房经营效益的指标包括客房出租率、双人住房率、平均房价、客房收入率、每间可供出租客房产生的营业收入。其中，Rev/PAR普遍被各大国际酒店集团用来作为评价、衡量酒店经营状况的主要依据，也是当今酒店业收益管理研究的核心指标之一。

客房经营状况的分析分别从客房营业收入、客房费用、客房利润、客房产品盈亏临界及最大利润、客房销售市场占有率等方面进行。

❓ 复习与思考

一、问答题

1. 客房销售预测需要综合考虑哪些因素？

2. 影响本地酒店市场供求关系的重大事件有哪些？它们是如何影响酒店客房供求的？

3.衡量客房经营效益的指标有哪几个？如何计算这些指标？它们都有哪些作用？

4.如何理解 Rev/PAR 的重要性？

5.如何进行客房经营状况分析？

二、案例讨论题

你将如何选择

某酒店共有 200 间客房。某协会要求以 80 美元的价格包租酒店 3 天全部房间。该协会客人的消费能力很强，每人住店期间的其他消费预算也很高。但在这 3 天里，当地将有一场爵士音乐会，乐迷的团体预订和散客会使酒店以 120 美元的价格取得90% 的出租率，但以前乐迷在酒店的其他消费很少。

案例讨论与思考：

你将如何选择？你的决定依据是什么？

三、实训题

1.利用表 8-8 中的数据分别计算每家酒店的市场渗透指数，列出计算过程。

2.案例分析：

某市场有 3 家酒店，其基本情况如下：酒店 A 拥有 350 间客房，年平均客房出租率是 83.1%，客房总收入为 24843318 美元；酒店 B 拥有 800 间客房，年平均客房出租率是 79.8%，客房总收入为 32044360 美元；酒店 C 拥有 125 间客房。年平均客房出租率是 71.9%，客房总收入为 5978270 美元。

（1）计算每间可供出租客房产生的营业收入，并据此确定哪一家酒店的经营业绩最好？

（2）计算 3 家酒店的应有市场份额、实际市场占有率、市场渗透指数，并作出分析。

（3）根据上述计算出的数据，为每家酒店改善业绩提出建议。

参 考 文 献

［1］吴军卫，张建业等．饭店前厅管理［M］．北京：旅游教育出版社，2003．

［2］朱承强，叶秀霜，王培来等．饭店客房管理［M］北京：旅游教育出版社，2004．

［3］余炳炎等．现代饭店房务管理［M］．上海：上海人民出版社，1998．

［4］余炳炎，张建业．饭店前厅部的运行与管理［M］．北京：旅游教育出版社，2002．

［5］余炳炎，王培来．饭店客房部的运行与管理［M］．北京：旅游教育出版社，2002．

［6］严金明，徐文苑．旅游与酒店管理案例［M］．北京：清华大学出版社，北京交通大学出版社，
2004．

［7］胡剑虹．饭店前厅客房服务与管理［M］．北京：科学出版社，2006．

［8］邹益民，张世琪．现代饭店房务管理与案例［M］．沈阳：辽宁科学技术出版社，2003．

［9］谢玉峰．旅游饭店前厅客房服务与管理［M］．郑州：郑州大学出版社，2004．

［10］林壁属，丁林．前厅客房服务与管理［M］．北京：清华大学出版社，2006．

［11］朱承强．现代饭店管理［M］．北京：高等教育出版社，2003．

［12］朱承强．饭店客房管理［M］．北京：旅游教育出版社，2004．

［13］王培来．现代酒店房务管理核心实务（VCD+讲义）［M］．北京：东方音像电子出版社，
2006．

［14］张建业等．现代饭店房务管理［M］．上海：上海人民出版社，2008．

责 任 编 辑：李冉冉
责 任 印 制：冯冬青
封 面 设 计：正美设计公司

图书在版编目（CIP）数据

酒店前厅运行与管理 / 王培来主编. ––北京：中
国旅游出版社，2015.8（2020.11重印）

国家示范性高职高专重点建设专业酒店管理专业系列
教材

ISBN 978-7-5032-5401-7

Ⅰ.①酒⋯ Ⅱ.①王⋯ Ⅲ.①饭店－商业管理－高等
职业教育－教材 Ⅳ.①F719.2

中国版本图书馆CIP数据核字（2015）第197131号

书　　名：酒店前厅运行与管理

作　　者：王培来主编
出版发行：中国旅游出版社
　　　　　（北京静安东里 6 号 邮编：100028）
　　　　　http://www.cttp.net.cn E-mail:cttp@mct.gov.cn
　　　　　营销中心电话：010-57377108，010-57377109
　　　　　读者服务部电话：010-57377151
排　　版：北京中文天地文化艺术有限公司
印　　刷：河北省三河市灵山芝兰印刷有限公司
版　　次：2015年8月第1版　2020年11月第5次印刷
开　　本：720毫米×970毫米　1/16
印　　张：21
印　　数：8001-10000册
字　　数：360千
定　　价：39.80元
I S B N 　978-7-5032-5401-7